近接隧道施工安全控制关键技术

王海龙 董 捷 吕 刚 马伟斌
刘建友 单仁亮 王晟华

著

中国建筑工业出版社

图书在版编目（CIP）数据

近接隧道施工安全控制关键技术/王海龙等著 . —
北京：中国建筑工业出版社，2023.6
ISBN 978-7-112-28755-0

Ⅰ.①近… Ⅱ.①王… Ⅲ.①隧道施工－安全技术－
研究 Ⅳ.①U455

中国国家版本馆 CIP 数据核字（2023）第 097313 号

责任编辑：李笑然 梁瀛元
责任校对：王 烨

近接隧道施工安全控制关键技术

王海龙 董 捷 吕 刚 马伟斌 刘建友 单仁亮 王晟华 著

*

中国建筑工业出版社出版、发行（北京海淀三里河路 9 号）
各地新华书店、建筑书店经销
唐山龙达图文制作有限公司制版
天津翔远印刷有限公司印刷

*

开本：787 毫米×1092 毫米 1/16 印张：15¼ 字数：306 千字
2023 年 7 月第一版 2023 年 7 月第一次印刷
定价：**78.00** 元
ISBN 978-7-112-28755-0
（41148）

前　言

随着我国京津冀协同发展及交通强国战略的逐步实施，近年来我国华北地区交通基础设施建设日趋完善，交通线网密度显著增加。我国在 2019 年新颁布的《交通强国建设纲要》中明确指出，现阶段应进一步提升关键交通基础设施安全防护和防灾抗灾能力，这是我国未来实现交通强国的重要技术突破方向。

随着既有交通线网布置错综复杂，新建隧道近接穿越既有线路、村镇及建筑物的情形愈发常见。出现了近接交叉隧道、近接下穿村镇等对施工环境振动控制要求较高的复杂工程项目。上述工程中遇到的技术瓶颈若得不到及时突破，将直接威胁下部暗挖施工及上部铁路的行车安全。同时，对于复杂山区，隧道洞口施工常遇到偏压、季节性冻胀等因素的影响，给山岭隧道施工带来了诸多不便。

本书以复杂环境下隧道近接施工安全控制为例，系统研究了小净距交叉隧道的动力响应特征、隧道爆破振动传播特性、隧道洞口偏压等设计施工关键技术问题，通过现场监控量测、室内模型试验、理论研究、数值仿真及工程应用等手段，形成了一套近接隧道施工安全控制关键技术。

全书共分为 8 章：第 1 章主要介绍了本书研究的背景与意义、国内外研究进展情况及思考。第 2 章主要针对列车动力荷载和隧道爆破作用进行了相关的理论分析。第 3 章主要针对小净距交叉隧道工程，通过室内模型试验对其动力作用机理进行了研究。第 4 章介绍了重载列车荷载作用下交叉隧道结构动力响应特征的数值模拟计算方法。第 5 章通过两种数值模拟方式对不同的隧道爆破工程案例进行了分析，提出了一些切实可行的控制爆破振动的施工措施。第 6 章依托京张高铁草帽山交叉隧道工程，从列车荷载动力作用和爆破振动作用两个方面对交叉隧道施工关键技术进行了总结。第 7 章依托太子城至锡林浩特铁路崇礼段崇礼隧道近接下穿和平村工程，主要对隧道爆破施工引起的地面振动进行了系统研究，形成了一套可以定量考虑频率影响的爆破振动评价控制体系。第 8 章依托头道沟偏压隧道工程，采用现场监测辅以数值模拟方法对头道沟隧道洞口偏压段的变形与受力特征进行了分析，并对适用于洞口偏压条件下的隧道施工监测方法展开应用研究。

上述研究工作先后得到国家自然科学基金项目"小净距重载交叉隧道围岩动力响应与超前支护机理研究（51878242）"、河北省自然科学基金项目"超前管幕暗挖下穿交通干线环境振动特征及支护机理研究（E20200404007）"、河北省研究生专业学位教学案例库建设项目"现代交通隧道工程施工案例库

（KCJSZ2017103）"与"深基坑与高边坡工程案例库（KCJSZ2020103）"、河北省高校基本科研业务费项目（2021QNJS02）和（2021QNJS07）等课题的资助。本书是作者在长期理论研究与工程实践基础上经补充、完善而完成的，期盼本书的出版能对从事复杂艰险山区近接隧道研究、设计、施工与安全运营的工程技术人员提供有益的帮助，能够对高等学校相关专业的师生有所裨益。赵岩、武志辉、王文成参与了本书部分撰写工作，刘洋、郑英豪、李云赫、柏浩博、李帅、李兆琦、闫鑫、冯凯、刘玉骞、王寅辰参与了图表、公式及文字编排等工作，在此表示感谢。

　　由于作者水平和能力有限，书中难免有疏漏和不妥之处，敬请广大读者批评指正，不吝指教！

著者

2023 年 4 月

目　　录

第1章 绪 论

1.1 研究的背景与意义

随着国民经济的飞速发展，地下岩土工程的建设规模日趋扩大。作为岩土基建中常用的施工模式，隧道工程被广泛应用于公路、铁路及市政工程中。爆破施工具有经济效益好、操作简单及施工进度快等优点，已经成为建设山岭隧道的主要掘进方式。然而，爆破施工带来的负面环境影响却不可忽视。例如，飞石、灰尘、噪声及爆破振动等。其中，爆破振动的影响最为明显。

小净距隧道是一种形式复杂的近接工程，主要包括小净距并行隧道及立体交叉式交叉隧道等形式。采用这种隧道形式不仅可以解决地质条件和线路方面的难题，还具有较高的经济效益，在满足服务需求的同时，大大提高了土地空间利用率。虽然小净距隧道具有一定的技术优势，但是同样会带来一系列施工技术难题。

目前，我国山岭隧道大多仍采用新奥法进行施工，隧道的开挖掘进主要采用钻爆法的方式来进行，虽然爆破施工具有操作简便、经济效益好、施工组织方便等优点，但是爆炸瞬间释放的化学能除破碎岩石外，部分能量以应力波的形式向外传递。受这种爆破振动的作用，新建隧道周边的既有岩土工程或构筑物的结构稳定性均会受到影响。

对于小净距隧道而言，新建隧道和既有隧道交叉段之间的中夹岩体受力情况十分复杂，采用常规爆破方式进行施工，势必会对既有隧道的安全运营和结构稳定造成不利的影响。按照新奥法施工工艺的要求，爆破施工过程中，相关人员应按照规程对爆破施工引起的围岩及既有隧道的振动进行实时监测。同时应时刻关注爆破开挖作用下，隧道围岩的损伤情况，并根据监测情况，动态调整施工方案和施工工艺，以期在保证既有构筑物使用安全的前提下加快施工进度。

对于上下型交叉隧道而言，尤其是针对上跨既有铁路隧道的交叉隧道而言，长期周期性的列车振动荷载也是影响小净距交叉隧道群力学稳定的重要因素。

我国是一个典型的铁路大国，根据国务院批准的《铁路中长期发展规划》，在今后一段时期内我国铁路将重点推进客运专线、重载货运铁路、既有线提速改造和城际客运轨道交通为代表的高速客运网络建设。其中，重载货运铁路（Heavy Haul Railways）因其运量大、效率高、节能环保等优点，在缓解我国煤、电、油等重要资源由内陆向东南沿海运输中发挥着不可替代的重要作用，重载铁路也是我国未来铁路发展的重点领域之一。我国是一个多山的国家，山地占51.9%、丘陵占11.7%，重载铁路建设不可避免地穿越各种复杂地质条件的高山峡谷，形成众多的重载铁路隧道工程。以我国建设标准最高的新建重载铁路（山西中南部铁路通道）为例，它是我国第一条按万吨重载铁路标准建设的铁路主干线，全长1260km，隧道158座，总长332km，占线路总里程的26.3%。同样，以2014年底开工建设的我国规模最大的一条煤运专线——蒙华铁路工程为例，线路全长1837km，经内蒙古自治区、陕西省、山西省、河南省、湖北省、湖南省，止于江西省吉安站，隧道累计设计总长度约458km，共计228座，占线路总里程的24.9%。

河北省境内也分布着多条国家级重载铁路干线，形成了多条长大重载铁路隧道。以我国1992年建成通车的第一条双线电气化重载运煤专线（大秦铁路）为例，线路纵贯山西、河北、北京、天津，全长653km，全线隧道共54座，平均每百公里铁路上约有隧道8座，其长度占线路总长度的10.4%；同样，河北省境内中国第二条双线电气化重载铁路（朔黄铁路）全长共588km，线路横穿太行山脉，全线77座隧道长达66.3km，隧道施工难度大，技术标准高；以始于河北张家口境内的张唐铁路（我国第三条能源通道的一期工程）为例，线路全长662km，隧道85座共计230km，占线路总里程的34.7%。统计表明，在河北省境内分布的重载铁路隧道不仅数量多，且铁路货运量逐年提高，朔黄、大秦等多条重载铁路未来都具备扩能及提速改造的需要。随着列车轴重及编组数量的提高，重载铁路隧道下部围岩内的附加荷载也呈现出低频、高幅值、持续时间长等显著特征。随着C80列车行车密度的增加，且未来存在开行C96列车的可能，既有重载铁路隧道下部的围岩将承受更加剧烈的冲击荷载。由于已建成的重载铁路隧道在河北省境内广泛分布，受京津冀一体化发展战略、环首都1小时经济圈发展战略及北京与张家口联合举办2022年冬奥会等契机的影响，近年来在河北省境内修建了多条高速铁路及高速公路。受河北中西部及北部山区地形所限，在冀北山区大量新建铁路、公路及村镇不可避免地与新建隧道交叉或近接，形成了多座复杂的高风险隧道。

以重载交叉隧道为例，受力状态变得尤为复杂。新建隧道新奥法钻爆施工期间，既有隧道产生的纵向变形会引起既有铁路干线出现轨枕下沉、上浮及扭转等危险现象，尤其是爆破施工引起的结构振动极大地降低了交叉隧道的结构安全性。交叉隧道施工完成后将会进入运营期，在铁路隧道运营过程中，长期周期性的列车荷载，尤其是重载列车荷载作用将对交叉隧道结构产生不利影响。因此，采用新奥法施工下穿既有重载铁路隧道过程中，新建隧道及既有隧道围岩衬砌结构的安全性评估对类似立体交叉隧道工程具有重要的借鉴意义；同时，立体交叉隧道中上部铁路隧道后期运营引起的重载列车低频、高幅值荷载对新建下穿隧道的不利影响也应作为必要的监测内容进行长期研究。

1.2 国内外研究进展情况及思考

1.2.1 重载铁路隧道列车振动传播机理与特性研究

隧道邻近既有地下结构物施工作为地下工程的一个新兴课题，近年来国内外部分学者对此开展了一定的研究工作，得出了许多有意义的结论。需要指出的是，重载铁路因其具有大轴重的特点，隧道结构与下部围岩所承受的列车荷载明显高于一般铁路隧道和地铁隧道，具有显著的低频、高幅值、长持时（车厢编组常为 200~250 节）等特点。

一般认为，重载隧道列车振动传播机理研究是交叉隧道围岩动力响应研究的基础。列车运行穿过隧道时，振动经轨道传递到隧道结构上，再由隧道结构经由地层向周围传播，引起隧道支护结构和围岩的振动响应。振动的强弱不仅与隧道结构和地层特性关系密切，还受到轨道结构特性和列车速度的影响。

列车动荷载模拟是为了向轨道-隧道衬砌-围岩模型系统提供动荷载输入。Takemiya[1] 在模拟移动列车荷载时，忽略了转向架与车轮间的非线性相互作用关系，采用一系列与实际列车尺寸相符的移动非简谐荷载，有效模拟了列车悬挂系统的振动荷载。Yang 和 Wu[2] 在列车荷载研究中，采用了新的列车荷载模型，该模型可以较为准确地描述列车车体的水平、竖向、摇摆、点头、起伏等运动模式和钢轨与车轮间的竖向和水平接触力。Kwark[3] 等采用更复杂的列车荷载模型来模拟高速列车。该模型总长为 378.10m，共包含 16 节车厢，列车下部由两组车轮支撑一个转向架，模型中共包含 46 组车轮和 23 个转向架。在国内，潘昌实[4] 和梁波[5] 采用人工激振力模拟列车竖向动荷载，并采用 Newmark 隐式时间积分法求解结构体系的二阶运动微分方程组。激振力函数包括静荷载和一系列正弦函数叠加而成的动荷载。高峰、关宝树[6] 根据弹性地基梁原理，采用拟静力的方法模拟列车荷载，分析列车荷载对于隧道接头受力的影响。白冰等[7] 给出了三维条件下列车荷载的施加方法，并得到了不同交叠形式下隧道结构振动响应规律。

在分析重载列车穿过隧道所产生振动的传播特性时，首先要建立车-轨振动系统动力学模型，求解列车移动荷载作用下轮轨之间相互作用力，进而分析列车振动的传播特征。Winkler 提出将钢轨看成是常刚度基础之上的无限长梁，这是最早的轨道模型。Timoshenko[8] 和 Fryba[9] 先后验证了该模型的正确性。此后，学者们一般采用 Winkler 地基梁来模拟轨道结构并进行动力理论分析，用

Euler-Bernoulli 梁或 Timoshenko 梁来描述梁的运动方程[10-12]。Filippov[13] 对列车移动荷载作用下弹性半空间 Euler-Bernoulli 梁的稳态响应进行了研究，结果表明，当荷载移动速度与瑞利波速相等时，Euler-Bernoulli 梁将产生无穷大的竖向变形。Dieterman[14] 和 Metrikine[15] 通过在水平局部坐标系中进行波数积分，得到了一个作用于弹性半空间 Euler-Bernoulli 梁上的等效刚度，其等效刚度主要受梁的频率和波速影响。Chen[16] 推导出了 Timoshenko 梁的临界波速。Metrikine[17] 和 Vrouwenvelder[18] 通过车-轨耦合模型，运用理论分析的方法对隧道内列车振动引起的地面振动响应进行了研究。

此外，研究者在列车行驶速度、隧道衬砌结构、隧道周边围岩等级、岩柱高度等因素对列车振动传播与衰减规律的影响方面，也做了大量的研究并取得了一定成果。李亮等[19] 采用激振函数来模拟列车振动荷载，并结合弹塑性有限元计算深入分析了列车振动荷载作用下隧道结构的振动响应问题，对比分析不同行车速度下振动响应规律。段景川[20] 分析了不同列车行驶速度下复杂隧道结构振动响应的影响规律。丁祖德[21-22] 建立了隧道-围岩动力有限元计算模型，对不同列车运行速度下高速铁路隧道基底软岩的振动响应进行了深入分析，得到了基底软岩振动强度的变化规律。

隧道衬砌结构的截面形式、衬砌厚度、混凝土材料特性等因素对列车振动传播规律与振动强度会产生较大影响。李德武、高峰等[23] 采用二维非线性有限元方法从仰拱的不同结构形式、曲率、刚度等方面分析了列车荷载作用下隧道振动响应规律。刘海林[24] 对不同衬砌厚度下立体交叉隧道结构振动特性进行了分析，结果表明，一定范围内增加衬砌厚度能够对立体交叉隧道结构起到一定的抗减振作用。黄希等[25] 针对交叉盾构隧道，考虑了混凝土非线性特性，采用混凝土塑性损伤本构模型，在轨道上施加随时间变化的现场实测振动荷载，模拟列车在隧道行驶的全过程，得出列车高速行驶过程中结构振动损伤规律，振动对拱脚的损伤最大。汪伟松[26] 通过数值计算重点对列车振动荷载作用下隧道结构振动加速度时程曲线进行了分析。

在列车振动荷载的影响下，隧道周边围岩等级不同，受不同围岩动力特性影响，振动传播规律与振动强度也不尽相同。刘强等[27] 基于隧道周边不同围岩等级，分析了高速列车振动荷载下交叉隧道结构的振动响应特性。晏启祥等[28-29] 对比分析了不同围岩级别下交叉段第一主应力和振动加速度时程范围内的包络线，研究了主隧道和联络横通道纵向不同位置的振动加速度时程响应规律。龚伦[30] 首次将可拓学物元理论引用到地下隧道工程近接施工领域，建立了基于不同围岩等级交叉隧道相互影响判定模型，并根据判定模型编制了与之对应可以预测交叉隧道施工相互影响大小的计算程序，该程序可分析预测交叉隧道在静力与动力情况下的影响范围与影响强度。

立体交叉隧道之间最小净距不同，隧道交叉段相互影响范围及强度不同，从而高速列车荷载作用下振动传播规律也不同。康立鹏[31]通过研究岩柱高度对交叉隧道振动特性的影响，得出其对隧道围岩振动响应的影响规律。王庆浩[32]进一步研究了围岩级别、列车速度和岩柱高度三因素对振动传播的影响规律，并重点研究了下穿隧道的拱顶位移、振动速度和振动加速度变化规律。

综上所述，铁路隧道列车荷载模拟与车-轨耦合体系的研究已比较成熟，但针对列车振动传播与衰减规律的影响因素研究主要集中在车速、衬砌结构、围岩等级与岩柱高度四个方面，多数学者的研究内容主要集中于单一因素对振动传播规律的影响，缺少对重载列车振动传播规律及振动强度的系统研究。重载列车振动响应是未来的一种研究趋势，在现有研究基础上，重点分析列车载重、振动持时、振动频率等因素对重载铁路隧道列车振动传播机理与振动衰减规律的影响，将是重载列车作用下交叉隧道振动研究的重点及难点。

1.2.2　下穿重载铁路隧道交叉段围岩动力响应研究

对交叉段隧道围岩的动力响应研究一直是工程界重点，尤其是对下穿重载铁路交叉隧道的研究。由于重载列车荷载和围岩的复杂性，在制定重载铁路隧道技术标准时需要结合目前重载线路的实际进行大量现场测试[33-34]。赵勇[35]利用瓦（塘）日（照）铁路30t轴重重载综合试验段对隧道内无砟轨道结构的振动特性进行了研究。邹文浩[36]等结合现场实车试验和数值模拟，研究重载列车荷载作用下铁路隧道不同基底结构的应力分布和动力响应变化规律。

在下穿重载铁路隧道的开挖过程中，由于打破了围岩的初始应力状态，加之重载列车振动荷载的激励作用，围岩为抵抗不均匀变形而进行应力重分布，导致隧道内荷载的传递路线发生了偏移，发生偏移的主应力流线形成了一个环状体——围岩"压力拱"。传统研究大多将压力拱看作恒定不变的对象，不能真实反映随着隧道变形破坏围岩应力发展变化全过程，因此，基于动态拱效应研究重载列车作用下交叉隧道的围岩动力响应成为新的热点。刘燕鹏[37]以软弱破碎围岩为研究对象，采用理论分析的方法推导得到了围岩压力拱厚度的计算公式，并在此基础上对影响动态压力拱的因素进行综合分析。何本国[38]通过研究高地应力软岩隧道，分析得出锚杆在开挖初期有效促进临时"承载拱"的形成，使"压力拱"偏移至隧道轮廓附近，形成动态压力拱。钟燕辉[39]结合隧道实时监控与有限元数值分析，研究了施工过程中围岩压力拱的变化趋势。赵勇[40]基于既有研究成果和隧道围岩变形试验，阐述隧道施工影响下围岩动态变形规律，并提出控制围岩变形的技术措施。

现阶段对重载列车作用下隧道围岩的动力响应研究方法主要有解析法、数值仿真模拟、现场实测分析与模型试验研究。解析法大部分凭借数学和力学上的理论推导，比较严谨，它不仅益于研究者从理论上更深层次地理解问题，而且能够为数值模拟结果和试验结果的验证提供强有力的参考。晏伟光[41] 运用理论分析，重点研究了重载铁路隧道结构的动力响应特性，量化分析了设计参数对结构动力响应的影响规律。薛富村[42] 以弹性动力学为基础，借助两相介质动力学方程，研究动荷载作用下隧道-地基体系的动力响应，进一步得出特殊情况下的解析解。赵丹[43] 基于弹塑性理论和边界面理论，系统研究列车振动荷载作用下隧道围岩的动力响应特性。

对交叉隧道围岩动力响应问题，大部分早期研究成果所采用的都是解析法和经验法。近年来，随着高性能计算机的出现，数值仿真模拟成为一个非常有效的工具，并发挥着越来越重要的作用。田燕[44] 通过数值模拟分析，研究了列车动荷载作用下衬砌结构与围岩的位移-应力变化规律。蒋庆[45] 利用 FLAC3D 有限差分软件对高速列车荷载作用下的隧道结构进行数值模拟，分析周边围岩的位移规律。朱正国[46] 结合实际工程背景，采用 FLAC3D 软件建立隧道三维数值模型，对采用超前管棚加固支护措施进行数值模拟，研究周边围岩在不同激振频率下的动力响应规律。戴林发宝[47] 采用数值模拟的方法针对是否考虑地下水影响，分别进行了列车振动作用下围岩的动力响应研究。

对重载列车荷载作用下交叉隧道围岩的动力响应，部分学者采用现场实测的方法。Koch[48] 就地铁运行引起的振动与噪声进行了现场测试与分析，得到了隧道围岩的动力特性。Volberg[49] 在三个不同地点进行了列车振动现场测试，对测试数据分析总结后，提出了列车振动对临近结构影响的预测模型。Degrande[50] 以伦敦地铁线路中 35 辆速度为 20～50km/h 的试验列车为研究对象，现场测试其振动对周边围岩的影响，得出隧道边墙及仰拱的动力响应随着行车速度的提高而增大。李德武、高峰[51-52] 在金家岩隧道和扎兰营子隧道进行了现场振动测试，分析得出列车运行所产生的振动对衬砌结构影响较大，是隧道底部结构及周边围岩产生病害的主要原因之一。彭立敏[53] 等针对铁路隧道铺底病害，以蜈蚣岭隧道为现场试验工点，采用动力试验检测技术，测试了两种不同基底工况下铁路隧道基底结构的动力响应规律，得到隧道基底结构与附近围岩受列车冲击振动作用明显的结论。

基于相似模型试验，部分学者研究了重载列车振动荷载作用下隧道交叉段围岩动力响应规律，并以试验结果为依据，为相关工程提供技术指导。施成华等[54] 针对铁路隧道底部病害的现状，进行了列车动载作用下的隧道底部结构及周边围岩动力响应模型试验，主要研究了不同铺底形式下结构应力分布，结合试验结果提出了合理的隧道铺底结构形式。黄娟[55] 对高速铁路隧道底部结构，考虑不同的加载频率，进行了 V 级围岩条件下的列车动载模型试验，通过试验数据的整理分析得出隧道底部的环向和纵向应力以受拉应力为主，而且环向拉应力大于纵向拉应力。李晓英[56] 在已有成果上按照相似理论，推导出以几何相似比 1/4、弹模相似比 1/2 为主控因素的试验相似关系，揭示了高速列车动荷载作用下隧道底部结构、基底围岩的相互作用关系以及振动传播规律，明确了振动波在基底围岩中的影响范围和影响程度。何卫等[57] 对某地铁区间隧道进行了试车试验，分析了扣件类型、列车运行速度等因素对荷载特性的影响，基于隧道断面的实测结果分析了其在周边围岩中的振动传播规律。

综上所述，列车荷载作用下隧道交叉段围岩动力响应一直是工程界研究热点，而隧道施工过程中围岩压力拱动态变化研究成果相对较少，尤其是对重载列车荷载及隧道动态施工共同作用下，围岩动态拱相关的研究成果更少。在以往列车作用下隧道围岩的动力响应研究中，解析法与数值模拟对实际情况进行了必要的简化，简化计算力学公式及材料力学参数，或者直接选取理想的情况，所以结果不能准确反映结构与围岩动力响应情况。现场实测数据分析操作较为复杂，工作量大，同时实测研究受很多因素的影响。借助相似模型试验，得到的结果能客观综合地反映重载列车荷载作用下隧道结构及周边围岩的动力响应规律，以试验结果为依据，对类似隧道工程围岩动力响应进行预测分析。

1.2.3 重载列车荷载作用下交叉隧道超前管棚支护研究

管棚超前支护是为了在特殊条件下（例如：下穿重载铁路隧道、软弱破碎围岩等）安全施工，预先提供增强地层承载力的临时支护方法。先行施工的管棚以掌子面前方围岩支撑和后方围岩支撑为支点，形成一个梁式结构，二者形成环绕隧洞的壳状结构，可有效抑制围岩松动和垮塌，通过注浆加固，可改善软弱围岩的物理力学性质，增强围岩的自承能力，从而加固管棚周边的围岩。目前，针对重载列车荷载作用下交叉隧道超前管棚支护研究常用的方法主要有理论分析、工程实例分析与数值仿真模拟。

以往对隧道超前管棚支护的理论分析集中在管棚注浆量、管棚支护长度、管棚支护形式等方面。王小龙[58] 对超前管棚支护技术在隧道工程中的应用进行了力学分析，探讨超前管棚技术应用优势。刘天宇[59] 通过分析超前小导管在不良地质隧道中的支护机理，论证了超前小导管技术在隧道施工中的合理支护效果。段亚刚[60] 对管棚支护的力学效应予以分析，给出了管棚注浆量的计算方法，并在此基础上得出了简化后的力学模型，提出了建立管棚支护体系力学模型的基本观点和简化原则。陈小波[61] 介绍了超前支护的原理及一些常用的超前支护形式，重点对管棚式超前支护的机理进行了初步探讨，为管棚式超前支护的设计提供了参考。高健、张义同[62] 考虑地下水水位和注浆管棚长度的变化，通过将渗流分析的结果施加到应力分析之中，采用流固耦合计算方法得到作用在隧道开挖面的极限支护压力，研究发现，超前注浆管棚支护对高地下水地层中维持开挖面稳定的极限支护压力影响明显，采用该技术后作用在开挖面上的渗透力显著降低。

结合隧道工程实际案例，分析研究管棚支护的作用机理，进一步优化超前管棚设计与施工方案。郭仲敏[63]结合超前管棚预支护施工实例，阐述了超前管棚预支护在软岩隧洞中的施工方法、工艺流程、适用范围及优点。杨秋廷[64]结合工程实例介绍分析了管棚作用机理、管棚设计与施工要点及适用范围等内容，论证了管棚施工在隧道施工中的价值。周顺华[65]以杭州解放路隧道原位观测和室内土工离心模拟试验为基础，分析了管棚的工作机理，根据棚架体系观点，指出管棚主要起加固围岩并扩散围岩压力的作用，同时能减少开挖释放应力。李建军、谢应爽[66]结合坨家山隧道塌方处理方案，总结了超前支护管棚工法应用时的围岩荷载确定方法，给出了管棚结构的简化计算模型和管棚参数的选定方法。

计算机数值模拟可方便地分析隧道不同管棚支护形式下隧道周边围岩的力学特性，从而为施工方案的合理化提供参考。部分学者主要针对管棚支护作用下隧道围岩的应力及变形进行三维数值分析。孙志杰等[67]以某高速公路隧道为例，采用FLAC3D有限差分程序建立考虑管棚预加固效应的三维数值仿真模型，对隧道洞口段不同围岩强度下管棚支护体系对地层稳定的控制效果进行了模拟分析，结果表明：管棚可以起到较好的荷载传递作用，可有效控制开挖释放荷载引起的地层位移。袁海清、傅鹤林、马婷等[68]采用FLAC3D有限差分法软件，建立了管棚加预注浆超前支护、仅采用管棚支护、仅采用预注浆以及无任何支护作用下的四种开挖模型进行数值模拟分析，研究在控制隧道的应力、位移以及地表沉降方面的作用效应。张红卫等[69]对超前管棚注浆支护在破碎地层大跨度隧道开挖中的加固机理及应用进行了分析，通过对某隧道采取超前管棚注浆预加固防护措施前后，隧道在施工中的受力、变形情况的有限元模拟分析，得出在不良地层地质条件及大跨度隧道施工过程中采用管棚注浆法能显著改善地层的物理力学性质，提高松软地层的整体性，减小隧道施工过程中的预应力集中，从而达到增强隧道自身整体稳定性的结论。

综上所述，业界对隧道超前管棚支护作用的研究已取得一定成果，但在理论分析方面，研究大多集中在对管棚注浆量、管棚结构形式的研究，对参数的选取及围岩力学变形准则研究尚有欠缺。在实际工程案例分析及数字模拟方面，研究大多集中在普通浅埋隧道方面，而对下穿重载铁路隧道超前管棚支护机理分析，比如支护作用下围岩应力、应变的变化规律，隧道衬砌塑性区演变等相对匮乏。因此，对于重载列车荷载作用下，下穿隧道交叉段超前管棚支护机理尚需进一步研究。

1.2.4 山岭隧道爆破振动响应及控制研究

现今，山岭隧道的主要掘进方式仍为钻爆法开挖，爆破施工过程中诱发的结构振动会对新建隧道周边既有构筑物或既有岩土工程造成不利的影响。如果由爆破振动引起的应力分布超过了既有结构的承受极限，则很有可能发生屈服破坏，严重影响既有结构的使用安全。为此，国内外许多学者针对此类问题进行了深入的研究。

爆破振动波的传播炸药引爆瞬间会在岩土体介质中产生冲击波，使岩石产生破裂。随着距离的增加，波的能量逐渐衰减，同时波的形式和性质也发生本质性的变化，爆破振动波传播到中区衰减为应力波，随着距离的进一步加大则成为弹性波，即通常所说的爆破地震波，它实际上是一种弱应力波。应力波虽然一般不会造成远区岩石破裂，但可能会造成岩体局部出现损伤和原有裂隙的扩张，从而对岩石强度和稳定性产生不利影响。爆破地震波的传播对周围岩体产生众多不利影响，同时对工程建设本身和邻近建（构）筑物的安全性产生了不良影响。

为最大限度地减少爆破施工诱发的振动负面效应，科学预测爆破振动强度，诸多学者基于柱面波理论[70]、球面波理论[71-72] 及长柱状装药子波理论[73] 推导了诸多应力波场的解析解，得到多种形式的质点峰值振速衰减公式。实际工程中，主要通过考虑最大单响药量 Q 和爆心距 R 预测质点峰值振速。王海龙等[74] 利用隧道洞口爆破施工现场实测数据，验证萨道夫斯基经验公式的有效性并合理预测最大单响药量。赵春生[75] 通过萨道夫斯基公式拟合线性回归方程，推算单段最大装药量及预测掌子面前方交叉点处的振速，并结合数值分析的手段深入研究上跨既有隧道爆破振动峰值振速的衰减规律。后续的研究以传统萨道夫斯基经验公式为基础引入地质参数、炸药种类、装药结构等参数建立多因素综合影响的质点峰值振速修正预测模型[76-79]，但众多振速修正模型是否比萨道夫斯基公式更具有普适性有待进一步考证。

越来越多的研究成果表明，频率对爆破振动效应的影响不可忽略，并对爆破振动主频率衰减规律进行了大量的研究。焦永斌[80] 依据大量的调查资料及试验数据，拟合得到爆破振动主频衰减预测公式，然而回归模型并不符合量纲和谐原理。Foti[81] 基于黏性介质中的面波理论推导主频衰减公式。卢文波等[82] 认为Foti的推导过程存在将爆破地震波的能流密度和总能量的概念混用问题，其在弹性介质中球形药包激发应力波的理论解的基础上，引入介质阻尼项，建立球形药包爆破条件下爆破振动频谱表达式。周俊汝等[83] 利用卢文波理论推导结果，进一步分析了球形药包和柱状药包主频和平均频率的衰减机制和规律。

为进一步衡量爆破振动频率对既有结构损伤机制的影响，毕卫国等[84] 通过对实测爆破振动主频数据进行小波分析,得出振动主频越接近结构固有频率,结构的振动响应越大的结论。朱浩杰等[85] 对 238 组振速与主频监测数据进行分类汇总发现不同频率能量成分选择放大效应导致垂直向振速不总是峰值振速。王波等[86] 分析监测数据隧道爆破引起的地表振动主频集中在 18~25Hz,与房屋固有频率存在差异,认为不用考虑共振现象带来的结构损伤。张迄[87] 遵循《爆破安全规程》GB 6722—2014 中提出的爆破振动安全判据基本原理,分别将峰值振速和主频监测数据利用已有预测公式进行拟合,并综合这两指标评价爆破振动强度。现有规范将爆破地震波的频带划分若干个范围,分段考虑频率对爆破振动强度的影响,不能定量分析频率与振速之间的对应关系,并且爆破振动波在掌子面前后方的传播机制和衰减规律不同,存在一定的局限性。

近年来,随着计算机技术的发展,人工智能算法和数值模拟为爆破振动效应的精准研究提供了强大的技术分析手段。胡晓冰等[88] 基于 BP 神经网络建立的爆破振动预测系统有较高的预测精度。岳中文等[89] 建立最小二乘支持向量机(LSSVM)模型分别对爆破振动峰值振速和振动主频进行预测,结果显示该模型具有更好的泛化能力和更好的预测精度。与人工算法相比,数值模拟技术可较好还原施工现场。姜忻良等[90] 通过建立三维非线性有限元模型,计算隧道爆破施工对建筑物自身沉降和内力的影响。樊浩博等[91] 采用数值模拟对地表建筑物质点振速、应力进行分析,并指出了爆破振动的显著影响区域。

在了解爆破振动效应的前提下,为实现近接工程高效安全施工,将施工场地进行合理划分,并与规范中的风险等级相对应,针对不同的风险等级采取不同的控制措施。目前关于近接影响分区研究内容主要包括影响因素、分区准则、工程对策等。张在晨等[92] 将比例距离的概念应用于隧道爆破振动分区中,以速度衰减曲线斜率的大小作为分区计算的依据。高宇璠等[93] 从掏槽孔、周边孔爆破产生振动波的传播规律及能量占比关系入手,以比例距离作为分区准则划分爆破近远区。Park 等[94] 将开挖破坏区的大小和岩体的抗拉强度建立联系,通过诱导动应变和临界拉伸应变推导开挖影响区域距离。Zhang 等[95] 针对泥质粉砂岩地层中盾构掘进对大断面采矿隧道的影响,提出了基于地表沉降准则的影响范围。Zhou 等[96] 基于岩体 Hoek-Brown 非线性破坏准则,结合"松散带-承载带"的概念,提出了水下隧道邻近施工影响带划分方法。

近年来,随着计算机技术的发展,人工智能算法和数值模拟为爆破振动波形预测及影响分区的精准研究提供了强大的技术手段。基于模糊建模方法[97]、神经网络算法[98]、支持向量机算法[99]、分类回归树算法[100] 等人工智能算法建立的爆破振动波形预测系统具有较高的预测精度。智能算法具有理论性强、预测效果好的优点,但在应用方面仍存在一定的局限性,需要大量的参数和样本数据对模型进行重新构建和训练,研究成果不能直接应用到其他工程中。与人工智能算法相比，数值模拟技术可较好还原施工现场。Jiang 等[101] 深入研究自由表面反射球面波的特性，将 Hoop 点源理论修正为球腔压力源，利用数值模拟验证球源理论的正确性。袁竹等[102] 利用 Midas GTS 软件对不同净距和地质条件下铁路隧道下穿高速公路隧道施工进行数值试验，以高速公路隧道的沉降为判断准则，得到基于几何近接度和地质情况的影响分区。张自光[103] 采用数值模拟方法，综合分析建筑荷载、隧道跨度、位置关系、基底宽度四种因素对影响分区的影响。Shin 等[104] 对软岩巷道进行数值模拟，对爆破位置、隧道埋深和装药量进行研究，提出爆破防护区域的指导原则。

本书主要依托京张高铁草帽山交叉隧道工程、太锡铁路崇礼隧道下穿既有村庄工程及国道 G508 头道沟偏压隧道工程三个工程案例，主要研究隧道工程开挖掘进中的现场监测方法及受力分布特征。其中，重点分析隧道施工引起的既有构筑物或既有地下岩土工程的动力响应规律，并结合具体工程实践，引入或提出一系列适用于冀北寒冷地区的隧道施工的关键控制技术，以期为以后类似的工程案例设计施工提供一定的理论建议与实践参考。

第 2 章　理论部分

2.1　引　　言

近年来，随着我国高速铁路的快速发展，隧道支护结构开始呈现出形式多样化的趋势；立体交叉隧道也不断出现在我国基础建设中，同时列车的速度也在不断提升，因此，高速列车荷载对隧道结构造成的不利影响也越来越大，而交叉隧道中后建隧道的开挖，再一次引起既有隧道围岩和支护结构的应力调整和重分布，引起交叉段附近岩体和支护结构力学特性发生复杂变化，对交叉段围岩的力学和变形有很大的影响。另外，由于爆破具有瞬时性、破坏性大的性质，容易对周边环境产生巨大影响，故在爆破施工时，需要对其进行实时监测，优化施工方案。针对爆破振动进行监测时，受到复杂施工环境的影响，采集到的爆破振动信号易含有大量干扰项，需要对干扰项的去除进行研究。获取微差爆破实际延期时间也可以对控制爆破危害、优化爆破参数提供参考。

本章主要针对下穿隧道开挖过程中影响隧道稳定性的各类因素进行理论研究，对交叉隧道影响分区、隧道围岩分级、重载列车与隧道耦合运动方程、列车振动荷载影响范围、交叉隧道围岩夹层塑性叠加区理论、下穿隧道开挖引起上部隧道沉降计算、等效球形爆源下地表振动效应研究、爆破振动信号干扰项去除、微差爆破实际延期时间识别作为本书主要使用的理论分析方法进行阐述。

2.2　近接交叉隧道影响分区分度准则

对于近接施工，日本研究者做了很多研究，公路系统、电力系统、铁路系统分别于 2000 年、1999 年、1998 年发布了《公路隧道近接施工指南》《近接施工指南》《铁路隧道近接施工指南》。指南系统总结了近接隧道工程施工特点，并提出影响分区和近接度等概念，指出既有隧道与新建隧道的相互影响强弱取决于：①隧道的相对位置关系；②新建隧道的施工方法；③交叉隧道净距；④新建隧道的规模；⑤既有隧道支护结构的工程质量；⑥地质和地形条件。

左右并行隧道与上下立体交叉隧道静力施工中近接度的划分见表 2-1 及图 2-1，按近接隧道的空间位置关系，将其划分为三个区域：限制范围、要注意范围和无条件范围。

交叉隧道近接度的划分　　　　　　　　　　　　　　　表 2-1

两隧道位置	并行隧道		立交隧道	
	隧道净距	近接度划分	隧道净距	近接度划分
后建隧道高于先建隧道	<1.0D	限制范围	<1.5D	限制范围
	1~2.5D	要注意范围	1.5~3.0D	要注意范围
	>2.5D	无条件范围	>3.0D	无条件范围
后建隧道低于先建隧道	<1.0D	限制范围	<2.0D	限制范围
	1~2.5D	要注意范围	2.0~3.5D	要注意范围
	>2.5D	无条件范围	>3.5D	无条件范围

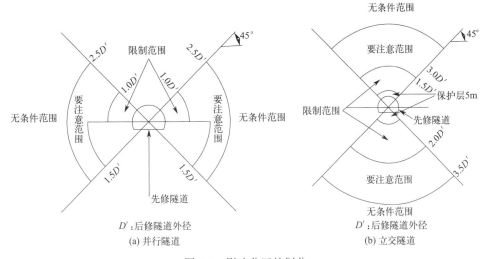

图 2-1　影响分区的划分

2.2.1　分区影响因素与分区表达式

一般近接施工影响程度分区的影响因素有：

（1）近接施工的类型（受力特征）。

（2）新建结构物的规模尺度（当量直径 D）：影响系数为 a_0。

（3）新建结构物与既有结构物的位置关系（θ）：影响系数为 a_1。

（4）地形、地质条件：影响系数为 a_2。

（5）既有结构物的健全度：影响系数为 a_3。

（6）对策的可能性与强弱性：影响系数为 a_4。

（7）其他。

近接施工影响程度分区指标表达式（通式）：

$$R_{ij} = a_{0ij}(1 + a_{1ij} + a_{2ij} + a_{3ij})a_{4ijk}D_{im} \tag{2-1}$$

式中：i——近接施工的种类，$i = 1、2、\cdots、m$；

$\quad j$——影响范围序号，$j = 1$ 或 2，$j = 1$ 为强影响序号，$j = 2$ 为弱影响序号；

$\quad k$——对策等级标号，$k = 0、1、2、3、4$；

$\quad m$——表明新建隧道或既有结构物序号，$m = 1$ 或 2，$m = 1$ 为既有结构物标号，$m = 2$ 为新建结构物标号；

R_{ij}——第 i 种近接施工类型，第 j 个影响范围指标；

a_{0ij}——第 i 种近接施工类型下，基准位置（$\theta = 0$）处，关于第 j 个影响边界的基本影响系数，为一有理数；

a_{1ij}——第 i 种近接施工类型下，关于第 j 个影响边界的位置影响系数，$\pm n\%$，n 为正数；

a_{2ij}——第 i 种近接施工类型下，关于第 j 个影响边界的地形、地质条件影响系数，$\pm n\%$，n 为正数；

a_{3ij}——第 i 种近接施工类型下，关于第 j 个影响边界的既有结构物健全度系数，$\pm n\%$，n 为正数；

a_{4ij}——第 i 种近接施工类型下，关于第 j 个影响边界的第 k 对策等级影响系数，一般条件下，$a_{4ij} = 1 \sim 0$，但对策采取不当的时候也有可能 $a_{4ij} > 0$，对策采取的好坏可以控制和改变影响范围，也就是说在采取对策的条件下，是可以突破限制间距，去靠近既有结构物施工的，它可以反映近接施工的水平；

D_{im}——第 i 种远接施工条件下，对近接施工影响范围最基本作用的结构物当量尺寸（通常为隧道当量半径），有时 $D_m = D_1$（既有结构物尺度），有时 $D_m = D_2$（新建结构物尺度），根据近接类型而定，多数情况取 D_2。

2.2.2　分区参考准则

对于隧道近接度和影响分区的研究，多基于以下分区准则对近接交叉隧道安全净距进行确定，以下是参考准则：

1. *应力准则*

即按引起应力重分布的梯度变化范围和应力集中度（系数）划分。

（1）弹性准则（Ⅰ、Ⅱ级围岩）；

（2）弹塑性准则（Ⅲ～Ⅵ级围岩）。

与应力状态（λ）有关，本案考虑为一般情况。$\mu = 0.15 \sim 0.35$ 时，$\lambda = 0.18 \sim$

0.54。对高地应力及构造应力较大时，则需另案分析。本准则应为最严格（苛刻）条件，所以定的范围值偏大。

2. 塑性区准则

即按塑性区不叠加（处于临界状态）确定分区指标。

考虑施工引起的周边应力重分布后仍处于弹性状态，说明围岩强度仍有潜力，对既有结构引起的受力变化不大，只有出现塑性区且与既有结构物联通时，才会引起既有结构物的较大影响。这种条件称为应力准则有所放松。

3. 位移准则

即新建工程引起既有结构物处的地层变化程度划分影响区域的准则。

当既有结构对位移响应最强，如基础等的不均匀沉降、地表下沉及隧道的纵向位移等情况下，则应按位移值的大小划分影响区域和近接度。

4. 既有结构物强度准则

即按新建工程引起既有结构物承载力改变程度划分影响区域和近接度的准则。

既有结构的健全程度及新建工程对其影响程度将直接影响区域划分。既有结构健全度越高，允许近接的距离越小，反之则越大。

5. 既有结构物刚度准则

即按新建工程引起既有结构物形状改变程度即内部构造物允许的位移要求来划分影响区域的准则。

6. 复合准则

复合准则即以上 5 种准则的复合运用。

有些类型条件下，需同时考虑 1～5 中两种及以上准则的组合应用。

2.3　基于 Hoek-Brown 模型的铁路隧道围岩分级研究

2.3.1　岩体 Hoek-Brown 准则分析

我国《铁路隧道设计规范》TB 10003—2016 是在已知围岩分级的前提下给出岩体力学参数取值的大致范围，当围岩级别为Ⅵ级时，岩体黏聚力则不超过 100kPa，内摩擦角小于 22°。不难发现，参考区间较大，致使围岩稳定性分析及支护结构受力分析变得更为困难。因此，我国铁路隧道领域需要借鉴相关成熟的经验方法来进一步对围岩的物理力学参数展开精细化的分析，并基于参数转换反推铁路隧道的围岩分级情况。目前，岩体 BQ 分级体系需要事先确定岩体的基本质量级别，再查询出不同级别对应的黏聚力和内摩擦角，对于开展围岩稳定性力学分析精细化程度不够。欧美国家及我国水利水电行业通过多年的工程实践，提出了基于 Hoek-Brown 准则的 RMR 与 GSI 系统。

鉴于一般地下工程设计需要运用岩土体的黏聚力和内摩擦角两个参数，Hoek 等学者将工程中广泛应用的 Mohr-Coulomb 准则与改进后的 Hoek-Brown 准则进行接轨，通过线性回归的方法确定一定应力水平范围内线性化后的内摩擦角和黏聚力值。我国一些学者基于该强度准则，结合现场实测资料对上述岩体参数反演的方法进行回归，并对参数反演方法做了一些优化。随着 Hoek-Brown 准则在岩石力学及边坡工程中的研究推广，该准则也逐渐被应用至岩石地下工程，尤其是隧道围岩变形及松动圈的计算问题。综上所述，采用 Hoek-Brown 经验公式分析岩体的宏观抗剪强度已得到部分学者和专家的认可，其核心问题是将该准则更便捷、准确地应用于围岩体的宏观力学参数分析，并据此借鉴隧道分级标准推测该围岩对应的隧道围岩级别。

Hoek-Brown 最初的经验公式中，对于较小侧限压力的情况，单轴极限抗压强度往往较高，并允许出现一定大小的拉应力。而对于节理岩体来说，拉应力通常都很低。为减小上述问题对岩体强度特性的影响，Hoek 等对 Hoek-Brown 最初的经验公式做了修改，并令单轴拉应力为 0，表达形式如下：

$$\sigma_1 = \sigma_3 + \sigma_c \left(\frac{m_b}{\sigma_c} \sigma_3 + s \right)^a \tag{2-2}$$

式中：m_b、s 和 a——岩体材料常数；

　　　　σ_c——完整岩石单轴饱和抗压强度。

Hoek、Brown 和 Marinos 等针对上述岩体强度经验公式，结合岩体的工程地质特征，发展了一种建立在地质强度指标 GSI 基础上的经验方法。从经验发现，岩体评分值 RMR 与 GSI 存在如下关系式：

$$GSI = RMR - 5 \tag{2-3}$$

岩体的地质强度指标 GSI 也可通过结构表面粗糙程度及岩体结构类型，查表估算出相应的数值。其中式(2-3)中的 m_b 可采用下式进行计算：

$$m_b = m_i \mathrm{e}^{\frac{GSI-100}{28}} \tag{2-4}$$

式中，对于非扰动岩体，如果分析确定的 GSI 值大于 25 时，可令 $a = 0.5$，s 按下式进行计算：

$$s = \mathrm{e}^{\frac{GSI-100}{9}} \tag{2-5}$$

对于 $GSI < 25$ 的非扰动岩体，可令 $s = 0$，a 按下式进行计算：

$$a = 0.65 - \frac{GSI}{200} \tag{2-6}$$

2.3.2　围岩抗剪强度参数分析

基于 Hoek-Brown 准则，通过对隧道围岩的节理分布及机构面特性进行现场调查，得到围岩体的 GSI 值，通过式(2-4)～式(2-6) 得到该围岩对应的 m_b、s 和 a 值，结合围岩体室内单轴饱和抗压强度 σ_c 的试验测试值，按照式(2-2) 可建立考虑隧道围岩节理裂隙情况的围岩内最大主应力 σ_1 与最小主应力 σ_3 之间对应的一组关系式：

$$\sigma_1 = k\sigma_3 + b \tag{2-7}$$

式中：k、b——拟合参数。

基于《铁路隧道设计规范》TB 10003—2016 中不同级别围岩对应的抗剪强度参数，结合不同岩体的结构面特征，得到某类型岩体对应的抗剪强度参数，进而反推该类型岩体对应的围岩级别。基于以上思路，需要结合岩体特性，先推算出该岩体对应的黏聚力 c 和内摩擦角 φ。按照 Mohr-Coulomb 准则的标准模式，存在如下关系：

$$\frac{\sigma_1 - \sigma_3}{2} = c\cos\varphi + \frac{\sigma_1 + \sigma_3}{2}\sin\varphi \tag{2-8}$$

若按线性分布模式进行拟合，则可以将式(2-7) 转化为 σ_1 与 σ_3 的线性方程，具体表示为：

$$\sigma_1 = \frac{1 + \sin\varphi}{1 - \sin\varphi}\sigma_3 + \frac{2c\cos\varphi}{1 - \sin\varphi} \tag{2-9}$$

当 $0 \leqslant \sigma_3 \leqslant 0.25\sigma_c$ 时，可采用式(2-9) 近似地拟合该岩体的抗剪强度参数，若采用线性回归分析的方法进行拟合，则上式可简化表示为与 σ_1 与 σ_3 的表达式，具体格式见式(2-7)。其中，结合式(2-7) 和式(2-9)，拟合参数 k、b 可以表示为：

$$\left. \begin{array}{l} k = \dfrac{1 + \sin\varphi}{1 - \sin\varphi} \\[3mm] b = \dfrac{2c\cos\varphi}{1 - \sin\varphi} \end{array} \right\} \tag{2-10}$$

固定 σ_3 的值，按式(2-2) 计算得到 σ_1 的值，因此对应等差数列 σ_3 的值，可以根据围岩 GSI 值得到 n 组 σ_1 和 σ_3 的值，线性回归得到拟合系数，k 按下式进行估算：

$$k = \frac{\sum_{i=1}^{n} \sigma_{1i}\sigma_{3i} - \dfrac{\sum_{i=1}^{n} \sigma_{1i} \sum_{i=1}^{n} \sigma_{3i}}{n}}{\sum_{i=1}^{n} \sigma_{3i}^2 - \dfrac{\left(\sum_{i=1}^{n} \sigma_{3i}\right)^2}{n}} \tag{2-11}$$

参数 b 可按照下式估算：

$$b = \frac{\sum_{i=1}^{n} \sigma_{1i} - k \sum_{i=1}^{n} \sigma_{3i}}{n} \tag{2-12}$$

在计算得到 k、b 的基础上，通过式（2-10）计算得到经回归拟合的岩体宏观抗剪强度值 c 和 φ。同时，岩体综合抗拉强度 σ_{Dt} 可以按照下式计算：

$$\sigma_{Dt} = \frac{2c^2}{\left(c + \sqrt{c^2 + \dfrac{c^2}{\tan^2\varphi}}\right)\tan\varphi} \tag{2-13}$$

在近接交叉隧道影响分区以及围岩分级研究的基础上，进一步考虑在上部隧道正常使用时，下部隧道开挖与上部隧道的耦合作用。

2.4　重载列车荷载的确定

列车运行情况下，首先需要确定列车荷载。结合《公路桥涵设计通用规范》JTG D60—2015 确定重型机车的几何参数和荷载参数。基于经典力学理论，将机车运动简化为单轨迹双质心的二维平面运动，推导出适用于重型机车的运动微分方程，为建立基于现场振动实测的激励输入模型提供理论基础。为便于研究重型机车的运动方程，对其做出以下简化：

（1）忽略转向系统的影响，直接以前后车轮作为荷载输入点。

（2）重型机车前进速度视为不变。

（3）忽略机车悬挂系统的作用，且车身做平行于路面的平面运动。

鉴于以上假设，重型机车视为单轨迹双质心模型。考虑到机车始终做匀速直线运动，则二自由度机车只在平面上做匀速直线运动，运动方程为：

$$\begin{cases} \sum F_Y = k_1\alpha_1 + k_2\alpha_2 \\ \sum M_Z = ak_1\alpha_1 - bk_2\alpha_2 \end{cases} \tag{2-14}$$

式中：α_1、α_2——前后轮偏角；

　　　k_1、k_2——前后轮侧偏刚度；

a——重型机车前车轮距车辆重心距离，根据计算得 $a=\dfrac{14.8m_1+13.9m_2}{2(m_1+m_2)}$；

b——重型机车后车轮距车辆重心距离，根据计算得 $b=\dfrac{10.5m_1+11.4m_2}{2(m_1+m_2)}$；

m_1、m_2——重型机车车头和载重质量（t）。

二自由度重型机车运动微分方程为：

$$\begin{cases} (m_1+m_2)^2u(v+u\omega_r)=(14.8k_1-10.5k_2)m_1+ \\ 2u\beta(m_1+m_2)(k_1+k_2)+(13.9k_1-11.4k_2)m_2 \\ 2(m_1+m_2)I_Z\omega_r=2u\beta(m_1+m_2)(ak_1+bk_2)+ \\ (14.8ak_1-10.5bk_2)m_1+(13.9ak_1-11.4bk_2)m_2 \end{cases} \quad (2-15)$$

微分方程变形为：

$$\begin{cases} \omega_r=\dfrac{k_1(14.8m_1+13.9m_2)-k_2(10.5m_1+11.4m_2)}{2(m_1+m_2)I_Z}\beta+ \\[3mm] \dfrac{k_1(14.8m_1+13.9m_2)+k_2(10.5m_1+11.4m_2)^2}{4(m_1+m_2)^2I_Z\cdot u}\omega_r \\[3mm] \beta=\dfrac{k_1+k_2}{(m_1+m_2)u}\beta-\omega_r+ \\[3mm] \dfrac{k_1(14.8m_1+13.9m_2)-k_2(10.5m_1+11.4m_2)^2}{2u^2(m_1+m_2)^2}\omega_r \end{cases} \quad (2-16)$$

换算为二自由度重型机车运动状态方程：

$$\begin{cases} \begin{bmatrix} \omega_r \\ \beta \end{bmatrix}=\begin{bmatrix} a_{11} & a_{12} \\ a_{21} & a_{22} \end{bmatrix}\cdot\begin{bmatrix} \omega_r \\ \beta \end{bmatrix} \\[5mm] \begin{bmatrix} \omega_r \\ \beta \end{bmatrix}=\begin{bmatrix} 1 & 0 \\ 0 & 1 \end{bmatrix}\cdot\begin{bmatrix} \omega_r \\ \beta \end{bmatrix} \end{cases} \quad (2-17)$$

式中：

$$\begin{cases} a_{11}=\dfrac{k_1(14.8m_1+13.9m_2)^2+k_2(10.5m_1+11.4m_2)^2}{4u(m_1+m_2)^2} \\[3mm] a_{12}=\dfrac{k_1(14.8m_1+13.9m_2)+k_2(10.5m_1+11.4m_2)}{2(m_1+m_2)I_Z} \\[3mm] a_{21}=\dfrac{k_1(14.8m_1+13.9m_2)+k_2(10.5m_1+11.4m_2)}{8(m_1+m_2)^2u^2}-1 \\[3mm] a_{22}=\dfrac{k_1+k_2}{(m_1+m_2)u} \end{cases} \quad (2-18)$$

列车-隧道系统是一个复杂的非线性耦合系统，耦合效应表示为列车隧道结构位移的几何相容及相互作用力的平衡，由于重载列车荷载作用于隧道结构各节点上，根据 Hamilton 原理，列车荷载作用下隧道结构体系振动方程表示为：

$$[M]\{\ddot{U}\} + [C]\{\dot{U}\} + [K]\{U\} = \{P(t)\} \tag{2-19}$$

式中：$[M]$——隧道结构体系的质量矩阵，包括衬砌单元、围岩单元、道砟层单元；

$[C]$——隧道结构体系阻尼矩阵；

$[K]$——隧道结构体系刚度矩阵；

$\{U\}$——隧道结构体系位移向量；

$\{\dot{U}\}$——隧道结构体系速度向量；

$\{\ddot{U}\}$——隧道结构体系加速度向量；

$\{P(t)\}$——作用于隧道结构节点的列车荷载谱。

列车激励是由车辆与轨道两方面因素共同造成的，当列车在隧道里运行时，列车-轨道-隧道衬砌-围岩构成一个共同的振动系统。重载列车行驶在轨道上时，其相应的轮轨作用力通常主要由两部分组成，一部分是列车自重静载，另一部分是列车振动荷载。

目前，在列车荷载模拟研究过程中，可采用解析法建立轨道结构耦合分析模型，用移动简谐荷载来近似模拟地铁列车振动荷载，也可建立竖向耦合动力模型来计算列车荷载作用下轨道道床接触点荷载时程。目前研究主要采用激励力函数来模拟地铁及高速列车荷载，该函数不但考虑了轮轨力在钢轨上的移动与叠加效应，还考虑了轨道不平顺和钢轨分散作用等因素的影响[105-109]，其表达式为：

$$F(t) = k_1 k_2 (P_0 + P_1 \sin\omega_1 t + P_2 \sin\omega_2 t + P_3 \sin\omega_3 t) \tag{2-20}$$

式中：k_1——相邻轮轨力的相关叠加系数，取值为 1.2～1.7；

k_2——轨道钢轨分散系数，取值为 0.6～0.9；

P_0——列车静态荷载。

$$P_i = M_0 a_i \omega_i^2 \tag{2-21}$$

式中：M_0——列车簧下质量；

a_i——轨道几何不平顺条件的控制矢高；

ω_i——轨道不平顺控制下的振动圆频率，表达式为 $\omega_i = 2\pi v / L_i$，v 为列车速度，L_i 为几何不平顺曲线相应的典型波长。

确定列车荷载后，进一步确定振动荷载的影响区域。

2.5　振动荷载的影响区域

新建隧道的施工，无论是盾构法、矿山法等，都会引起地层的应力重分布，并导致地层的移动变形，从而产生对周边结构的影响。该影响与距离直接相关，一般随距离增大而相应减小，且可以通过工程措施予以缓解。对于交叉隧道，在进行影响分区时需要同时考虑新建隧道及既有隧道相互的影响范围，其影响范围的划分按 Morh-Coulomb 准则进行。

通过建立一个交叉隧道列车荷载集中力作用及下穿隧道开挖平面力学分析模型，考虑重载列车附加荷载、既有隧道结构强度、岩体强度特性、交叉隧道埋深、交叉隧道夹层岩柱高度等因素，并据此计算小净距重载铁路交叉隧道拱底的位移值。

2.5.1　计算重载列车运行作用于隧道道床垂直集中力

确定重载列车作用垂直集中力（图 2-2）：

$$F_t = \gamma_1 \cdot a \cdot b \qquad (2\text{-}22)$$

式中：γ_1——换算土柱重度；

　　　a——换算土柱高度；

　　　b——换算土柱宽度。

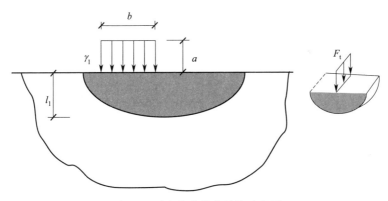

图 2-2　列车集中荷载计算示意图

2.5.2　计算列车荷载作用下拱底位移

计算垂直集中力作用下拱底应力状态：

$$\begin{cases} \sigma_{r_1} = -\dfrac{2F_t}{\pi r_1} \\ \sigma_{h_1} = 0 \end{cases} \qquad (2\text{-}23)$$

计算垂直集中力作用下拱底位移 u_1（图 2-3）：

$$u_1 = \frac{2F_t}{\pi E_t} \ln \frac{d_1}{r_1} \tag{2-24}$$

式中：E_t——既有隧道结构弹性模量；

　　　d_1——集中力作用下没有位移点与集中力垂向距离；

　　　r_1——取既有隧道道床表层与拱底垂向距离 l_2。

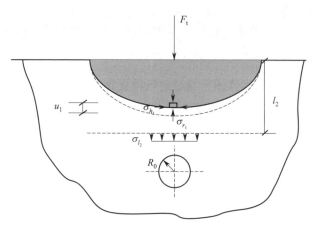

图 2-3　列车荷载作用下拱底位移计算示意图

2.5.3　确定列车荷载对新建隧道周边应力状态的影响

计算列车荷载对下穿隧道围岩竖向附加应力：

$$\sigma_{r_1} = -\frac{2F_t}{\pi r_1} \tag{2-25}$$

式中：r_1——既有隧道道床表层与围岩夹层中心垂向距离 l_2。

计算新建下穿隧道埋深：

$$H = h_1 + h_2 + h_3 + R_0 \tag{2-26}$$

式中：h_1——既有隧道埋深；

　　　h_2——既有隧道高度；

　　　h_3——交叉隧道夹层高度；

　　　R_0——新建隧道半径。

计算下穿隧道围岩原岩应力状态

$$P_0 = \gamma_2 \cdot H \tag{2-27}$$

式中：γ_2——围岩重度。

计算新建下穿隧道周边竖向应力：

$$P_z = P_0 - \sigma_{r_1} \tag{2-28}$$

计算新建下穿隧道周边横向应力：

$$P_{h_2} = \lambda P_z \tag{2-29}$$

式中：λ——岩石静止侧压力系数。

2.5.4　计算下穿隧道开挖引起的既有隧道拱底位移

计算下穿隧道开挖作用下既有隧道拱底应力状态：

$$\begin{cases} \sigma_{r_2} = \dfrac{P_z}{2}\left[2 - (5-3\lambda)\dfrac{R_0^2}{r_2^2} + 3(1-\lambda)\dfrac{R_0^4}{r_2^4}\right] \\[4mm] \sigma_{h_2} = \dfrac{P_z}{2}\left[2\lambda + (1+\lambda)\dfrac{R_0^2}{r_2^2} + 3(\lambda-1)\dfrac{R_0^4}{r_2^4}\right] \end{cases} \tag{2-30}$$

计算下穿隧道开挖作用下既有隧道拱底位移 u_2（图 2-4）：

$$u_2 = \frac{(1+\nu)P_z}{2E_s}\left\{\begin{array}{l} \left[4(1-\lambda)(1-\nu) + (1+\lambda)\left(\dfrac{R_0^2}{r_2} - \dfrac{R_0^2}{d_2}\right) - (1-\lambda)\left(\dfrac{R_0^4}{r_2^3} - \dfrac{R_0^4}{d_2^3}\right)\right] \\[4mm] + 2\left[1 - \nu - \lambda\nu + \dfrac{P_0}{P_z}(2\nu-1)\right](r_2 - d_2) \end{array}\right.$$

$$\tag{2-31}$$

式中：E_s——岩石弹性模量；

　　　ν——岩石泊松比；

　　　λ——侧压力系数；

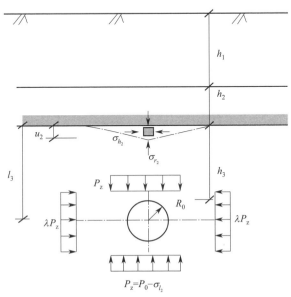

图 2-4　隧道开挖引起拱底位移计算示意图

d_2——隧道开挖作用下没有位移点与隧道中心距离；

r_2——取下穿隧道中心与既有隧道拱底垂向距离 l_3。

2.5.5 计算考虑列车荷载影响及下穿隧道开挖作用下拱底位移

$$u_d = u_1 + u_2 \tag{2-32}$$

计算值 u_d 为考虑重载列车荷载影响下穿隧道开挖引起的上跨既有隧道拱底总位移值。

最后，针对夹层围岩力学性能进行研究。

2.6 交叉隧道围岩夹层塑性叠加区理论

2.6.1 轴对称隧道开挖围岩的弹性应力状态

1. 基本假设

（1）围岩为均质且各向同性，基本无蠕变或黏性行为。

（2）隧道断面内水平和竖直方向的原岩应力相等，沿巷道长度方向不变。

（3）在无限长的隧道长度里，围岩的性质一致，可以采用平面应变的问题方法（图 2-5）。

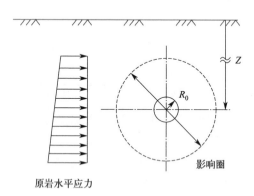

图 2-5 深埋隧道力学分布特点

2. 基本方程

平衡方程：

$$\frac{\mathrm{d}\sigma_r}{\mathrm{d}r} + \frac{\sigma_r - \sigma_\theta}{r} = 0 \tag{2-33}$$

几何方程：

$$\begin{cases} \varepsilon_r = \dfrac{\mathrm{d}u}{\mathrm{d}r} \\[2mm] \varepsilon_\theta = \dfrac{u}{r} \end{cases} \tag{2-34}$$

本构方程：

$$\begin{cases} \varepsilon_r = \dfrac{1-\nu^2}{E}\left(\sigma_r - \dfrac{\nu}{1-\nu}\sigma_\theta\right) \\[3mm] \varepsilon_\theta = \dfrac{1-\nu^2}{E}\left(\sigma_\theta - \dfrac{\nu}{1-\nu}\sigma_r\right) \end{cases} \tag{2-35}$$

3. 边界条件

$$r = R_0, \ \sigma_r = 0 (不支护) \tag{2-36}$$

$$r \rightarrow \infty, \ \sigma_r = \sigma_\theta = P_0 \tag{2-37}$$

4. 计算结果

联立解得方程的通解为：

$$\begin{cases} \sigma_\theta = A - \dfrac{B}{r^2} \\[3mm] \sigma_r = A + \dfrac{B}{r^2} \end{cases} \tag{2-38}$$

由边界条件确定积分常数，得：

$$\begin{cases} A = P_0 \\ B = -P_0 R_0^2 \end{cases} \tag{2-39}$$

将 A 和 B 代入式(2-35)、式(2-36)，得切向应力和径向应力的表达式为：

$$\begin{cases} \sigma_\theta = P_0\left(1 + \dfrac{R_0^2}{r^2}\right) \\[3mm] \sigma_r = P_0\left(1 - \dfrac{R_0^2}{r^2}\right) \end{cases} \tag{2-40}$$

2.6.2　一般开挖隧道围岩的弹性应力状态

假设隧道双向荷载对称分布；竖向荷载为 P_0，横向荷载为 λP_0，并设 $\lambda < 1$。由于结构本身对称，上述问题可应用已有的结论通过叠加原理解决。

将荷载分解为：

$$\begin{cases} P_0 = P + P' \\ \lambda P_0 = P - P' \end{cases} \tag{2-41}$$

求解式(2-41) 得:

$$\begin{cases} P = \dfrac{1}{2}(1+\lambda)P_0 \\ P' = \dfrac{1}{2}(1-\lambda)P_0 \end{cases} \tag{2-42}$$

上述隧道的应力状态分解为两种情况的叠加,如图 2-6 所示。

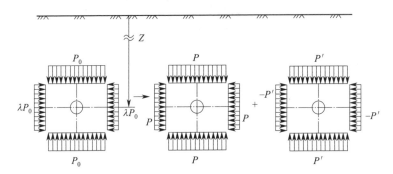

图 2-6　一般隧道的应力状态叠加

情况 (1) 的解:

由于是轴对称分布,由式(2-40) 及式(2-42),可得情况 (1) 的应力解为:

$$\begin{cases} \sigma_\theta = \dfrac{1}{2}(1+\lambda)P_0\left(1+\dfrac{R_0^2}{r^2}\right) \\ \sigma_r = \dfrac{1}{2}(1+\lambda)P_0\left(1-\dfrac{R_0^2}{r^2}\right) \end{cases} \tag{2-43}$$

情况 (2) 的解:

根据边界条件,有:

$$r = R_0 , \sigma_r = \tau_{r\theta} = 0 \tag{2-44}$$

对于外边界,应用莫尔圆应力关系有:

$$\begin{cases} \sigma_r = \dfrac{\sigma_1 + \sigma_3}{2} + \dfrac{\sigma_1 - \sigma_3}{2}\cos 2\alpha \\ \tau_{r\theta} = \dfrac{\sigma_1 - \sigma_3}{2}\sin 2\alpha \end{cases} \tag{2-45}$$

这里 $\sigma_1 = P'$, $\sigma_3 = -P'$, $\alpha = 90° - \theta$,代入即得外边界应力条件:

$$\begin{cases} \sigma_r = -P'\cos 2\theta \\ \tau_{r\theta} = P'\sin 2\theta \end{cases} \tag{2-46}$$

由式(2-44)和式(2-46)的应力边界条件可以看出，情况（2）的应力解与 r、2θ 有关，取应力函数：

$$\varphi(r,\theta)=f(r)\cos2\theta \tag{2-47}$$

将 $\varphi(r,\theta)$ 代入双调和方程，有：

$$\left(\frac{\partial^2 f}{\partial r^2}+\frac{1}{r}\frac{\partial f}{\partial r}+\frac{1}{r^2}\frac{\partial^2 f}{\partial\theta^2}\right)\left(\frac{\partial^2 f}{\partial r^2}+\frac{1}{r}\frac{\partial f}{\partial r}+\frac{1}{r^2}\frac{\partial^2 f}{\partial\theta^2}\right)\cos\theta=0 \tag{2-48}$$

化简为：

$$\frac{\mathrm{d}^4 f}{\mathrm{d}r^4}+\frac{2}{r}\frac{\mathrm{d}^3 f}{\mathrm{d}r^3}-\frac{9}{r^2}\frac{\mathrm{d}^2 f}{\mathrm{d}r^2}+\frac{9}{r^3}\frac{\mathrm{d}f}{\mathrm{d}r}=0 \tag{2-49}$$

式(2-49)的通解为：

$$f(r)=Ar^4+Br^3+C+Dr^{-2} \tag{2-50}$$

解得：

$$\begin{cases}\sigma_{\mathrm{r}}=P'\left(1-4\dfrac{R_0^2}{r^2}+3\dfrac{R_0^4}{r^4}\right)\cos2\theta\\[4mm]\sigma_{\theta}=P'\left(1+3\dfrac{R_0^4}{r^4}\right)\cos2\theta\\[4mm]\tau_{\mathrm{r}\theta}=P'\left(1+2\dfrac{R_0^2}{r^2}-3\dfrac{R_0^4}{r^4}\right)\sin2\theta\end{cases} \tag{2-51}$$

从而解得总应力解为：

$$\begin{cases}\sigma_{\mathrm{r}}=\dfrac{1}{2}(1+\lambda)P_0\left(1-\dfrac{R_0^2}{r^2}\right)-\dfrac{1}{2}(1+\lambda)P_0\left(1-4\dfrac{R_0^2}{r^2}+3\dfrac{R_0^4}{r^4}\right)\cos2\theta\\[4mm]\sigma_{\theta}=\dfrac{1}{2}(1+\lambda)P_0\left(1+\dfrac{R_0^2}{r^2}\right)+\dfrac{1}{2}(1-\lambda)P_0\left(1+3\dfrac{R_0^4}{r^4}\right)\cos2\theta\\[4mm]\tau_{\mathrm{r}\theta}=\dfrac{1}{2}(1-\lambda)P_0\left(1+2\dfrac{R_0^2}{r^2}-3\dfrac{R_0^4}{r^4}\right)\sin2\theta\end{cases} \tag{2-52}$$

2.6.3　弹塑性区围岩应力分布状态

隧道的开挖过程中，根据周边围岩的应力分布情况，距洞室一定区域内的围岩可分为弹性状态及塑性状态。由于隧道开挖卸荷及应力重分布作用的影响，若隧道临空面周边围岩应力小于岩土体自身强度，则围岩处于弹性应力状态；若紧邻隧道洞室一定范围内的围岩应力大于岩土体自身强度，则围岩处于弹塑性应力状态。考虑到隧道设计断面尺寸及围岩结构不宜承受拉应力作用的影响，当围岩局部拉应力大于自身的极限抗拉强度，隧道结构易发生受压破坏。同时，围岩塑性状态分布中，围岩结构存在剪应力超出自身抗剪强度的现象。

当隧道周边围岩处于塑性状态时，局部岩土体将产生不可恢复的变形，围岩结构的承载能力也随之降低。为此，针对隧道周边围岩的受力状态展开分析，弹塑性区域内围岩的应力分布如图 2-7 所示。其中，1 和 2 代表塑性区，3 和 4 代表弹性区。从图 2-7 可明显看出，切向应力及径向应力的最大值均位于弹性区，并随着距隧道断面距离的增加，两者逐渐趋于初始应力，故区域 4 代表初始应力区。针对塑性区分析可得，紧邻隧道开挖断面范围内的围岩应力低于初始应力，故区域 1 代表松动区；而区域 2 和区域 3 的围岩应力均高于初始应力，故两者代表围岩承载区。值得指出的是，松动区内的围岩承载能力较低，易发生不均匀的塑性变形，故施加合理的支护抗力是满足围岩稳定的重要因素。

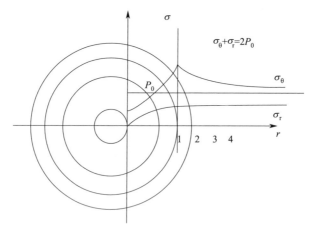

图 2-7　弹塑性围岩应力分布图

2.6.4　交叉隧道塑性叠加区的弹塑性分析

隧道围岩应力的分析可采用直角坐标系及极坐标系表示，鉴于隧道分析的极坐标中 r 及 θ 分别表示隧道半径和中心角，故采用极坐标方法可进一步提高分析效率。为此，沿隧道径向及环向截取一微单元体，围岩塑性区应力计算简图如图 2-8 所示。

根据静力平衡条件，沿径向方向的应力分量和体积力之间的平衡关系为：

$$\left(\sigma_r+\frac{\partial \sigma_r}{\partial_r}dr\right)(r+dr)\,d\theta-\sigma_r r\,d\theta-\left(\sigma_\theta+\frac{\partial \sigma_\theta}{\partial \theta}d\theta\right)dr\sin\frac{d\theta}{2}-\sigma_\theta dr\sin\frac{d\theta}{2}$$

$$+\left(\tau_{\theta r}+\frac{\partial \tau_{\theta r}}{\partial \theta}d\theta\right)dr\cos\frac{d\theta}{2}-\tau_{\theta r}dr\cos\frac{d\theta}{2}+F_r r\,d\theta\,dr=0$$

(2-53)

沿环向方向的应力分量和体积力之间的平衡关系为：

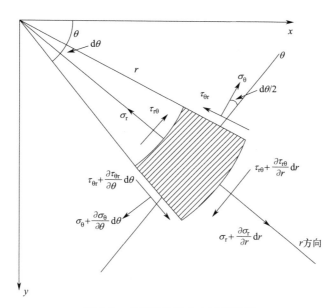

图 2-8　围岩塑性区应力计算简图

$$\left(\sigma_\theta+\frac{\partial\sigma_\theta}{\partial\theta}\mathrm{d}\theta\right)\mathrm{d}r-\sigma_\theta\mathrm{d}r+\left(\tau_{r\theta}+\frac{\partial\tau_{r\theta}}{\partial r}\mathrm{d}r\right)(r+\mathrm{d}r)\mathrm{d}\theta-\tau_{r\theta}r\mathrm{d}\theta$$

$$+\left(\tau_{\theta r}+\frac{\partial\tau_{\theta r}}{\partial\theta}\mathrm{d}\theta\right)\mathrm{d}r\sin\frac{\mathrm{d}\theta}{2}+\tau_{\theta r}\mathrm{d}r\sin\frac{\mathrm{d}\theta}{2}+F_{\theta r}r\mathrm{d}\theta\mathrm{d}r=0 \tag{2-54}$$

由于 $\mathrm{d}\theta$ 沿环向的变化值较小，故式（2-53）及式（2-54）中的 $\sin\dfrac{\mathrm{d}\theta}{2}$ 及 $\cos\dfrac{\mathrm{d}\theta}{2}$ 可使用 $\dfrac{\mathrm{d}\theta}{2}$ 和 1 表示，并略去高次项，将上式化简整理可得极坐标下的平衡微分方程为：

$$\frac{\partial\sigma_r}{\partial r}+\frac{1}{r}\frac{\partial\tau_{\theta r}}{\partial\theta}+\frac{\sigma_r-\sigma_\theta}{r}+F_r=0 \tag{2-55}$$

$$\frac{\partial\tau_{r\theta}}{\partial r}+\frac{1}{r}\frac{\partial\sigma_\theta}{\partial\theta}+\frac{2\tau_{r\theta}}{r}+F_\theta=0 \tag{2-56}$$

以下分析中，假定塑性区围岩的物理力学参数为常数，且采用 Mohr-Coulomb 屈服条件，其强度判据可表示为：

$$|\tau_n|=c+(-\sigma_n)\tan\varphi \tag{2-57}$$

式中：c——黏聚力；

　　　φ——摩擦角。

式（2-57）可进一步采用主应力的形式表示，其中，正应力及剪应力分别表示为：

$$\sigma_n = \frac{1}{2}(\sigma_1 + \sigma_3) + \frac{1}{2}(\sigma_1 - \sigma_3)\sin\varphi \qquad (2\text{-}58)$$

$$\tau_n = \frac{1}{2}(\sigma_1 - \sigma_3)\cos\varphi \qquad (2\text{-}59)$$

将式(2-58)和式(2-59)代入式(2-57)，整理得 Mohr-Coulomb 屈服条件为：

$$\frac{1}{2}(\sigma_1 - \sigma_3) + \frac{1}{2}(\sigma_1 + \sigma_3)\sin\varphi - c\cos\varphi = 0 \qquad (2\text{-}60)$$

由于隧道围岩应力的分析处于轴对称条件下，为此，应力的大小只受 r 的影响，而与 θ 无关。同时，在不考虑体积力时，隧道围岩应力的静力平衡方程可进一步表示为：

$$\frac{\partial\sigma_r}{\partial r} + \frac{\sigma_r - \sigma_\theta}{r} = 0 \qquad (2\text{-}61)$$

由于环向应力 σ_θ 为最大主应力，径向应力 σ_r 为最小主应力，且隧道的分布呈轴对称形式，故剪应力为零，式(2-60)可改写为：

$$\frac{1}{2}(\sigma_\theta^p + \sigma_r^p)\sin\varphi + c\cos\varphi = 0 \qquad (2\text{-}62)$$

其中，上角标 p 代表塑性区的应力分析，假设 $\sigma_c = 2c\cos\varphi/(1-\sin\varphi)$ 及 $\xi = (1+\sin\varphi)/(1-\sin\varphi)$，结合式(2-61)及式(2-62)可得：

$$\frac{d\sigma_\theta^p}{dr} - \frac{\xi-1}{r}\sigma_\theta^p = \frac{\sigma_c}{r} \qquad (2\text{-}63)$$

解式(2-63)的一阶线性微分方程可得：

$$\sigma_\theta^p = e^{\int \frac{\xi-1}{r}dr}\left(\int e^{-\int\frac{\xi-1}{r}dr}\frac{\sigma_c}{r}dr + c\right) = \frac{\sigma_c}{1-\xi} + Cr^{\xi-1} \qquad (2\text{-}64)$$

$$\sigma_r^p = \frac{1}{\xi}\left(\frac{\xi\sigma_c}{1-\xi} + Cr^{\xi-1}\right) \qquad (2\text{-}65)$$

图 2-9 展示了围岩弹塑性区的位置关系，从图中可以看出，隧道半径为 r_0，塑性区半径为 R_0。

在隧道周边洞室施加支护结构时，边界条件为 $r = r_0$ 和 $\sigma_r^p = p_i$。其中，p_i 为支护结构抗力，求得积分常数为：

$$C = \ln(P_i + c\cot\varphi) - \frac{2\sin\varphi}{1-\sin\varphi}\ln r_0 \qquad (2\text{-}66)$$

将式(2-66)代入式(2-64)和式(2-65)，可得塑性区应力表达式为：

$$\sigma_r^p = (p_i + c\cot\varphi)\left(\frac{r}{r_0}\right)^{\frac{2\sin\varphi}{1-\sin\varphi}} - c\cot\varphi \qquad (2\text{-}67)$$

$$\sigma_\theta^p = (p_i + c\cot\varphi)\left(\frac{1+\sin\varphi}{1-\sin\varphi}\right)\left(\frac{r}{r_0}\right)^{\frac{2\sin\varphi}{1-\sin\varphi}} - c\cot\varphi \qquad (2\text{-}68)$$

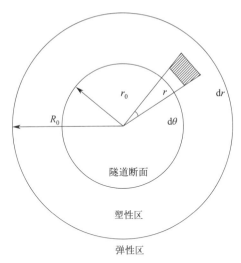

图 2-9　围岩弹塑性区的位置关系示意图

由式（2-67）和式（2-68）可知，随着距隧道洞室距离的增加，围岩径向应力逐渐增大，同时隧道断面远端的岩土体强度也随之增强，使得岩土体中的应力进入弹性应力状态。为此，将塑性状态和弹性状态之间的交界点称为塑性区半径 R_0，在 $r=R_0$ 处的应力既满足弹性条件又满足塑性条件，围岩塑性区半径力学模型如图 2-10 所示。

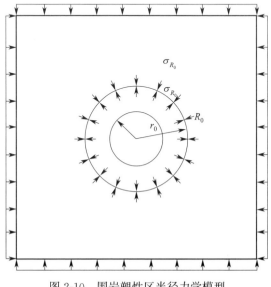

图 2-10　围岩塑性区半径力学模型

在 $r=R_0$ 时，存在：

$$\sigma_r^e = \sigma_r^p = \sigma_{R_0}$$
$$\sigma_\theta^e = \sigma_\theta^p \tag{2-69}$$

其中，上角标 e 代表弹性区的应力分析，弹性区的围岩应力表达式为：

$$\sigma_r^e = p\left(1 - \frac{R_0^2}{r^2}\right) + \sigma_{R_0}\frac{R_0^2}{r^2} \tag{2-70}$$

$$\sigma_\theta^e = p\left(1 + \frac{R_0^2}{r^2}\right) - \sigma_{R_0}\frac{R_0^2}{r^2} \tag{2-71}$$

式中：σ_{R_0}——交界面处的径向应力；

p——围岩初始应力。

由式(2-70) 和式(2-71) 可知：

$$\sigma_r^e + \sigma_\theta^e = 2p \tag{2-72}$$

由于弹塑性界面处的应力大小相等，故式(2-72) 可进一步表示为：

$$\sigma_r^p + \sigma_\theta^p = 2p \tag{2-73}$$

将式(2-73) 代入式(2-62) 中，化简得到塑性区半径处的应力为：

$$\sigma_r = p(1 - \sin\varphi) - c\cos\varphi = \sigma_{R_0} \tag{2-74}$$

$$\sigma_\theta = p(1 + \sin\varphi) + c\cos\varphi = 2p - \sigma_{R_0} \tag{2-75}$$

将 $r=R_0$ 代入式(2-67) 和式(2-68)，并结合式(2-74) 和式(2-75)，得到围岩塑性区半径的表达式为：

$$R_0 = r_0\left[\frac{(p + c\cot\varphi)(1 - \sin\varphi)}{p_i + c\cot\varphi}\right]^{\frac{1 - \sin\varphi}{2\sin\varphi}} \tag{2-76}$$

基于式(2-76) 的单洞隧道下的围岩塑性区半径表达式，进一步探讨交叉隧道的塑性叠加区域影响范围。鉴于以上研究将隧道断面视为平面应力应变问题，故本章中两隧道的空间位置关系选取为上下交叠的形式，具体位置关系如图 2-11 所示。

在计算过程中，假设两隧道塑性区产生叠加区域，且塑性区半径大小相等，即 $R_1 = R_2$。同时，上下隧道净距为 L，则塑性叠加区高度的表达式为：

$$R_p = R_1 + R_2 - L - 2r_0 \tag{2-77}$$

结合式(2-76)，交叉隧道的塑性叠加区表示为：

$$R_p = 2r_0\left\{\left[\frac{(p + c\cot\varphi)(1 - \sin\varphi)}{p_i + c\cot\varphi}\right]^{\frac{1 - \sin\varphi}{2\sin\varphi}} - 1\right\} - L \tag{2-78}$$

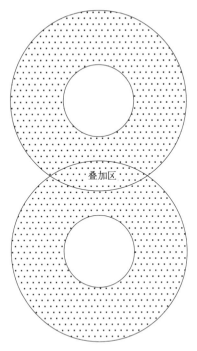

图 2-11　交叉隧道围岩塑性叠加区示意图

2.6.5　塑性区半径的敏感因素分析

1. 初始地应力的影响分析

根据对交叉隧道围岩塑性区半径的研究发现，影响半径大小的主要因素有 p、p_i、c 及 φ，为进一步探讨各因素变化对半径的影响程度，故对其进行敏感性分析。假设隧道埋深为 200m，隧道上覆围岩天然重度为 23kN/m³，依据以下公式：

$$p = \gamma \cdot H \tag{2-79}$$

计算可得，隧道的初始地应力为 4.60MPa，同时，摩擦角取 34°，黏聚力的表达式可表示为：

$$c = p\,\frac{1-\sin\varphi}{2\cos\varphi} \tag{2-80}$$

为此，围岩的黏聚力为 1.22MPa。故将以上因素分为四个工况进行分析，各因素的取值范围见表 2-2。

表 2-2

塑性区半径的影响因素

工况	初始地应力(MPa)	支护抗力(MPa)	黏聚力(MPa)	摩擦角(°)
1	0~10	0.80	1.22	34
2	4.60	0~2.00	1.22	34
3	4.60	0.80	0~10	34
4	4.60	0.80	1.22	20~40

图 2-12 为不同隧道半径下塑性区半径随初始地应力的变化规律曲线，其中，$p_i=0.80$MPa，$c=1.22$MPa，$\varphi=34°$。从 $P\text{-}R_p$ 变化曲线可明显看出，随着隧道周边初始地应力的增大，围岩塑性区半径也随之增大。值得指出的是，当隧道断面半径为 4m、5m 及 6m 时，塑性区半径的变化范围分别为 2.51~5.25m、3.13~6.56m、3.76~7.88m。由此可见，在初始地应力的变化过程中，隧道半径的减小对抑制塑性区半径的扩大具有显著效果。

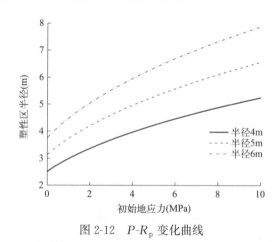

图 2-12 $P\text{-}R_p$ 变化曲线

2. 支护抗力的影响分析

针对工况 2 中支护抗力因素的影响展开分析，$P_i\text{-}R_p$ 变化曲线如图 2-13 所示。从图中可以看出，当隧道没有施加支护结构时，即 $P_i=0$MPa，不同隧道半径条件下的塑性区半径分别为 4.77m、5.96m 及 7.15m；当施加支护结构且支护抗力为 2.0MPa 时，其值分别为 3.56m、4.44m 及 5.33m。由此可得，施加支护结构对减小塑性区半径具有重要作用，且不同隧道断面半径条件下塑性区半径的衰减速率较为一致。

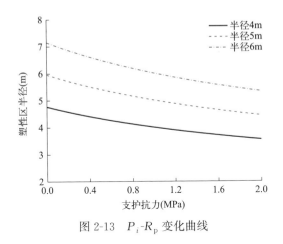

图 2-13 P_i-R_p 变化曲线

3. 黏聚力的影响分析

图 2-14 为围岩黏聚力变化下的隧道塑性区半径的变化规律。从图中可以看出，当黏聚力值位于 0～3MPa 范围内时，隧道塑性区半径随黏聚力的增大呈现明显的减小趋势。同时，随着黏聚力的提高，其对塑性半径的影响程度逐渐降低。为此，针对砂土质等不良地质条件下的隧道，应采取快速、高压的混凝土支护喷射方法，及早填充围岩裂缝及节理间隙，进一步增强围岩自身的黏聚力。

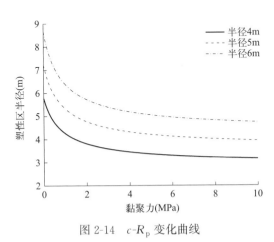

图 2-14 c-R_p 变化曲线

4. 摩擦角的影响分析

图 2-15 为摩擦角与塑性区半径的对应变化规律。从图中可以看出，摩擦角

的增大使得塑性区半径逐渐减小，且不同隧道断面半径下的塑性区半径减小速率较为一致。值得指出的是，在摩擦角从 20°至 40°的变化过程中，不同隧道半径下的塑性区半径变化范围分别为 3.95～5.00m、4.94～6.25m 及 5.93～7.49m。由此可见，与初始地应力、支护抗力及黏聚力因素相比，仅改变围岩摩擦角对塑性区半径的影响程度较小。

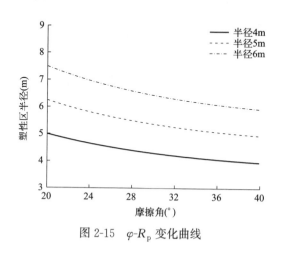

图 2-15　$\varphi\text{-}R_p$ 变化曲线

2.7　新建隧道开挖对既有隧道沉降的影响

将上述研究应用于新建草帽山隧道施工中，针对具体工程进行新建隧道开挖对既有隧道沉降影响分析如下。

隧道开挖会引起围岩的二次扰动，而交叉隧道中新建隧道的开挖则会导致围岩初始应力场的三次甚至四次扰动。在新建下穿隧道的修建过程中，既有隧道会产生偏向下穿隧道的位移，并且这种位移以竖直方向为主。

《铁路线路维修规则》规定，v_{max} 小于等于 120km/h 时，正线到发线线路轨道前后高差用 $L=10$m 弦量测的最大矢度值不应超过 4mm。

新建隧道交叉段施工对既有隧道结构的影响范围是有限的，根据影响程度的强弱可以分为强影响区域、弱影响区域及无影响区域。依据泰沙基理论，围岩破裂面与主轴方向成 45°角，因此沿新建隧道外轮廓线作 45°斜线与既有隧道轴线相交便可以确定新建隧道对既有隧道的影响范围。

如图 2-16 所示，新建京张铁路草帽山隧道施工对既有唐呼铁路隧道的纵向影响范围长度是 68.78m，其中，纵向强影响范围长度是 35.15m。

同理，从既有隧道结构拱顶向下作 45°斜线也可以确定能引起既有干线围岩

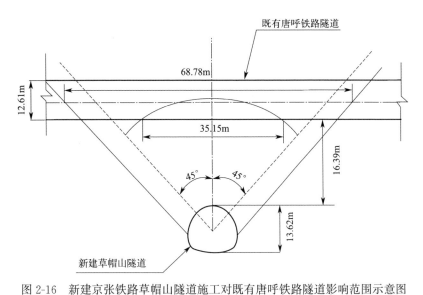

图 2-16　新建京张铁路草帽山隧道施工对既有唐呼铁路隧道影响范围示意图

衬砌结构发生显著变化的施工范围。如图 2-17 所示，既有隧道结构应力发生显著变化对新建草帽山隧道影响范围长度为 67.8m。

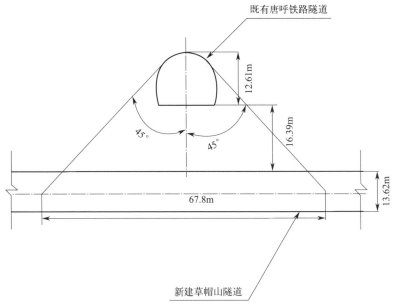

图 2-17　既有唐呼铁路隧道对新建京张铁路草帽山隧道影响范围示意图

研究地表沉降规律的著名 Peck 公式为：

$$S_{(x)} = S_{\max} \exp\left(-\frac{x^2}{2i^2}\right) \tag{2-81}$$

式中：$S_{(x)}$——地表沉降值；

x——监控点距隧道中心线距离；

i——地表沉降槽。

其中，i 由经验公式得到：

$$i = \frac{H+R}{\sqrt{2\pi}\tan\left(45° - \dfrac{\varphi}{2}\right)} \tag{2-82}$$

式中：H——隧道的埋深；

R——隧道的半径；

φ——地层摩擦角。

$$S_{\max} = W\delta/L \tag{2-83}$$

式中：L——量测弦长，本章取 10m；

δ——量测弦长取 10m 时轨道允许的最大矢量值；

W——沉降槽宽度，$W = 5i$。

新建京张高铁草帽山隧道与既有唐呼重载铁路北草帽山隧道垂直净距为 16m，即 H 为 16m；隧道半径 R 为 6.10m，地层摩擦角 φ 为 27°。由式（2-83）可得，既有北草帽山隧道沉降槽宽度系数 $i = 14.97$m，则沉降槽宽度 $W = 74.86$m，允许最大沉降位移 $S_{\max} = 29.94$mm。

$$[S_P] = \{([\varepsilon]L_i + L_i)^2 - L_i^2\}^{1/2} \tag{2-84}$$

式中：$[S_P]$——铁路隧道墙脚处地层的最大垂直沉降；

L_i——铁路隧道计算长度；

$[\varepsilon]$——隧道结构容许应变。

其中，$[\varepsilon] = [\sigma]/E$。由新建草帽山隧道与既有北草帽山隧道位置关系可得 $L_i = 16.50$m，《铁路隧道设计规范》TB 10003—2016 规定既有隧道二次衬砌混凝土（C30）允许抗拉强度为 1.5MPa，弹性模量 31GPa，则按式（2-84）计算既有北草帽山隧道拱脚的最大沉降为 $S_{\max} = 141.42$mm。

综合以上分析结果，取数值较小的沉降值作为既有铁路隧道轨枕沉降的标准，即取 $S_{\max}$ 为 29.94mm。

以上主要研究了在既有隧道正常使用情况下，立体交叉隧道交叉段围岩力学性能，分析了列车振动荷载作用与隧道耦合作用、夹层围岩塑性区问题、新建隧道开挖对既有隧道沉降的影响。在实际工程中，开挖一般采用爆破施工，此时对爆破效应的研究就显得尤为重要，下文进一步从爆破振动荷载与爆破振动信号两个方面对爆破振动效应进行研究。

2.8　等效球形爆源下地表振动效应研究

目前，隧道爆破的振动预测与效应研究已取得了很多成果，对实际工程也具有一定的指导意义，但同样存在着一定的不足。以均匀、各向同性介质假定作为前提条件的理论研究不符合实际工程；神经网络算法等人工智能算法需要大量的实测数据作为训练样本；复杂且耗时长的数值模拟不易被技术人员掌握。为了解决上述问题，从等效球形爆源理论出发，考虑实际介质的地表振动特性，构造形式简洁且适用于实际工程中的地表振动波形函数，其操作简单，适用性广，只需要在爆破施工前，根据工程地质勘察报告将参数带入公式中即可绘制相应的地表振动波形，然后在施工过程中对参数进行实时修正，即可完成振动波形的预测，为控制爆破振动危害及优化爆破施工提供一定的参考。

2.8.1　等效球形爆源下地表振动效应

隧道爆破施工一般是在深埋围岩中采用多孔多级爆破方案下进行的。爆破方案虽然存在许多周边孔，但非耦合不连续装药量一般是辅助孔的 $1/3 \sim 1/2$，其振动冲击效应远小于辅助孔爆破。与掏槽孔相比，辅助孔布置更为分散，且有掏槽孔爆破后提供的自由面，大大削弱了其振动冲击力，辅助孔虽然装药量大，但其振动效应仍小于掏槽孔，因此对掏槽孔爆破产生的地表振动效应进行研究。炸药在岩体中爆炸后，根据围岩的破坏程度，形成空腔区、粉碎区、破碎区和弹性区。与爆破振动波传播距离相比，开挖循环进尺与隧道断面均较小，在不考虑断面尺寸因素的情况下，隧道爆破过程可以近似为半无限岩体在球面瞬态激励荷载作用下的动力响应问题。结合 Sharpe[110] 提出的均匀弹性介质中等效孔穴模型理论，本书将多孔爆源爆破等效为半径为 r_e、压力为 $p(t)$ 的球腔压力源的作用，如图 2-18 所示。特别指出振动波在半无限空间介质中的传播路径是直线，而隧道已开挖段存在一个隧道空洞，会对传播路径产生影响，故本书只研究掏槽孔爆破引起的未开挖区段地表质点的振动波形函数。

当忽略多孔爆破的相互作用时，掏槽孔爆破时的等效弹性边界可近似等于每个掏槽孔爆破处破碎区的外包络线。粉碎区半径 r_1 为装药半径 r_b 的 $3 \sim 5$ 倍，破碎区半径 r_2 为装药半径 r_b 的 $10 \sim 15$ 倍。r_e 的大小可以通过粉碎区半径 r_1 和破碎区半径 r_2 的统计定量关系确定。

在空腔内壁荷载曲线已知的条件下，可得到空腔的弹塑性边界应力。为了讨论围岩爆破弹塑性边界的动力反应特征，Schenk[111] 对各种爆破振源荷载模型

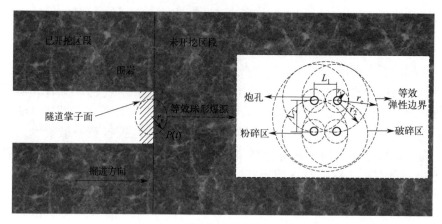

图 2-18　隧道爆破等效作用示意图

进行比较，并结合实际监测结果进行了分析，结果表明，近球形爆源围岩的应力特征符合 Berlage 方程：

$$P(t) = P_0 t^n e^{-\alpha_0 t} \sin[(\omega + \delta t)t] \tag{2-85}$$

式中：P_0——等效弹性边界面上的峰值压力；

　　　　n——与爆源有关的常数；

　　　　α_0——衰减系数；

　　ω、δ——应力波形相关系数，与爆破距离有关。

结合爆破源荷载的冲击波特性，对上式进行简化，$\sin[(\omega + \delta t)t] \approx 1$，$n \approx 0$，则单孔爆破产生球腔压力表达式为：

$$p(t) = H(t) p_0 e^{-\alpha_0 t} \tag{2-86}$$

其中，$H(t)$ 为 Heaviside 单位阶跃函数。

掏槽孔爆破产生的荷载相互作用在孔壁上形成了钻孔爆破的峰值压力。因此，等效峰值压力 p_e 可视为单孔爆破峰值压力 p_0 与荷载影响系数 η 的乘积。等效掏槽孔壁上的等效峰值压力计算如下：

$$p_e = \eta p_0 \left(\frac{r_b}{r_1}\right)^{2 + \frac{\mu}{1-\mu}} \left(\frac{r_1}{r_2}\right)^{2 - \frac{\mu}{1-\mu}} \tag{2-87}$$

$$\eta = \frac{m \pi r_2^2}{\pi r_e^2} = m \left(\frac{r_2}{r_e}\right)^2 \tag{2-88}$$

式中：r_b——掏槽孔半径；

　　　　m——掏槽孔的数量；

μ——岩体的泊松比。

则掏槽孔爆破球腔压力表达式为：

$$p(t) = H(t)p_e e^{-\alpha_0 t} \tag{2-89}$$

1. 等效球形爆源作用下地表振动速度衰减规律

研究表明，隧道爆破施工诱发的地表建筑物震害程度与质点振动速度大小的相关性比较密切[112]，爆破安全规程也要求采用最大振动速度来衡量爆破振动强度。工程中常采用的萨道夫斯基经验公式，不能直接反映诸如炸药种类、装药结构、钻孔孔径等因素的影响，卢文波[113] 基于柱状波理论推导出修正质点峰值振动速度衰减公式：

$$V = K' \left(\frac{\sqrt[3]{Q}}{R} \right)^{\alpha'} \tag{2-90}$$

$$V_0 = \frac{P_0}{\rho C_p} \tag{2-91}$$

式中：K'、α'——与地形地质条件有关的场地系数和衰减系数；

$\quad Q$——掏槽孔装药量；

$\quad R$——爆心距；

$\quad V_0$——炮孔壁上的峰值振速；

$\quad P_0$——作用在炮孔壁上的峰值压力；

$\quad \rho$——岩石密度；

$\quad C_p$——岩石的纵波波速。考虑实际岩体的黏弹性特性，将式(2-91)修正为：

$$V = KV_0 \left(\frac{r_b}{R} \right)^{\alpha} \tag{2-92}$$

当多个炮孔同时起爆时，采用等效峰值压力 P_e 代替 P_0；等效作用半径 r_e 代替装药半径 r_b。球形药包单次爆破条件下，等效作用半径 r_e 和掏槽孔装药量 Q 有以下关系：

$$Q = \frac{4}{3} \pi q r_e^3 \tag{2-93}$$

因此，式(2-92)修正为：

$$V = KK'' \frac{P_e}{\rho C_p} \left(\frac{r_e}{R} \right)^{\alpha} \tag{2-94}$$

对于同一爆破工程，炸药类型、岩石纵波波速、岩石密度等工程参数可以近似为固定值，为便于计算，将上式进行简化处理后得到等效球形爆源作用下地表振动速度衰减公式：

$$V = K_1 \left(\frac{r_e}{R} \right)^{\alpha_1} \tag{2-95}$$

2. 等效球形爆源作用下地表振动主频率衰减规律

爆破振动主频率的影响因素主要包括荷载特性、结构自身特性以及既有建筑物的动力响应特性[114]。在众多影响因素中，选取岩体弹性模量 E、岩体密度 ρ、岩体纵波波速 C_p、爆心距 R、等效弹性半径 r_e，作为影响爆破振动主频 f 的主要参数，采用量纲分析法推导等效球形爆源作用下地表振动主频率衰减公式。选取 E、C_p、r_e 作为基本物理量，那么有：

$$f = \varphi(E, C_p, r_e, \rho, R) \tag{2-96}$$

根据 π 定理，得到 3 个 π 数：

$$
\begin{cases}
\pi_1 = \dfrac{f}{C_p} r_e \\[2mm]
\pi_2 = \dfrac{E}{C_p^2 \rho} \\[2mm]
\pi_3 = \dfrac{r_e}{R}
\end{cases}
\tag{2-97}
$$

根据量纲和谐原理进行求解，可得：

$$\frac{f}{C_p} r_e = \lambda \left(\frac{E}{C_p^2 \rho} \right)^\alpha \left(\frac{r_e}{R} \right)^\beta \tag{2-98}$$

对于同一爆破工程，围岩弹性模量 E、岩石纵波波速 C_p、岩石密度 ρ 可以近似为固定值，并考虑到参数 E 和 C_p 之间的相互关系，为便于计算，将上式做简化处理，得到等效球形爆源下地表振动主频率衰减公式：

$$f = \eta \frac{C_p}{r_e} \left(\frac{r_e}{R} \right)^\beta \tag{2-99}$$

2.8.2　球形药包地表振速函数

早期关于爆破激励荷载作用下地表振动效应的研究主要集中在单一参数上，主要进行质点峰值振速和振动频率的预测研究。然而近年来，学者们越来越意识到单一参数难以准确实现爆破工程的安全预测，开始着手研究爆破振动信号波形的预测。爆破振动时程波形曲线蕴含丰富的爆破振动信号特征，施工设计人员在事前可准确了解在当前爆破方案下，爆破过程中产生的振动信号各频率成分的幅值、主频、能量大小及所占能量比例，进而为控制爆破工作提供明确的目标和准确的依据。本小节从球形药包的地表振速理论波形函数出发，对隧道掘进过程中掏槽孔爆破引起的地表质点振动速度波形进行预测研究。

1. 弹性介质中球形药包地表振速函数

压力为 $p(t)$ 的球腔压力源产生地震波的强迫振动方程为[115]：

$$y''(t)+2\xi\omega_0 y'(t)+\omega_0^2 y(t)=\zeta p(t) \tag{2-100}$$

式中：$\omega_0=\dfrac{2C_s}{r}$，$\xi=\dfrac{C_s}{C_p}$，$\zeta=-\dfrac{r}{\rho}$；

C_s——岩体面波传播速度；

C_p——岩体纵波传播速度；

r——球腔半径。

将式(2-89) 中压力函数 $p(t)$ 带入式(2-100) 中得：

$$y(t)=\exp(-\xi\omega_0 t)[A\cos(\omega_D t)+B\sin(\omega_D t)]-\frac{rp_e\exp(-\alpha_0 t)}{(\omega_0^2-2\xi\omega_0 a_0+a_0^2)\rho} \tag{2-101}$$

式中，$\omega_D=\omega_0\sqrt{1-\xi^2}$（有阻尼体系的自振频率）。

对于半径为 r 的球腔压力源，Achenbach 根据点源的关系式推出球形药包爆源强度函数 $f(t)$ 与介质中的位移函数 $u_r(x,y,z,t)$ 的关系式为：

$$f\left(t-\frac{R-r}{C_p}\right)=4\pi Ru_r(x,y,z,t) \tag{2-102}$$

为确定式(2-101) 瞬态反应项中待定系数 A、B，由波前条件：当 $R\geqslant r+C_p t$ 时，位移函数和位移均为 0，即：

$$\phi(R,t)=\frac{y(0)}{R}=0 \tag{2-103}$$

$$u(R,t)=\frac{\partial\phi(t)}{\partial R}=-\frac{y'(0)}{C_p R}-\frac{y(0)}{R^2}=0 \tag{2-104}$$

由式(2-101)、式(2-103)、式(2-104) 可得：

$$\begin{cases} A=\dfrac{rp_e}{(\omega_0^2-2\xi\omega_0 a_0+a_0^2)\rho} \\ B=A\dfrac{\xi\omega_0-a_0}{\omega_0} \end{cases} \tag{2-105}$$

令 $\tau_1 = t - \dfrac{R-r}{V_p}$（振动波从空腔边界出发传播至质点的作用时间），代入式

(2-101) 可得：

$$y(\tau_1) = y\left(t - \frac{R-r}{V_p}\right) = A\exp(-\xi\omega_0\tau_1)\left[\cos(\omega_D\tau_1) + \frac{\xi\omega_0 - a_0}{\omega_D}\sin(\omega_D\tau_1)\right] - A\exp(-a_0\tau_1)$$

$$(2\text{-}106)$$

则球形药包的等效震源强度函数为：

$$f\left(t - \frac{R-r}{C_p}\right) = 4\pi R\left[-\frac{1}{C_p R}\frac{\partial y(\tau_1)}{\partial R} - \frac{y(\tau_1)}{R^2}\right] \tag{2-107}$$

由地震学中的表示定理（Representation Theorems）可知，在能准确描述源项的前提下，由格林函数可求任一点的位移[116]，引入格林函数如下：

$$\begin{cases} g_r(x,y,z,\tau) = \dfrac{1}{\pi^2 R}\displaystyle\int_0^{\frac{\pi}{2}} Re(\omega_r\gamma_p)\,\mathrm{d}\psi \\ g_z(x,y,z,\tau) = \dfrac{1}{\pi^2 R}\displaystyle\int_0^{\frac{\pi}{2}} Re(\omega_z\gamma_p)\,\mathrm{d}\psi \end{cases} \tag{2-108}$$

式中：

$$\omega_r = \frac{p\gamma_s}{2V_s^2\eta}$$

$$\omega_z = \frac{p^2 - \left(q^2 + \dfrac{1}{2V_s^2}\right)}{2V_s^2\eta}$$

$$\eta = \left(q^2 + \frac{1}{2V_s^2} - p^2\right)^2 + (p^2 - q^2)\gamma_p\gamma_s$$

$$\begin{cases} \gamma_p = \left(q^2 + \dfrac{1}{V_p^2} - p^2\right)^{\frac{1}{2}} \\ \gamma_s = \left(q^2 + \dfrac{1}{V_s^2} - p^2\right)^{\frac{1}{2}} \end{cases}$$

$$\begin{cases} Re(r_p) \geqslant 0 \\ Re(r_s) \geqslant 0 \end{cases}$$

$$q(\psi) = \frac{1}{R}\left(\tau^2 - \frac{(R-a)^2}{V_p^2}\right)^{\frac{1}{2}}\sin\psi, \, 0 \leqslant \psi \leqslant \pi/2$$

$$p(\psi) = \left(\frac{r}{R^2}\right)\tau + i\left(\frac{h}{R^2}\right)\left(\tau^2 - \frac{(R-a)^2}{V_p^2}\right)^{1/2}\cos\psi, \, 0 \leqslant \psi \leqslant \pi/2$$

$$V_p = \sqrt{\frac{\lambda + 2\mu}{\rho}}$$

$$V_s = \sqrt{\frac{\mu}{\rho}}$$

在球腔压力源作用下，地表任一点的位移为：

$$\begin{cases} u_r(x,y,z,t) = \int_{\frac{(R-r)}{C_p}}^{t} f''(t-\tau) g_r(x,y,z,\tau) d\tau & \frac{R-r}{C_p} \leqslant t \leqslant \infty \\[2mm] u_z(x,y,z,t) = \int_{\frac{(R-r)}{C_p}}^{t} f''(t-\tau) g_z(x,y,z,\tau) d\tau & \frac{R-r}{C_p} \leqslant t \leqslant \infty \end{cases}$$

(2-109)

球形药包爆破引起的地表质点速度为：

$$\begin{cases} V_r(t) = f''(0) g_r(t) + \int_{\frac{(R-r)}{V_p}}^{t} f'''(t-\tau) g_r(\tau) d\tau \\[2mm] V_z(t) = f''(0) g_z(t) + \int_{\frac{(R-r)}{V_p}}^{t} f'''(t-\tau) g_z(\tau) d\tau \end{cases}$$

(2-110)

2. 实际介质中球形药包地表振速函数

由于弹性介质与实际介质的岩体性质及其地表振动特性均存在很大的差异，且推导得到的振速函数形式复杂，不适合推广到实际工程中应用。故在基于弹性介质理论推导得到解析解的基础上，构造一个形式更为简洁且能应用到实际工程的振动波形函数。根据式（2-100）强迫振动方程解析解的形式，并结合刘小鸣等[117]对多组不同工况条件下振速波形曲线拟合结果，确定等效球形药包作用下地表振速波形的通用拟合表达式：

$$V(t) = a_1 e^{-b_1 t} \left[\cos(c_1 t) + d_1 \sin(c_1 t) \right]$$

(2-111)

即：

$$V(t) = a_1 \sqrt{d_1^2 + 1}\, e^{-b_1 t} \sin(c_1 t + \varphi)$$

(2-112)

其中，a_1 为与质点振速峰值有关的系数；b_1 为质点振速衰减参数；c_1 为与质点振动频率有关的系数，d_1 为没有实际含义的常数，$\tan\varphi = 1/d_1$。为了将波形的起始点设置为原点，将式(2-112)波形向前移动 φ 个单位，则得到构造振速波形函数形式为：

$$V(t) = a_1 \sqrt{d_1^2 + 1}\, e^{-b_1 t} \sin(c_1 t)$$

(2-113)

a_1 与没有实际含义的常数 d_1 的组合（$a_1 \sqrt{d_1^2 + 1}$）仍是与质点峰值振速有

关的系数，结合前面等效球形爆源作用下地表振动速度衰减公式推导结果，可令 $a_1\sqrt{d_1^2+1}=K_1\left(\dfrac{r_e}{R}\right)^{\alpha_1}$ ；b_1 与振速的衰减速度有关，而振速的衰减速度取决于围岩特性，刘小鸣通过对不同围岩条件下的实测振速波形衰减速率的统计分析，得到了不同岩体条件下振速波形衰减指数的大致取值范围，并与围岩质量 RMR 分级评分建立联系。c_1 与振动频率相关，且有关系式：$c_1=2\pi f$，第 2.2 小节中已对等效球形爆源下地表振动主频 f 衰减公式进行论述。综上所述，构造实际介质中球形药包引起的地表振速波形函数为：

$$V(t)=K_1\left(\frac{r_e}{R}\right)^{\alpha_1}e^{-\beta}\sin\left[2\pi\eta\frac{C_p}{r_e}\left(\frac{r_e}{R}\right)^{\varphi}t\right] \tag{2-114}$$

式中，$\beta=(100-RMR)$，β 值与岩体分级类别的关系见表 2-3。

各级围岩 β 的取值　　　　　　　　　　　　　　　　表 2-3

围岩类别	I	II	III	IV	V
RMR	81~100	61~80	41~60	21~40	0~20
β	0~20	21~40	41~60	61~80	81~100

以上，提出了一种地表振速波形的函数，为实际工程中爆破振动信号的预测提供了一种简便方法。在实际工程中，对于实际监测所得信号进行分析，是优化爆破方案的基础，下面继续对爆破振动信号分析进行进一步探讨。

2.9 爆破振动信号分析

爆破振动信号分析主要包括：爆破振动信号的干扰项去除、爆破振动信号的时频分析，以及爆破振动信号中的信息提取（微差爆破实际延期时间识别），以下对其进行逐一研究。

2.9.1 爆破振动信号干扰项去除

爆破振动信号分析作为基础的爆破研究内容，提取爆破振动信号所含的细节特征信息对控制爆破振动影响、优化爆破参数等有着重要意义。但在进行信号采集时，受仪器安装及周边环境影响，受到信号采集仪器松动或由于温度变化产生零点漂移的影响，采样信号可能会出现形状不规则和基线偏移情况，即趋势项；同时由于其他工序施工影响，如钻孔作业、装载机与运输机等重型机运作，信号中可能会存在高频噪声，趋势项与噪声的存在对爆破信号细节特征提取极其不利。如何有效去除采集所得爆破振动信号中的干扰项，获取其中包含的有用信息，就成为爆破振动信号分析首先需要解决的问题。

1. 傅里叶分解理论

Pushpendra Singh 等学者[118] 在傅里叶变换的基础上，提出一种新的时频分析方法，其可用于分析非线性、非平稳信号，即 FDM（Fourier Decomposition Method），此方法通过在傅里叶域内自适应搜寻解析傅里叶固有频带函数（AFIBFs），从而获得一系列傅里叶固有频带函数和一个残余分量，获得多分量信号作为常数和单分量信号的唯一表示，该数学模型可用下式表示：

$$x(t) = \sum_{i=1}^{M} y_i(t) + n(t) \tag{2-115}$$

其中，$n(t)$ 为残余分量，$y_i(t) \in C^{\infty}[a, b]$ 为傅里叶固有频带函数（FIBFs）。FIBFs 具有如下性质：函数均为零均值函数；且不同分量函数之间两两正交；FIBFs 提供的解析函数的瞬时频率和瞬时幅值均不小于 0。用数学表达式表示为：

$$\int_a^b y_i(t)\mathrm{d}t = 0 \tag{2-116}$$

$$\int_a^b y_i(t)y_j(t)\mathrm{d}t = 0 \quad (i \neq j) \tag{2-117}$$

$$y_i(t) + j\hat{y}_i(t) = a_i(t)\exp[j\phi_i(t)]; \ \forall t, a_i(t), \frac{\mathrm{d}}{\mathrm{d}t}\phi_i(t) \geqslant 0 \tag{2-118}$$

由以上性质可得，FDM 方法具有完备性、正交性、局部性、自适应性，对信号进行傅里叶分解后，基本可以将信号中的有用信息与噪声分离开来，且不会发生模态混叠现象。

在搜寻 AFIBFs 时，可以由高频向低频搜寻（HTL-FS 算法），也可以从低频向高频搜寻（LTH-FS 算法），具体步骤为：

HTL-FS 算法：

令 $i = 1, \cdots, M$；$N_0 = \dfrac{N}{2}$；$N_M = 1$。

（1）对原始信号 $x(t)$ 进行傅里叶变换，即 $X[k] = FFT\{x[n]\}$。

（2）令 $AFIBF_i = \sum_{k=N_i}^{N_{i-1}-1} X[k]\exp\left(\dfrac{j2\pi kn}{N}\right) = a_i[n]\exp(j\phi_i[n])$，为获取最小数目的 AFIBFs，令 $1 \leqslant N_i \leqslant N_{i-1} - 1$，并其相位 $\phi_i[n]$ 在区间内单调递增，$\omega_i[n] = \left(\dfrac{\phi_i[n+1] - \phi_i[n-1]}{2}\right) \geqslant 0, \forall n$。

（3）残余分量 $r[n] = X[0] + X\left[\dfrac{N}{2}\right](-1)^n$。

（4）对 AFIBFs 可求瞬时频率和瞬时幅值，AFIBFs 的实部即为 FIBFs。
LTH-FS算法：

令 $i=1$，…，M；$N_0=0$；$N_M=\dfrac{N}{2}-1$。

（1）对原始信号 $x(t)$ 进行傅里叶变换，即 $X[k]=FFT\{x[n]\}$。

（2）令 $AFIBF_i=\displaystyle\sum_{k=(N_{i-1}+1)}^{N_i}X[k]\exp\left(\dfrac{j2\pi kn}{N}\right)=a_i[n]\exp(j\phi_i[n])$ ，为获

取最小数目的 AFIBFs，令 $N_{i-1}+1\leqslant N_i\leqslant\dfrac{N}{2}-1$，并使其相位 $\phi_i[n]$ 在区间内

单调递增，$\omega_i[n]=\left(\dfrac{\phi_i[n+1]-\phi_i[n-1]}{2}\right)\geqslant0,\forall\,n$。

（3）残余分量 $r[n]=X[0]+X\left[\dfrac{N}{2}\right](-1)^n$。

（4）对 AFIBFs 可求瞬时频率和瞬时幅值，AFIBFs 的实部即为 FIBFs。

2. 小波包分析理论

小波分解通过一组低通与高通滤波器将原始信号分解为高频和低频两个部
分，而后将低频部分进行分解。小波包分解将小波分解中未涉及的高频部分进行
进一步分解，而后再选择最优小波基函数，时频分析效果优于小波函数。其具体
步骤为[119]：

（1）定义正交尺度函数 $\varphi(x)$ 以及其对应的小波函数 $\psi(x)$，设 $h(k)$ 为低通
滤波器系数，$g(k)$ 为高通滤波器系数，并且 $h(k)$ 和 $g(k)$ 为共轭滤波器系数。

$$\begin{cases}\varphi(x)=\sqrt{2}\displaystyle\sum_{k\in z}h(k)\varphi(2x-k)\\[2mm]\psi(x)=\sqrt{2}\displaystyle\sum_{k\in z}g(k)\varphi(2x-k)\end{cases}\tag{2-119}$$

令 $\mu_0=\varphi(x)$，$\mu_1=\psi(x)$，则

$$\begin{cases}\mu_{2n}(x)=\sqrt{2}\displaystyle\sum_{k\in z}h(k)\mu_n(2x-k)\\[2mm]\mu_{2n+1}(x)=\sqrt{2}\displaystyle\sum_{k\in z}g(k)\mu_n(2x-k)\end{cases}\tag{2-120}$$

（2）设子空间 U_j^n 为函数 $\mu_n(x)$ 的闭包空间，子空间 U_j^{2n} 为函数 $\mu_{2n}(x)$ 的
闭包空间，$g_j^n\in U_j^n$，则 $g_j^n(x)$ 可表示为：

$$g_j^n=\sum_l C_l^{j,n}\mu_n(2^j x-1)\tag{2-121}$$

可得小波包分解算法为：

$$\begin{cases} C_i^{j,2n} = \sum_k h(k-2l)C_k^{j+1,n} \\ C_i^{j,2n+1} = \sum_k g(k-2l)C_k^{j+1,n} \end{cases} \tag{2-122}$$

（3）将小波包分解进行逆运算，得到小波包重构表达式为：

$$C_l^{j+1,n} = \sum_k \left[h(l-2k)C_l^{j,2n} + g(l-2k)C_l^{j,2n+1} \right] \tag{2-123}$$

3. 干扰项筛选理论

目前，对于爆破振动信号趋势项筛选一般采用人工判别的方式。高频噪声分量的筛选则主要依靠互相关系数，其表达式为：

$$R(i) = \frac{1}{T}\sum_{t=1}^T x(t)c_j(t) \tag{2-124}$$

其中，$R(i)$ 为互相关系数，T 为信号长度，$x(t)$ 为原始信号，$c_j(t)$ 为分解所得模态分量，$j=1$，2，$\cdots$，j 为分解所得模态个数。

互相关系数可以表示两信号的相关程度，原始信号与噪声分量、趋势项互相关系数应该为 0，但是在实际工程中，由于原始信号中又含有趋势项和噪声，故互相关系数不会为 0。一般认为，当模态分量与原始信号互相关系数小于 0.1 时，其为噪声分量或趋势项分量[120]。

4. 傅里叶分解-小波包联合方法去除干扰项步骤

基于 FDM 算法和小波包算法，提出基于傅里叶分解和小波包阈值方法相结合的爆破振动信号干扰项去除方法，其具体步骤为：

（1）对原始爆破信号进行傅里叶分解，将信号分解为若干傅里叶固有频带函数和一个残余分量。

（2）根据频带信息以及波形信息筛选出趋势项分量，根据互相关系数法筛选出噪声分量，将剔除趋势项分量与噪声分量后的模态分量进行重构。

（3）利用小波包阈值方法对重构信号进行降噪处理，得到纯净信号。

5. 实测信号分析

本次爆破振动信号来自于新建崇礼隧道爆破施工，爆破参数见表 2-4，爆破振动信号如图 2-19 所示。

爆破参数　　　　　　　　　　　　　　　　　　　　　表 2-4

孔深	爆心距	最大单响药量
4m	40m	45kg

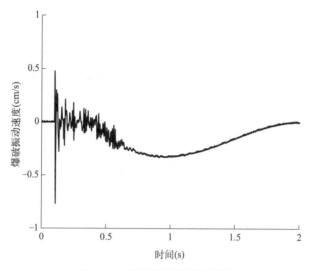

图 2-19　爆破振动信号波形图

由图 2-19 观察可得，该爆破振动信号含有明显趋势项，同时包含高频噪声，故需对其进行预处理以便于后续信号分析。

通过 FDM 对原始信号进行分解，频率由低至高获取 43 个模态分量以及 1 个残余分量 r。由于篇幅限制，展示低频部分 5 个模态分量与高频部分 5 个模态分量，如图 2-20 所示，同时计算模态分量主频以及其与原始信号互相关系数，结果见表 2-5。

FIBFs 相关参数　　　　　　　　　　　　　　　表 2-5

FIBFs	C1	C2	C3	C4	C5	C6	C7	C8	C9
R	0.9336	0.1986	0.4685	0.4573	0.6024	0.2956	0.1400	0.2165	0.1144
主频(Hz)	2.0	6.2	13.4	17.0	30.6	44.8	69.2	79.4	87.6
FIBFs	C10	C11	C12	C13	C14	C15	C16	C17	C18
R	0.0131	0.0073	0.0069	0.0070	0.0069	0.0076	0.0081	0.0110	0.0125
主频(Hz)	126.0	150.4	179.4	190.8	223.6	256.0	288.2	316.6	351.0
FIBFs	C19	C20	C21	C22	C23	C24	C25	C26	C27
R	0.0182	0.0152	0.0107	0.0098	0.0089	0.0087	0.0097	0.0089	0.0084
主频(Hz)	423.6	431.2	537.2	586.0	652.0	683.6	733.4	783.8	842.4
FIBFs	C28	C29	C30	C31	C32	C33	C34	C35	C36
R	0.0068	0.0057	0.0065	0.0049	0.0038	0.0047	0.0047	0.0029	0.0036
主频(Hz)	852.0	886.4	908.8	935.4	945.6	947.0	964.4	971.0	978.8

续表

FIBFs	C37	C38	C39	C40	C41	C42	C43	r	—
R	0.0027	0.0023	0.0021	0.0007	0.0014	0.0008	0.0005	0.0005	—
主频(Hz)	988.2	990.4	996.6	997.0	998.4	999.0	999.8	0	—

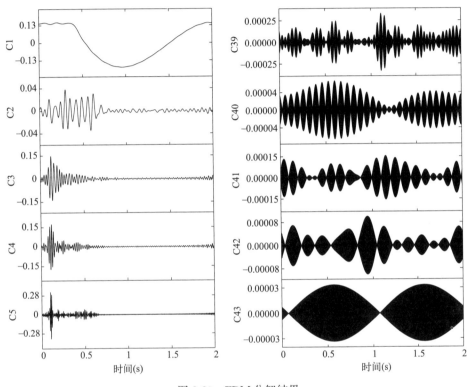

图 2-20　FDM 分解结果

　　本次爆破采用的爆破测振仪最小可测频率为 5Hz，低于 5Hz 的部分即为趋势项，通过表 2-5 可知，C1 分量虽与原始信号互相关系数为 0.9336，相关性极好，但其主频为 2Hz，为明显趋势项分量，这是因为趋势项频率低，且对原始信号影响较大。再根据互相关系数，小于 0.1 的分量即为噪声分量。可以发现，当频率高于 120Hz 时，模态分量与原始信号互相关系数迎来突变，由高于 0.1 直接跌至 0.0131，这说明噪声与有用信息得到有效分离，从侧面验证了 FDM 在爆破振动信号噪声去除中的优良表现。

　　认为 C1 分量为趋势项分量，C10～C43 分量为高频噪声分量，予以去除。选取 C2～C9 分量重构并采用小波包阈值进行降噪处理，信号采集频率为 5000Hz，Nyquist 频率为 2500Hz，选用 "db8" 小波基函数，进行 8 层分解，采用软阈值进行降噪，获取纯净信号如图 2-21 所示。

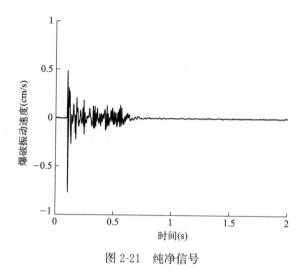

图 2-21　纯净信号

结果表明，FDM 在对含趋势项与噪声的信号进行分解时，可以将低频趋势项、高频噪声与信号有用信息进行有效分离；小波包阈值方法可以进一步对噪声进行去除，获取更平滑的时程曲线。

2.9.2　爆破振动信号时频分析

HHT 方法中 EMD 分解与 EEMD 方法在进行信号分解时，不可避免地会产生模态混叠的现象；VMD 方法中长期模态的光谱带会随着时间的推移而急剧变化，并且会在全局范围内重叠，且在分解前需定义模态数 K；小波分解受制于小波基函数，并且只能对信号的低频部分进行分解，存在局限性。基于以上研究，引入一种基于 FDM 的隧道爆破振动信号分析方法。FDM 基于傅里叶变换理论，可有效解决模态混叠问题，提高信号分析精度。

1. 希尔伯特-黄变换方法理论

目前，HHT 方法在爆破振动信号时频分析领域得到广泛应用。该方法由经验模态分解（EMD）和希尔伯特变换两部分构成。通过 EMD 方法可以将原始信号分解为一系列固有模态分量（IMF）以及一个残余分量（r），可以将其分解结果表示为：

$$y(t) = \sum_{i=1}^{n} IMF_i + r \tag{2-125}$$

而后将由 EMD 方法分解所得的固有模态分量进行希尔伯特变换，获取其瞬时频率、瞬时幅值等，将模态分量在时域与频域之间相互转化，获取其希尔伯特谱，即时频谱。具体步骤为：

（1）将 EMD 方法分解所得模态分量表示为 $c(t)$，对 $c(t)$ 做希尔伯特变换得：

$$H[c(t)] = \frac{1}{\pi} PV \int_{-\infty}^{\infty} \frac{c(\tau)}{t-\tau} d\tau \tag{2-126}$$

其中，PV 为信号的柯西主值，$c(\tau)$ 为一个幅值和相位变化的三角函数，t 为时间，τ 为 $c(\tau)$ 对应时间。

（2）构造解析信号 $z(t)$ 为：

$$\begin{cases} z(t) = c(t) + jH[c(t)] = a(t)e^{j\phi(t)} \\ a(t) = \sqrt{c^2(t) + H^2[c(t)]} \\ \phi(t) = \arctan \dfrac{H[c(t)]}{c(t)} \end{cases} \tag{2-127}$$

其中，j 为相关系数，$a(t)$ 为幅值函数，$\phi(t)$ 为相位函数。

（3）对全部模态分量进行希尔伯特变换后，可将原始信号 $y(t)$ 表示为：

$$y(t) = Re \sum_{i=1}^{n} a_i(t)e^{j\omega_i(t)} \tag{2-128}$$

其中，Re 为实部，$i=1,2,\cdots,n$，n 为模态分量个数，$\omega(t)$ 为频率函数。

（4）求取希尔伯特谱，即时频谱，其表示幅度在时域与频域上的分布，得到时间-频率-能量三者之间的联系，表达式为：

$$H(\omega,t) = Re \sum_{i=1}^{n} a_i(t)e^{\int \omega_i(t)dt} \tag{2-129}$$

由上可知，时频谱的获取是建立在 EMD 方法对原始信号的分解之上的，故 EMD 方法分解效果的好坏直接决定着 HHT 分析方法的优劣。但 EMD 方法受其算法的限制，易产生模态混叠效应，干扰后续的时频分析效果。故本书引入一种基于傅里叶分解方法（FDM）的优化 HHT 分析方法，利用 FDM 方法的优越性获取更好的信号时频分析精度。

2. 基于 FDM 的改进 HHT 方法时频分析步骤

针对 HHT 分析方法中 EMD 分解的弊端，采用傅里叶分解方法进行改进，并进行爆破振动信号分析，具体步骤如下：

（1）对原始爆破振动信号进行傅里叶分解，获取一系列傅里叶固有频带函数，即模态分量。

（2）对分解所得模态分量进行希尔伯特变换，获取时频谱图，进行时频分析。

3. 实测信号分析

选取某次爆破两测点爆破振动信号进行进一步分析，其振动信号波形图如

图 2-22 所示。

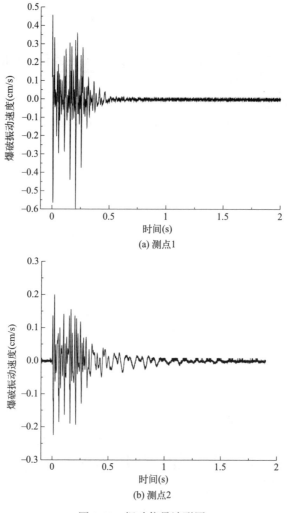

(a) 测点1

(b) 测点2

图 2-22　振动信号波形图

由图 2-22 可知，信号中含有大量毛刺噪声，这是由于施工现场复杂工序交叉进行而产生的干扰信号。钻孔作业、运输机和装载机等重型机运作均会产生高频噪声，与爆破振动信号交织在一起，对后续信号分析不利。

利用 Origin 软件进行快速傅里叶变换，得到相对应的爆破振动频谱图如图 2-23 所示。

由图 2-23 可知，两振动信号主频均位于 10Hz 左右，主频较低，说明爆破信号能量主要集中于低频部分，而一般建筑自振频率较低，容易引起共振问题，对保护村庄房屋不利，且具有多个优势频率，若对其进行直接分析，会受到噪声信

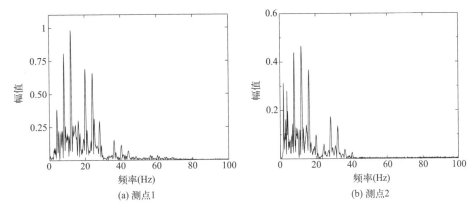

(a) 测点1　　　　　　　　　　(b) 测点2

图 2-23　爆破振动频谱图

号的干扰，分析较为复杂。

　　综上所述，利用傅里叶分解将原始信号分解到不同频段，得到一系列正交的傅里叶固有频带函数，可以将爆破振动信号与噪声信号进行有效分离，针对不同频带的爆破振动信号分量进行研究，从而对信号进行更精确的分析，FDM 分解结果如图 2-24 所示。

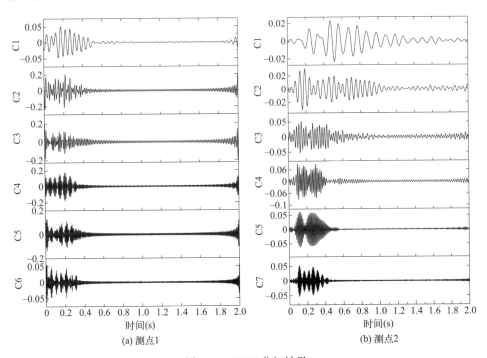

(a) 测点1　　　　　　　　　　(b) 测点2

图 2-24　FDM 分解结果

由于噪声分量与原始信号相关性较差，可利用相关系数筛选分解所得模态分量中的优势分量。利用互相关系数函数（corrcoef）对分解所得 FIBFs 与原始信号进行相关性计算，计算所得部分互相关系数见表 2-6。

部分 FIBFs 与原信号互相关系数 表 2-6

测点 1	C1	C2	C3	C4	C5	C6
	0.1865	0.6194	0.4522	0.4968	0.3771	0.1159
测点 5	C1	C2	C3	C4	C5	C7
	0.2367	0.2703	0.4237	0.6102	0.4485	0.2724

其余 FIBFs 与原始信号相关系数较小，均小于 0.1，可认为是高频噪声分量。

将测点 1 处爆破振动信号经 FDM 分解后，得到 40 个傅里叶固有频带函数和 1 个残余分量，观察波形图，并根据相关系数，认为 C1～C6 为包含有用信息的信号，其中 C2～C5 分量振速较大，对应信号频率范围为（4.7,12.1）、（12.1,19.3）、（19.3,24.3）、（24.3,36.3），信号低频部分（0,4.7）对应振速较低。其余分量信号无明显特征，为高频噪声信号。

将测点 2 处爆破振动信号经 FDM 分解后，得到 42 个傅里叶固有频带函数和 1 个残余分量，观察波形图，并根据相关系数，认为 C1～C5、C7 为包含有用信息的信号，其中 C3～C5、C7 分量振速较大，对应信号频率范围为（12.1,19.3）、（19.3,24.3）、（24.3,36.3）、（51.2,62.3），信号的低频部分（0,12.1）对应振速较低。其余分量信号无明显特征，为高频噪声信号。

利用 Hilbert 变换对傅里叶分解后保留的分量进行分析，求得爆破振动信号的时频谱，由于爆破振动能量主要集中于起爆时刻，取爆破振动信号前 1.25s 绘制时频谱图，获取更好的分辨率，如图 2-25 所示，从而可以得到时间-频率-能量之间的对应关系。

由图 2-25 可以发现，基于 FDM 所得时频谱图在低频部分具有极高的分辨率，有利于精确提取爆破振动信号细节特征。观察时频谱图可发现，本工程爆破振动能量大部分位于 0～50Hz 的低频段，主要集中于 10～30Hz 左右。同时，可以发现，此爆破能量最大值分别出现在 0.05s 和 0.25s 时刻，为掏槽眼起爆时刻，说明掏槽眼爆破产生能量较大。为降低爆破危害，可采取降低掏槽眼药量、采用复式掏槽等合理的减震措施。

综上所述，基于 FDM 的隧道爆破振动信号时频分析方法，解决了传统方法模态混叠问题与噪声残留问题，且可以精确获取爆破振动信号细节特征，而由 FDM 分解所得 FIBFs 经 Hilbert 变换得到的时频谱图在时域与频域上都有着良好的分辨率，有利于爆破振动信号分析与爆破振动危害控制。

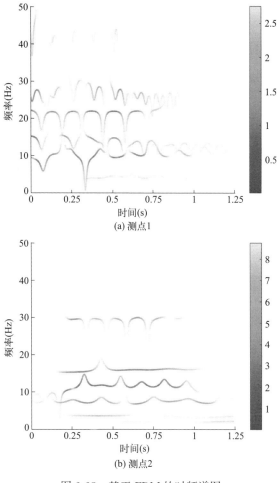

(a) 测点1

(b) 测点2

图 2-25 基于 FDM 的时频谱图

2.10 微差爆破实际延期时间识别

以上进行了爆破振动信号基础的干扰项去除以及时频分析，而爆破信号中所含信息还包括微差爆破实际延期时间，可以进一步对其进行信息提取。在进行隧道爆破振动信号采集时，受复杂施工环境以及传感器等仪器安装影响，采集所得爆破振动信号易含有杂波，对精确提取信号细节成分产生不利影响。尤其在进行微差爆破实际延期时间识别时，杂波成分对识别精度影响较大[121]。提出一种基于 CEEMDAN-交叉小波变换的微差爆破实际延期时间识别方法。利用 CEEMDAN 方法对原始信号进行分解后，对模态分量进行交叉小波变换，依据能量特征识别信号优势分量并进行重构，最后通过希尔伯特变换求取爆破振动信号幅值，以此对微差爆破实际延期时间进行识别。

2.10.1 理论阐述

1. CEEMDAN 理论

CEEMDAN 算法是在 EMD 算法基础上，自适应添加高斯白噪声，解决了EEMD 等方法因添加白噪声而引起的重构误差问题，同时基本解决了模态混叠与噪声残留问题[122]。其具体步骤为：

在原始信号 $x(t)$ 中分次自适应添加高斯白噪声 $\alpha^i(t)$，$i=1,2,\cdots,I$，为添加高斯白噪声次数，则可以将构造信号表示为：

$$x^i(t)=x(t)+\alpha^i(t) \tag{2-130}$$

对 $x^i(t)$ 进行 EMD 分解，得到一阶模态分量 IMF_1：

$$IMF_1=\frac{1}{I}\sum_{i=1}^{I}IMF_1^i \tag{2-131}$$

余项为：

$$R_1(t)=x(t)-IMF_1 \tag{2-132}$$

在余项 $R_1(t)$ 中继续添加高斯白噪声 $\alpha^i(t)$，得到新的构造信号 $s(t)$：

$$s(t)=R_1(t)+\alpha^i(t) \tag{2-133}$$

对 $s(t)$ 进行 EMD 分解，得到二阶模态分量 IMF_2：

$$IMF_2=\frac{1}{I}\sum_{i=1}^{I}IMF_2^i \tag{2-134}$$

余项为：

$$R_2(t)=R_1(t)-IMF_1 \tag{2-135}$$

重复上述步骤，直至分解所得余项无法再次分解，此时获得全部模态分量。

2. 交叉小波变换理论

爆破振动信号为时域信号，且能量有限，对于这类信号 $x(t)$，其小波变换可以表示为[123]：

$$W_x(\alpha,t)=\alpha^{-\frac{1}{2}}\int_{-\infty}^{+\infty}x(t)\psi\left(\frac{t-\tau}{\alpha}\right)\mathrm{d}t \tag{2-136}$$

其中，α 代表尺度，τ 代表位移，ψ 代表母小波。

若存在两个时域信号 $x(t)$、$y(t)$，则定义交叉小波变换（XWT）为[124]：

$$W_{xy}(\alpha,t) = W_x^*(\alpha,t)W_y(\alpha,t) \tag{2-137}$$

其中，$W_{xy}(\alpha,t)$ 为交叉小波功率谱密度，其值与两信号之间相关性成正比，* 代表共轭复数。

2.10.2　实测信号分析

本次爆破采用毫秒电子雷管，雷管段位设计延时见表 2-7。本次爆破采集到的爆破振动信号如图 2-26 所示。

雷管段位设计延时　　　　　　　　　　　　　　　　表 2-7

雷管段位	延时(ms)	雷管段位	延时(ms)
MS1	10	MS9	200
MS3	50	MS11	250
MS5	100	MS13	280
MS7	150		

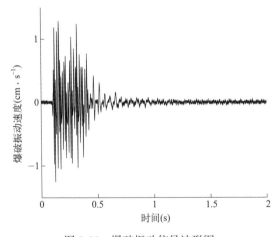

图 2-26　爆破振动信号波形图

对图 2-26 所示爆破振动信号进行 CEEMDAN 分解，频率由高到低得到 14 个模态分量和 1 个残余分量 R，结果如图 2-27 所示。

由分解所得波形图可以看出，爆破振动信号具有多主频的特点，进一步通过交叉小波变换获取不同频带上模态分量与原始信号之间的相关性，由于篇幅限制，展示前 8 个小波尺度谱，如图 2-28 所示。

上图中，箭头方向代表了模态分量与原始信号的相关性，向右箭头表示两信号之间具有一致性。可以发现，在前三个模态分量中，高频部分与原始信号相关性极差，前两个模态分量在 64Hz 左右的频率范围能量较低，并且箭头方向较为

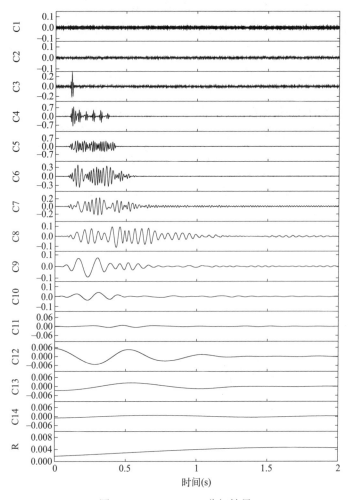

图 2-27　CEEMDAN 分解结果

杂乱，说明与原始信号相关性较差，而随着 CEEMDAN 分解的进行，低频部分能量占比逐步增加，且在这些能量集中部分，两信号表现出了良好的相关性。同时可以发现，此爆破振动信号能量主要集中在 16Hz 至 128Hz 的低频带，符合地下浅孔爆破能量分布规律，从侧面说明了 CEEMDAN 分解的有效性。通过对整体分析，发现 C1、C2、C9～C14 分量和残余分量 R 与原始信号相关性较弱，故保留 C3～C8 分量为信号优势分量。

　　通过交叉小波变换，可以准确获取分解所得模态分量能量分布规律以及能量随频率变化状态。随着 CEEMDAN 分解的进行，低频部分能量占比逐步增加，且在此低频部分（16～128Hz），两信号表现出了良好的相关性。进一步通过互相关系数来判别模态分量与原始信号的相关性，计算结果如图 2-29 所示。

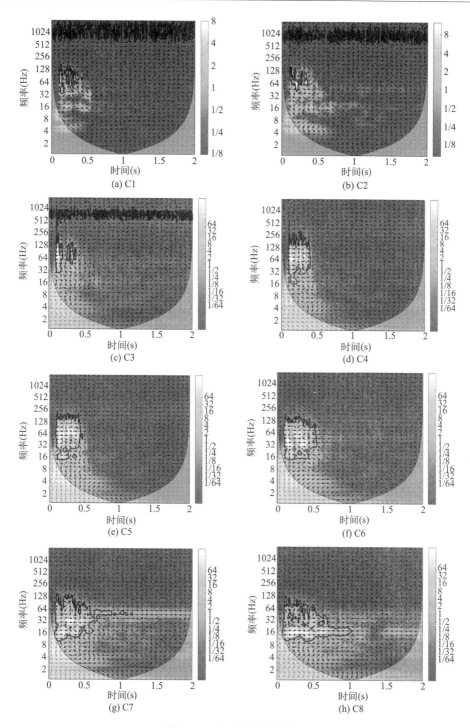

图 2-28　交叉小波变换谱图

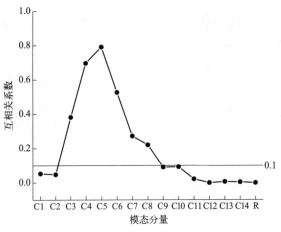

图 2-29 模态分量与原始信号互相关系数

根据互相关系数评判干扰项标准，认为互相关系数低于 0.1 的模态分量为干扰项，可以筛选出 C3～C8 分量为信号优势分量，这与交叉小波变换所得结论一致。同时通过交叉小波变化可以有效获取信号在特定频带与能量集中部分的相关性，有利于获取信号频率与能量特征。例如，观察 C4 分量小波尺度谱图，该分量能量主要集中于 32～128Hz。16～32Hz 频带上能量较少，且主要集中在 0.1s 左右，而高频部分（128～256Hz）也表现出一部分能量，但此部分箭头较为杂乱，说明与原始信号相关性较差。

对筛选出的优势分量进行重构，并通过希尔伯特变换求取其幅值包络，得到重构信号波形图与其幅值包络图，如图 2-30 和图 2-31 所示。

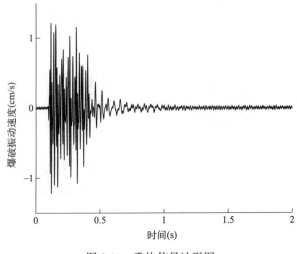

图 2-30 重构信号波形图

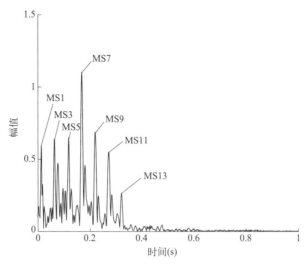

图 2-31　重构信号幅值包络图

可以发现，经 CEEMDAN-交叉小波变换筛选所得信号优势分量重构后，其幅值在时域上表现清晰，有利于快速提取微差爆破实际延期时间。

将首个极值点定义为 MS1 起爆时刻，获取上图中峰值部分对应时间，计算实际雷管段位之间延时，计算结果见表 2-8。

微差爆破实际延迟时间　　　　　　　　　　　　　　　表 2-8

雷管段位	设计段间延时(ms)	实际段间延时(ms)
MS2-MS3	40	40
MS3-MS5	50	42
MS5-MS7	50	39
MS7-MS9	50	41
MS9-MS11	50	40
MS12-MS13	30	38

利用本书方法对微差爆破实际延迟时间进行识别，利用时间轴坐标信息，获取幅值包络中极值点对应时间，识别出微差爆破时间分别为：MS1：0.01s、MS3：0.05s、MS5：0.092s、MS7：0.131s、MS9：0.172s、MS11：0.212s、MS13：0.25s，共计 7 段，与实际爆破段位数相同。但是可以发现，MS1 与 MS3 段位间延时与设计延时一致，此外，除 MS11 与 MS13 段位间延时比设计延时更高之外，其余段位实际段位延时普遍要比设计段位延时更低，不利于爆破危害的控制，故在进行雷管段位延时设计时，应合理增加段间延时，以此减小爆

破振动叠加效应，控制爆破危害。

2.11　本章小结

本章依托新建草帽山隧道与新建崇礼隧道工程，针对下穿隧道开挖过程中影响隧道稳定性的各类因素与爆破振动信号分析进行理论研究。得到如下结论：

（1）归纳总结出近接交叉隧道影响分区分度准则，通过应力、塑性区、位移、既有结构物强度、既有结构物刚度，以及复合准则来进行影响分区的划分。

（2）基于 Hoek-Brown 准则对隧道围岩分级进行研究，推导得出岩体宏观抗剪强度值和岩体综合抗拉强度的计算公式。

（3）确定重载列车运行情况下的荷载，针对振动荷载及新建隧道开挖作用的耦合影响进行研究，计算考虑列车荷载影响及下穿隧道开挖作用下的拱底位移。将其应用于新建草帽山隧道的沉降影响分析中，计算得到上部既有隧道最大沉降值为 29.94mm。

（4）首先，对轴对称隧道开挖围岩以及一般开挖隧道围岩的弹性应力状态进行分析，然后进一步对交叉隧道的弹塑性区围岩应力分布状态进行分析，获取交叉隧道塑性叠加区高度的计算模型。

（5）对等效球形爆源下地表振动效应进行研究，获取掏槽孔爆破球腔压力表达式，并推导得出球形药包地表振速函数，可以据此对爆破振动信号进行预测。

（6）基于傅里叶分解与小波包分析对爆破振动信号进行干扰项去除，并对时频分析方法进行优化。结果表明，此方法在去除干扰项的同时，可以有效保留原始信号中的有用信息，时域与频域的分辨率良好，可以有效获取信号中所含信息。

（7）基于 CEEMDAN-交叉小波变换方法进行微差爆破实际延迟时间识别，结果表明，经该方法筛选所得信号优势分量重构后，其幅值在时域上表现清晰，有利于快速提取微差爆破实际延迟时间。

第 3 章　新建隧道下穿重载铁路隧道
室内相似模型试验研究

3.1　概　　述

为研究新建下穿隧道运营期间重载列车激励荷载下隧道结构的动力响应特性，采用了试验研究的方法展开分析。该方法较真实地模拟了既有地层性状及支护结构的应力变化，对隧道贯通后列车通行条件下交叉隧道的安全稳定起到了一定的指导作用。为此，采用基于相似理论的相似模拟模型试验可满足以上要求，该试验需严格控制相似材料配合比，重点对围岩夹层动土压力及衬砌结构加速度变化规律展开研究。

3.2　相似理论

科学研究是围绕客观事物的内在本质和运动规律而进行的探索性研究，其最有力的分析方法为理论研究，要求被研究对象借助数学方法建立微分方程，并结合合理的边界条件进一步推导及求解[125-126]。但面对复杂的研究对象时通常采用简化的计算公式，这便意味着不同程度地加大了分析过程中的累积误差[127]。同时，诸多分析对象即使建立了微分方程最终也无法求得解析解，有些甚至难以建立相应的微分方程。为此，直接对研究对象进行现场试验是最快速有效的分析手段，其监测结果也更加准确、合理。但针对许多重要、大型及复杂的工程，要求提前研究其自身的稳定性及结构的变化规律，由此可知现场试验研究存在着较大的局限性。

为此，以相似理论为依据，建立相似模拟模型试验方法可以避免以上分析难题，已逐渐成为试验分析中必不可少的研究方法[128]。其中，模型与原型必须满足空间条件相似、物理条件相似、边界条件相似及运动条件相似[129]。本试验采用相似第三定理（π 定理），其为因次分析的普遍方法。假设存在 n 个变量 x_1，x_2，x_3，$\cdots$，x_n，而这些变量的函数关系可用以下公式表示：

$$f(x_1, x_2, x_3, \cdots, x_n) = 0 \tag{3-1}$$

若 n 个变量中含有 m 个独立的基本量（$m < n$），则上式可写为：

$$f(x_1, \cdots, x_m, x_{m+1}, \cdots, x_n) = 0 \tag{3-2}$$

其中 $x_1, x_2, \cdots, x_m$ 为基本量，$x_{m+1}, x_{m+2}, \cdots, x_n$ 为其他变量，其因次可由基本量推导得出。

其中，$(n-m)$ 个 $x_{m+1}, x_{m+2}, \cdots, x_n$ 变量均可由 m 个基本量组成，并转换为 $(n-m)$ 个无因次数，即无因次 π 数。

而对于 m 个基本量而言，其因次比及数值比均等于 1。为此，式(3-2) 可进一步表示为：

$$f(1,1,\cdots1,\pi_1,\pi_2,\cdots,\pi_{n-m})=0 \tag{3-3}$$

或：

$$f(\pi_1,\pi_2,\cdots,\pi_{n-m})=0 \tag{3-4}$$

由此可得，一个由 n 个基本量组成的函数表达式，可转换为包含 $(n-m)$ 个无因次数的函数式。

3.3　模型箱及试验材料

3.3.1　模型箱及加载系统

相似模拟模型试验箱系统主要由钢结构面板、钢化玻璃和激振设备组成，模型箱尺寸为 $1600\text{mm} \times 1600\text{mm} \times 1600\text{mm}$（长×宽×高）（图 3-1）。箱体边界选取 10mm 厚钢板，通过高强度连接螺栓将各面板按预留槽位固定，底部采用膨胀螺栓固定于 150mm 高的混凝土台面上，以防止加载过程中箱体的侧向滑移。需要指出的是，箱体正面和背面均安装透明钢化玻璃，便于直接观测围岩及衬砌模型的安装及试验过程中内部结构的变形特征。为降低动力荷载加载过程中模型

图 3-1　模型箱正面照片

边界面上波的反射作用，分别在箱体左右两侧及箱体底部铺设一层厚 10mm、100mm 的聚苯乙烯泡沫板。同时，在试验动力加载过程中，箱体内表面与模型材料将产生一定的边界摩擦效应，进而对围岩及衬砌结构的变形产生不可避免的约束作用[130-131]。因此，在箱体正面及背面两侧铺设光滑的聚乙烯薄膜，在箱体底部铺设一层 100mm 厚的细砂垫层。

　　本试验加载系统位于箱体上部，故需设计反力装置以更合理有效地传递激励荷载。该系统由反力梁、激振设备及传力杆件构成，如图 3-2 所示。反力梁安装在箱体纵向中心线上，采用抗冲击韧性较强的型钢。JC-50 多功能激振加载系统位于反力梁中心处，其支持正弦波、三角波、方波以及以离散数据形式输入的实测值。鉴于隧道现场列车激励荷载是结构动力响应试验研究的关键因素[132-135]，因此将实测列车激振模拟信号输入 LabVIEW 软件中进行编码，并结合功率放大器模拟列车的振动频率及幅值。同时，选取 NI9234 加速度测量系统和 NI9237 动态应变测量系统分别采集各监测点的加速度值及动应力值。

图 3-2　动力加载设备照片

3.3.2　试验材料的相似比

　　通过对相似理论的研究发现，选取合理的基本物理量是试验研究分析的关键因素。本试验选取长度、密度和弹性模量三个基本物理量作为主要控制变量，以制定围岩及衬砌材料的相似比及各物理量之间的相互转换关系。

　　试验过程中严格控制隧道模型及原型之间的变形特性，即两者的应变应保持一致性，故围岩材料及衬砌结构的配制均参照 "$C_\varepsilon = 1$，$C_E = C_\sigma$" 的相似关系。同时，进一步考虑模型箱设计尺寸的要求，模型试验主控基本物理量最终确定为 $C_l = 50$、$C_\rho = 1$ 及 $C_E = 50$，其他关键物理量的相似关系按表 3-1 进行推导。

模型试验的相似比关系　　　　　　　　　　　　　　　表 3-1

物理量	定义	关系表达式	相似比
长度	$C_l = L_p / L_m$	C_l	50
密度	$C_\gamma = \gamma_p / \gamma_m$	C_γ	1
弹性模量	$C_E = E_p / E_m$	C_E	50
应变	$C_\varepsilon = \varepsilon_p / \varepsilon_m$	$C_\varepsilon = C_l C_\gamma C_E^{-1}$	1
应力	$C_\sigma = \sigma_p / \sigma_m$	$C_\sigma = C_E C_\varepsilon$	50
时间	$C_t = t_p / t_m$	$C_t = C_l^{1/2}$	7.071
位移	$C_\delta = \delta_p / \delta_m$	$C_\delta = C_l$	50
加速度	$C_a = a_p / a_m$	$C_a = C_l C_t^{-2}$	1
泊松比	$C_\mu = \mu_p / \mu_m$	μ	1
黏聚力	$C_C = C_p / C_m$	C_C	50
摩擦角	$C_f = f_p / f_m$	C_f	1

注：下角标 m 代表模型试验，下角标 p 代表原型材料。

3.3.3　围岩材料的制备

根据交叉隧道现场勘测资料可知，上部隧道围岩级别为Ⅴ级，下部隧道围岩级别为Ⅳ级，因此试验中依据实际隧道地层性状制备了两种不同等级的围岩。其中，模型箱内的围岩材料的填筑采用分层逐步夯实法，以确保各层围岩材料的完整、致密。

图 3-3 为围岩材料的浇筑过程，从图中可以明显看出，本次围岩材料的浇筑顺序依次为下部围岩、下部隧道、围岩夹层、上部隧道及上部围岩。值得指出的

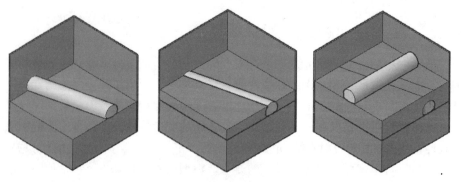

图 3-3　围岩材料浇筑过程示意图

是，围岩的配制以石英砂为主要骨料，采用石膏作为控制材料性质的主要胶粘剂，并添加一定比例的重晶石粉、铁粉及甘油等调节成分。其中，石英砂具有增加散粒体之间摩擦力的特点，从而有利于调节围岩材料的强度和弹性模量。重晶石粉及铁粉可显著调节材料的重度，并混合一定比例的甘油调节围岩的黏聚力及摩擦角。同时，试验中选取围岩重度、弹性模量、泊松比、黏聚力及摩擦角作为模型材料的控制参数。为了使模型材料与原型满足物理力学参数的相似比关系，采用正交配合比的试验方法制备了大量围岩材料，如图 3-4(a) 所示。

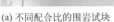

(a) 不同配合比的围岩试块　　　　　　　　(b) 单轴试验

图 3-4　围岩材料参数的测定

　　静力试验前应将不同配合比的围岩试块进行逐次编号，在养护室养护 20d，并制作试块单轴试验数据记录表，各模型试块的物理力学参数采集过程如图 3-4(b) 所示。其中，加压过程严格控制加载速率，防止试块发生塑性变形而影响力学参数的采集。最终确定的两种围岩的相似材料配合比及物理力学参数见表 3-2。

围岩相似材料的配合比及参数　　　　　　　　　　　表 3-2

围岩等级		重度（kN/m³）	弹性模量（MPa）	泊松比	黏聚力（kPa）	摩擦角（°）
全风化凝灰岩（Ⅴ级）	原型	22.0	1390	0.42	235	26
	模型	21.9	28	0.40	4.6	26
	成分及配合比	石膏∶石英砂∶重晶石∶铁粉∶甘油∶水＝28∶14∶71∶1∶4∶25				
强风化凝灰岩（Ⅳ级）	原型	23.3	3200	0.34	350	37
	模型	23.1	63	0.33	7.2	34
	成分及配合比	石膏∶石英砂∶重晶石∶铁粉∶甘油∶水＝25∶20∶58∶2∶6∶16				

　　从表 3-2 中可清晰地看出，最终选取的围岩材料与原型的物理力学参数均满足相似比。其中，上部隧道周边Ⅴ级围岩的材料相似配合比为：石膏∶石英砂∶重晶石∶铁粉∶甘油∶水＝28∶14∶71∶1∶4∶25，下部隧道周边Ⅳ级围岩的材料相似配合比为：石膏∶石英砂∶重晶石∶铁粉∶甘油∶水＝25∶20∶58∶2∶6∶16。

3.3.4　衬砌结构的制备

衬砌结构的制备采用特制的刚性模具，单节隧道模型如图 3-5 所示。结合模型材料相似比 $C_l = 50$ 及实际隧道尺寸因素，本试验的衬砌结构尺寸为 290mm× 240mm（宽×高），厚度为 25mm，单节隧道的长度为 300mm。值得指出的是，由于上部隧道需施加动荷载，故在激振设备正下方的衬砌拱顶处留有直径 3cm 的圆孔。

因为高强石膏是一种良好的胶凝材料，所以将其作为本试验衬砌结构的主要原料，并在制备过程中掺加一定量的水泥，以提高模型的整体抗压强度。为了较真实地模拟衬砌结构的变形规律，需对模型进行大量的相似配比试验，以最终确定材料的相似配合比值，具体配

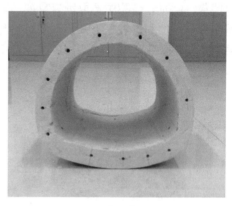

图 3-5　衬砌模型照片

合比及实测物理力学参数见表 3-3。从表中可以看出，衬砌结构的材料配合比为：石膏：水泥：水＝74：21：100。需要指出的是，隧道两端截面相互拼接时，连接处往往处于最不利受力状态，为消除模型制备过程中产生的试验误差，故在两隧道截面相应位置处打入 12 个深 20mm、直径 5mm 的圆形孔洞，并根据强度等效原理，分别嵌入与衬砌材料抗压强度相等的木条结构。

衬砌结构的物理力学参数　　　　　　　　　　　　表 3-3

衬砌	重度 （kN/m³）	弹性模量 （MPa）	泊松比	黏聚力 （kPa）	摩擦角 （°）
原型	23.1	28550	0.20	2200	51
模型	23	570	0.20	44	51
配合比			石膏：水泥：水＝74：21：100		

3.3.5　模型试验测点布置

本试验采用的测试传感器分别为动态土压力盒、加速度计。考虑重载列车激励荷载作用对上下部隧道围岩夹层的不利影响[136-137]，因此针对上部隧道纵向及垂向的围岩动土压力变化规律展开研究。同时，重载列车的激励作用将进一步加剧交叉段隧道拱顶及基底损伤程度，研究隧道衬砌结构的加速度变化特性就显

得十分必要[138-140]。因此，针对交叉点处上部隧道底板及下部隧道拱顶及底板的加速度响应展开重点监测。图 3-6 展示了 LY-350 型应变式微型土压力盒和加速度计的布置方位。

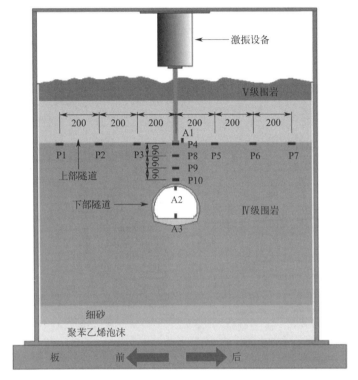

注："P"和"A"分别代表土压力盒和加速度计，共布置10个土压力盒和3个加速度计。

图 3-6　测试元件布置示意图（单位：mm）

3.4　模型试验过程及结果

3.4.1　重载列车振动荷载现场测试

为确保本试验过程中的上部隧道重载列车激励荷载数据的真实性及准确性，故采用了 NI9234 加速度采集系统。该系统为 4 通道的动态信号采集模块，具有高精度、高频采集的特点。4 条输入通道均借助内置抗混叠滤波器，以自动调整采样频率，最大限度地降低采集过程中的噪声影响。

为满足试验研究中动荷载的合理输入，现场重载列车实测加速度的采集点选取及布置便显得至关重要。大量学者研究表明，列车荷载持续振动过程中，周边结构振动响应剧烈程度依次为轨道、轨枕、基床及衬砌结构[141-142]。本次重车加速度采集位于上部隧道交叉点左线轨道底板及衬砌边墙处，图 3-7 为实测加速度计的布置图。为此，选取上部隧道交叉点处，采集重载列车满载条件下的列车振动加速度数据。值得指出的是，本次采集所采用的 NI9234 加速度采集系统的灵敏度较高，对现场环境的要求较为苛刻。列车通过测点时所产生的瞬态风荷载将不同程度地影响测试元件及导线的平稳性，进而干扰加速度数据采集的精确性。因此，在选取的隧道边墙处嵌入与测试元件等尺寸的固定卡托，并将测试导线以蛇形布置的方式固定于衬砌表面。

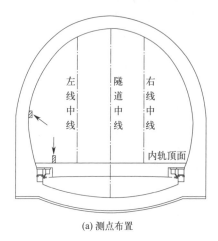

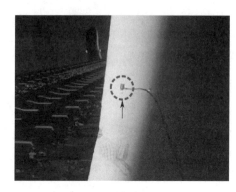

(a) 测点布置　　　　　　　　　　　　　(b) 现场实测

图 3-7　重载列车加速度测点布置图

　　因为试验模拟过程中需对上部隧道衬砌底板处施加实测重车加速度时程数据，所以主要针对底板处的加速度振动时程数据展开分析。图 3-8 为现场实测重

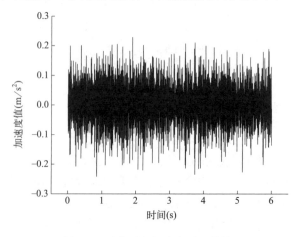

图 3-8　重载列车加速度时程曲线

载列车隧道底板处加速度时程曲线，其中重载列车的时速为 80km/h，采集时间为 6s，实际测试元件的监测频率为 1652Hz。从图中可明显看出，列车通过交叉点过程中，隧道底板处的加速度响应变化趋势较稳定，均保持在 -0.25～0.25m/s 范围内。值得指出的是，由于 NI9234 加速度采集系统的高精度、高频采集的特点，因此该数据中包含了列车行驶过程中转向架、悬挂系统及列车间隙等因素对隧道底板加速度响应特性的影响。为此，本次采集到的重载列车加速度时程数据可为试验分析提供真实可靠的动力荷载。

鉴于上部重载列车的大轴重、长持时激励荷载对交叉隧道的影响程度较大，因此试验中只针对上部隧道底板处施加动力荷载[143-146]。JC-50 多功能激振加载系统支持正弦波、三角波、方波以及以 Table 离散数据形式输入的实测值，因此，本试验除了施加基于隧道现象测试的加速度数据外，还设计了一组对照试验，以研究重载列车运行对交叉隧道围岩及衬砌结构的动力响应一般规律。该对照试验采用正弦波的输出方式，其中振动频率及幅值应与实测加速度值保持一致。为此，需对实测重载列车加速度值进行快速傅里叶变换（FFT）。

快速傅里叶变换是离散傅里叶变换（DFT）的一种高效、快速的计算方法[147-148]。为此，清楚地了解离散傅里叶变换算法是进一步研究快速傅里叶变换的重要基础。离散傅里叶变换实现了信号在时域与频域的离散化转换，但数据的变换区间长度较大时，直接利用 DFT 算法进行信号的实时处理便受到了计算量的制约[149]。

设复数序列 $x(n)$ 由 N 项组成，定义其表达式为：

$$X(k) = \sum_{n=0}^{N-1} x(n) e^{-j\frac{2\pi}{N}kn}$$

$$k = 0, 1, \cdots, N-1$$

（3-5）

其中，N 为离散傅里叶变换区间长度。通过欧拉公式可得，

$$e^{-j\frac{2\pi}{N}kn} = \cos(2\pi kn/N) - j\sin(2\pi kn/N)$$

（3-6）

令 $W_N = e^{-j\frac{2\pi}{N}}$，故上式（3-5）可进一步表示为：

$$X(k) = \sum_{n=0}^{N-1} x(n) W_N^{kn}$$

$$k = 0, 1, \cdots, N-1$$

（3-7）

由式（3-7）可得，任一 $x(m)$ 的计算都需要 N 次复数乘法、$(N-1)$ 次复数加法。故针对 N 项 $x(n)$ 复数序列的计算，需完成 N^2 次复数乘法运算、$N(N-1)$ 次复数加法运算。其中，一次复数乘法由四次实数乘法及两次实数加法构成，一次复数加法包括两次实数加法。其运算过程可表示为：

$$X(k) = \sum_{n=0}^{N-1} \{(R_e[x(n)] R_e[W_N^{kn}] - I_m[x(n)] I_m[W_N^{kn}]) +$$

$$j(R_e[x(n)] I_m[W_N^{kn}] + I_m[x(n)] R_e[W_N^{kn}])\} \tag{3-8}$$

通过以上分析发现，DFT 计算的最终运算量与 N^2 的大小密切相关。而 FFT 算法把 N 点的 DFT 计算分解为若干个较短的 DFT 计算，可大大减小运算次数。同时，转换因子 $W_N^{kn} = e^{-j\frac{2\pi}{N}kn}$ 为周期函数，其所具有的周期性及对称性可进一步改进运算过程，提高计算效率。其中，转换因子的共轭对称性表示为：

$$W_N^{(N-k)n} = W_N^{k(N-n)} = W_N^{-kn} = (W_N^{kn})^* \tag{3-9}$$

半周期性为：

$$W_N^{(k+N/2)} = -W_N^k \tag{3-10}$$

周期性为：

$$W_N^{kn} = W_N^{(k+N)n} = W_N^{k(n+N)}s \tag{3-11}$$

通常在 FFT 的诸多算法中，基 2 算法被广泛使用。其按照信号的时域或频域分解过程，可分为按时间抽取的 FFT 算法及按频率抽取的 FFT 算法。结合本试验采集的列车加速度信号的特点，故重点针对时域抽取法基 2 基本原理展开研究。

首先将原始信号 $x(n)$ 按 n 的奇偶性分为 $x_1(n)$、$x_2(n)$ 两组子序列，即：

$$\begin{cases} x_1(r) = x(2r) \\ x_2(r) = x(2r+1) \end{cases} \tag{3-12}$$

$$r = 0, 1, \cdots, \frac{N}{2} - 1$$

其中，假设序列 $x(n)$ 的长度为 N，且满足 $N = 2^M$，M 为正整数。为此，$X(k)$ 可进一步由包含 $N/2$ 个点的 $x_1(k)$ 及 $x_2(k)$ 表示：

$$\begin{aligned} X(k) &= \sum_{n=2r} x(n) W_N^{kn} + \sum_{n=2r+1} x(n) W_N^{kn} \\ &= \sum_{r=0}^{N/2-1} x(2r) W_N^{2kr} + \sum_{r=0}^{N/2-1} x(2r+1) W_N^{k(2r+1)} \\ &= \sum_{r=0}^{N/2-1} x_1(r) W_N^{2kr} + W_N^k \sum_{r=0}^{N/2-1} x_2(r) W_N^{2kr} \end{aligned} \tag{3-13}$$

由于，

$$W_N^{2n} = e^{-j\frac{2\pi}{N}2n} = e^{-j\frac{2\pi}{N/2}n} = W_{N/2}^n \tag{3-14}$$

故式(3-13)可进一步表示为：

$$X(k)=\sum_{r=0}^{N/2-1}x_1(r)W_{N/2}^{kr}+W_N^k\sum_{r=0}^{N/2-1}x_2(r)W_{N/2}^{kr}=X_1(k)+W_N^kX_2(k)$$

$$(3-15)$$

值得注意的是，式(3-15) 中 $k=0,1,\cdots,N-1$。结合式(3-10)，式(3-15)可进一步表示为：

$$X\left(k+\frac{N}{2}\right)=X_1(k)-W_N^kX_2(k)$$

$$k=0,1,\cdots,\frac{N}{2}-1$$

$$(3-16)$$

由式(3-16) 不难看出，原 N 点的 DFT 运算分解为两个 $N/2$ 点的 DFT 运算。其中，$x_1(k)$ 及 $x_2(k)$ 可继续分解运算。由此可得，M 级运算过程中，每一级均由 $N/2$ 个蝶形运算组成，而每一蝶形运算由一次复数乘法及两次复数加法组成。最终，M 级运算过程的复数乘法次数为：

$$\frac{N}{2}\cdot M=\frac{N}{2}\cdot\log_2N$$

$$(3-17)$$

复数加法次数为：

$$N\cdot M=N\cdot\log_2N$$

$$(3-18)$$

为此，FFT 计算与 DFT 计算的运算次数对比如图 3-9 所示。从图中可以清晰地看出，随着信号序列的不断增大，两种方法的运算量差值呈增大趋势，FFT 计算较 DFT 计算的运算效率明显提升。故试验采用 FFT 算法对实测重载列车加速度时程数据进行频谱分析，最终频谱图如图 3-10 所示。

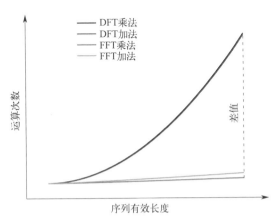

图 3-9　FFT 和 DFT 算法的运算次数对比

通过对图 3-10 分析可得，列车加速度振动峰值主要集中于 8～12Hz 范围内，其余频段的振动峰值衰减较为迅速，交叉隧道重载列车加速度振动表现为低频特性。针对实测加速度数据，对照试验中正弦波的振动主频及幅值分别选取为 10Hz 及 0.15m/s^2，并采用示波器及功率放大器间接操控激振加载装置，以进一步分析该动力荷载作用下交叉隧道的动力响应特性。

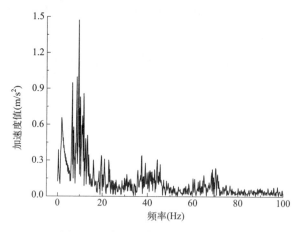

图 3-10　实测列车加速度频谱曲线

3.4.2　交叉段加速度时程分析

通过在上下部隧道交叉段底板及拱顶处布置加速度计，监测得到各测点在重载列车激励作用下的加速度时程曲线，x 坐标值代表动荷载激振时间，y 坐标值表示各测点不同时段的加速度响应值。其中，采用实测波加载方式的上下隧道衬砌结构的加速度监测结果如图 3-11 所示，而施加正弦波的对照试验的加速度监测结果如图 3-12 所示。值得指出的是，为了进一步研究模型试验结果的可行性及便于两种动荷载作用下结构动力响应的对比分析，因此监测结果均参照表 3-1 中所示的比例关系转换为原型隧道的动力变化值。

监测结果表明：

（1）对于动力加载方式采用实测波的模型试验，依据交叉隧道重载列车实测加速度时程数据，故试验中振动荷载的激励时间为 6s。试验发现，上下部隧道交叉段处衬砌结构各测点的加速度振动响应剧烈程度依次为上部隧道底板、下部隧道拱顶及下部隧道底板。其中，上部隧道底板处（即 A1 点）的加速度变化主要集中于 −0.22～0.24m/s^2 范围内。当激振时间位于 2s 及 3s 时，衬砌底板结构出现加速度振动响应最大值，其分别为 0.23m/s^2 及 0.24m/s^2。下部隧道拱顶处（即 A2 点）的加速度振动响应值，由于交叉段围岩夹层因素的影响出现了一定程度的衰减。该点加速度变化主要集中于 −0.13～0.14m/s^2 范围内，当激振时间位于 2s 及 3s 时，下部隧道拱顶结构出现加速度振动响应最大值，其分别

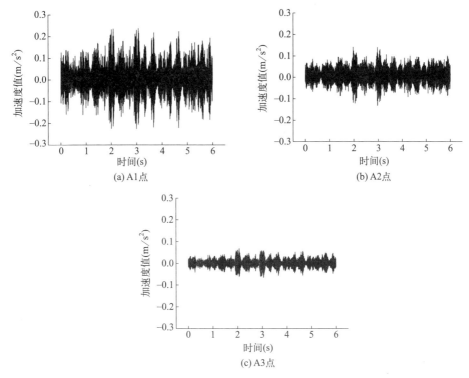

图 3-11　实测波振动加速度时程曲线

为 $0.14m/s^2$ 及 $-0.13m/s^2$。鉴于下部隧道衬砌底板结构（即 A3 点）距上部隧道动荷载激振点的距离较远，为此，该点处的加速度振动响应程度进一步减弱。A3 点处的加速度变化主要集中于 $-0.06 \sim 0.07m/s^2$ 范围内，当激振时间位于 2s 及 3s 时，下部隧道底板结构出现加速度振动响应最大值，其分别为 $0.07m/s^2$ 及 $-0.06m/s^2$。值得指出的是，实测重载列车振动加速度中包含列车转向架、悬挂系统及列车间隙等因素对数据的影响，所以激振过程中上部隧道底板、下部隧道拱顶及下部隧道底板三个测点处的加速度振动峰值变化较明显。

（2）对于动力加载方式采用正弦波的对照试验，为满足两组试验分析的一致性，试验中正弦波的激励时间同样选取 6s。通过对正弦波激振作用下的上部隧道底板、下部隧道拱顶及下部隧道底板处的加速度变化进行监测发现，各测点的加速度振动响应剧烈程度分别为上部隧道底板、下部隧道拱顶及下部隧道底板。

值得指出的是，由于输出的正弦波主要控制了信号中的振动主频及幅值两个重要参数，简化了列车行驶过程中转向架、悬挂系统及列车间隙等因素对信号的影响。为此，正弦波试验监测结果较实测波激振作用下各测点处衬砌结构的加速度变化更为均一、平稳。其中，上部隧道底板（即 A1 点）的加速度变化始终处

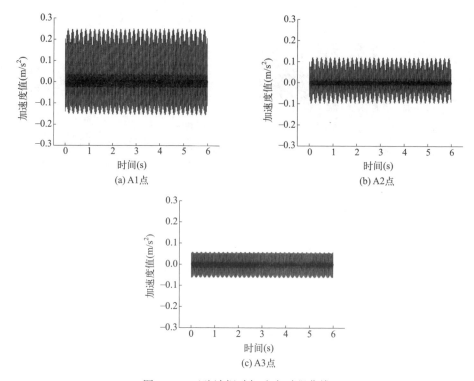

图 3-12　正弦波振动加速度时程曲线

于－0.15～0.25m/s² 范围内，下部隧道拱顶（即 A2 点）的加速度变化位于－0.10～0.12m/s² 范围内，下部隧道底板（即 A3 点）的加速度变化位于－0.06～0.06m/s² 范围内，各测点在激振过程中均未出现加速度突变的情况。

（3）对施加实测波及正弦波的两组试验监测结果进行对比分析后发现，两种重载列车激振方式下交叉隧道衬砌结构的加速度振动响应剧烈程度依次为上部隧道底板、下部隧道拱顶及下部隧道底板。其中，各测点的加速度振动峰值较为一致，但需要指出的是，实测波作用下加速度振动响应时程曲线的变化显著，而正弦波因其组成成分较单一，因此加速度峰值变化相对均一、稳定。由此可见，在现场条件不宜采集列车加速度信号的条件下，可采用简化的正弦波激振方式近似模拟实测重载列车加速度时程数据，进而对交叉隧道动力特性展开进一步研究。

3.4.3　交叉段围岩土压力分析

围岩夹层具有良好的稳定性，是确保交叉段隧道结构安全稳定的重要因素。为进一步研究重载列车大轴重、长持时振动荷载作用下交叉隧道的围岩夹层土压力分布规律，通过施加实测列车加速度时程数据及采用 FFT 算法转换的正弦波振动数据，重点针对沿上部隧道线路方向和沿交叉点竖向方向的围岩夹层动土压力展开研究。需要说明的是，P1～P7 点用于监测上部隧道底板下方的围岩动土压力，P4、P8、P9 及 P10 点用于监测上下隧道间围岩夹层的动土压力。其中，为进一步得出原型隧道的动土压力分布规律，因此各测点间的布置距离及土压力监测值均参照表 3-1 转换为实际变化值。

实测波及正弦波加速度激振作用下，上部隧道底板下方围岩的动土压力均呈对称分布，即以交叉点为中心，随着距交叉点距离的增大，动土压力值呈增大趋势。值得指出的是，距交叉点 1.0B（即 10m）范围内围岩的动土压力急剧减小，其中 B 代表隧道洞跨。下部隧道的修建造成该区域岩土体的卸荷作用，当上部隧道施加重载列车激励荷载时，交叉点 1.0B 范围内围岩的承载能力相对于其他区域明显降低。同时，土压力监测数据表明，除 P4 点外，其余测点在施加实测重载列车加速度时程数据条件下的动土压力较施加正弦波的动土压力监测结果略有增大。其中，采用实测波及正弦波激励方式所得到的交叉点处的动土压力值相对于周边区域分别降低了 6.5% 和 5.7%。由此可知，针对上部隧道底板下方围岩的动土压力，两种激励荷载作用下分析结果较为一致，控制振动主频及幅值的正弦波加速度时程数据可近似模拟重载列车加速度激振荷载。

交叉隧道间围岩夹层竖向分布的四个测点的动土压力监测结果表明，施加重载列车实测加速度振动激励荷载及基于振动主频及幅值的正弦波两组试验中，随着距上部隧道下方底板距离的增加，各测点处的动土压力的变化趋势是相似的。从图 3-13 可明显看出，上下隧道间动土压力表现为近似的线性衰减规律。由于交叉点位于上部隧道交叉点正下方，因此该点的动土压力值最大，并随着距交叉点竖向距离的增大，其余测点处的监测结果依次减小。可见上部隧道在激励荷载

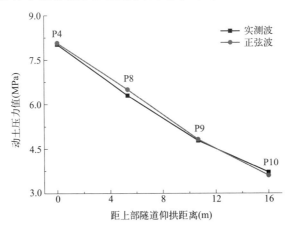

图 3-13　竖向分布测点的土压力曲线

条件下，围岩夹层的承载能力并未受到下部隧道结构临空面的影响而产生土压力分布突变现象。最终，施加实测波及正弦波的两组试验中，沿上下部隧道围岩夹层竖向方向分布的测点土压力衰减率分别为 53.7% 和 55.4%。

基于上述试验发现，针对围岩夹层的动土压力而言，施加实测重载列车加速度时程数据及依据 FFT 算法换算的正弦波振动数据，两组试验中各测点监测得到的动土压力值差值相对较小。由此可知，采用提取实测振动信号中振动主频及幅值的正弦波加载方式，可近似模拟实测列车振动荷载。当现场数据的采集受场地的制约时，可采用正弦波的输入方式对研究对象做进一步分析。

3.5 交叉隧道相似模型试验的三维数值模拟验证

3.5.1 交叉段加速度时程分析

有限差分法可对非线性动力问题进行分析，因此选取具有代表性的实测重载列车加速度时程数据作为外界动力荷载，以分析交叉隧道围岩及衬砌结构的动力响应特性。值得指出的是，数值模拟方法中列车振动荷载的施加方式不同于试验方法，结合模型网格划分特点，将列车实测加速度数据分别施加至相应节点处。此种多点加载方式较试验中单点加载方式更加合理，更加真实地模拟了列车通过隧道全过程中围岩及衬砌的动力响应变化。

由于下部隧道岩土体的开挖作用，往往造成上下部隧道间既有围岩的承载能力降低，严重的将会影响上部隧道结构的安全及稳定。因此，针对隧道衬砌加速度变化规律的研究就显得十分必要，图 3-14 为动荷载作用下的上部隧道底板、下部隧道拱顶及下部隧道底板的加速度时程曲线，从图中可以看出：

（1）上部隧道底板的加速度值变化主要集中于 $-0.22\sim0.25\text{m/s}^2$ 范围内，且在 6s 的振动周期内，加速度振动幅值较平稳，并未出现振动突变点。由此可知，交叉点正上方处的衬砌结构具有良好的整体性，并没有受下部隧道断面的影响而产生隧道衬砌裂缝及局部变形现象的发生。下部隧道拱顶的加速度值变化主要集中于 $-0.15\sim0.15\text{m/s}^2$ 范围内，值得指出的是，在加载过程中加速度的变化并非呈稳定状态，而是随着加载时间出现先增大后减小的趋势。在振动初期，拱顶的加速度值为 0.09m/s^2；当振动至 $1\sim5\text{s}$ 时，加速度值保持稳定，为 0.15m/s^2；当振动至 6s 时，加速度值发生衰减，为 0.08m/s^2。下部隧道底板的加速度值变化主要集中于 $-0.07\sim0.06\text{m/s}^2$ 范围内，且振动幅值较平稳。

（2）上部重载列车激励作用下，交叉隧道衬砌结构的加速度响应剧烈程度分别为上部隧道底板、下部隧道拱顶和下部隧道底板。三者的最大加速度绝对值为 0.25m/s^2、0.15m/s^2 和 0.07m/s^2，由此表明，随距上部隧道振动交叉点竖向距离的增加，各测点处的加速度值均发生不同程度的衰减。

（3）沿竖向分布的三个测点处的加速度值与试验所得结果对比分析后发现，两者振动峰值相差不大，但数值模拟结果的波形振动较饱满。由此可见，数值模拟中沿上部隧道线路方向的多点激振方式较试验中单点激振方式造成不同测点处波的叠加，使得监测数据更加符合实际列车振动规律。

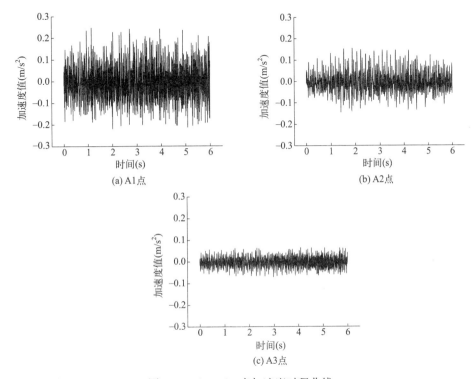

图 3-14　A1～A3 点加速度时程曲线

3.5.2　交叉段围岩土压力分析

为进一步分析交叉隧道围岩夹层的动土压力分布规律，对上部隧道底板下方区域的围岩展开监测分析，沿铁路线路方向及围岩夹层竖向的土压力结果如图 3-15 和图 3-16 所示，从图中可以看出：

（1）重载列车振动激励下，沿铁路线路方向的围岩动土压力的变化呈以交叉点为中心对称分布，随着距交叉点距离的增大，土压力值逐渐增大。在隧道 $1.0B$ 范围内土压力的衰减最为明显，由此可见，下部隧道原有岩土体的开挖降低了围岩夹层的承载能力，使得该区域承受重载列车大轴重、长持时的动荷载能力减弱。值得指出的是，对数值模拟及试验结果的对比分析发现，除交叉点外，

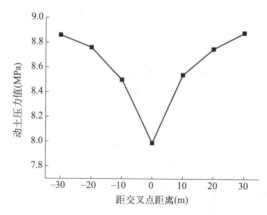

图 3-15　纵向分布测点的动土压力曲线图

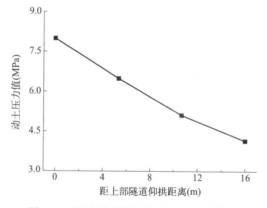

图 3-16　竖向分布测点的动土压力曲线图

数值模拟计算下的其余各监测点的动土压力值均大于试验监测结果。为此，多点加载方式较试验的单点激励方式提高了交叉点周边区域的围岩压力，使得隧道中列车运行过程更加合理。

（2）数值模拟中围岩夹层沿竖向分布的测点处的动土压力呈线性规律衰减，其中，最大值位于紧邻上部隧道底板的围岩处，为 7.99MPa；最小值位于距振动源较远的下部隧道拱顶上方处，为 4.15MPa。不难发现，围岩动土压力的衰减较平稳，并未出现明显的突变点，因此上下部隧道间围岩整体性较好。

（3）对比数值模拟及试验测试结果分析发现，两者针对沿线路方向及围岩竖向分布的测点处的动土压力变化规律一致。需要指出的是，由于数值模拟中施加了多点振动荷载，故计算结果较试验监测结果均有所提高，同时也更加满足实际列车运行条件。

3.6　本章小结

本章通过对某单洞双线高速铁路隧道下穿重载铁路隧道的交叉隧道形式展开动力特性方面的相似模拟模型试验，试验过程中严格控制材料的相似比，确保试验监测结果的准确性。依据交叉隧道现场实测重载列车加速度时程数据，采用功率放大器将其传输至动力加载设备，以真实模拟上部隧道列车运行对交叉隧道围岩及衬砌结构的动力特性变化规律。基于 FFT 算法，将实测列车加速度时程数据转换成相应的频谱曲线，选取振动主频及幅值。设计对照试验，施加满足实测波相同振动主频及幅值的正弦波数据，对比分析两种动力加载方式下交叉隧道动力响应特性，并通过数值模拟手段对模型试验结果进行了验证，进一步开展了多工况数值模拟研究，主要得到以下几点结论：

（1）基于相似理论的交叉隧道动力响应模型试验中，分别施加了隧道现场实测重载列车加速度时程数据和依据 FFT 算法得到的模拟信号振动数据。对比两者的监测结果发现，在上部激振设备模拟列车通行过程中，交叉隧道衬砌加速度振动剧烈程度依次为上部隧道底板、上部隧道拱顶、下部隧道拱顶及下部隧道底板。鉴于 FFT 算法转换后的模拟振动信号为正弦函数，故该施加方式下的加速度振动波形较实测列车的振动波形更为平稳。两种加载方式下的交叉隧道围岩动土压力，在沿上部隧道线路方向的测点处表现为距交叉点 1.0B 范围内急剧下降的规律，沿围岩夹层竖向分布测点处表现为线性衰减规律。由此可知，当不利于采集隧道内列车通行过程的加速度时程数据时，可参照 FFT 算法得到的相应列车振动主频及幅值，采用正弦波的加载方式近似模拟实际列车振动荷载。

（2）建立三维数值模拟仿真模型对试验研究结果进行补充和验证。对比发现，多点加载方式更加接近实际列车通行形式，其衬砌结构加速度振动波形较为饱满，围岩动土压力的变化规律与试验结果较为一致。因此，可采用数值模拟的方法进一步对不同影响因素下的交叉隧道动力响应特性展开研究。

第4章 重载列车荷载作用下隧道结构动力响应数值模拟

4.1 概　述

随着我国交通工程建设的持续发展，铁路、公路、地铁的线网密度逐年增加，形成的高风险穿越工程也越来越多。当前国内外穿越工程研究多针对城市地铁隧道或下穿公路隧道，而针对下穿既有重载干线铁路隧道的研究鲜有报道。与一般交叉结构相比，受上部重载铁路轴重大、振动频率低、幅值高、持续时间长等不利因素影响，下部新建隧道的施工开挖风险与超前支护难度倍增。本章采用数值仿真手段，重点围绕新建隧道下穿既有重载铁路围岩动力响应与超前支护机理开展深入研究，研究不同重载列车运行过程中轨道近场平面区域地面振动加速度及加速度级响应特性，并进一步探究不同列车行驶过程中主要振动影响区域。

4.2 重载列车荷载作用下立体交叉隧道动力响应及超前支护机理

鉴于新建交通隧道与地下综合管廊多位于对地表变形影响较大的地下浅层及次浅层，往往下穿隧道上部岩土覆盖层厚度相对较小[150-153]。与一般近接下穿公路路基有所不同，地下超前棚架结构将承受上部因大轴重及轨枕离散支承作用所引起的显著的低频、高幅值和长持时（车厢编组一般为108～230节）的振动荷载作用[154-157]。倘若对货运列车激励荷载振动传播特性、围岩或岩土覆盖层内超前棚架结构动态承载特性没有一个清晰的认识，采用棚架结构近接穿越既有线工程设计与施工的科学性就得不到保障。

4.2.1 FLAC3D 动力计算模型的建立

由于围岩材料本身具有的各向异性使得其与连续介质的力学性质不完全一致，本书数值模拟采用大多数学者均采用的弹塑性模型[158-160]。

1. 模型建立的基本假定

（1）围岩采用各向同性的弹塑性材料，材料本构力学模型选取 Mohr-Coulomb

弹塑性模型。

（2）本书计算模型采用 FLAC3D 三维建模，计算模型长度为 100m，高度为 40m，隧道开挖进深 100m。

（3）本书的数值模拟过程不考虑隧道围岩渗水及地下水的影响。

（4）围岩采用实体单元，上部隧道支护采用实体单元；下部隧道初期支护采用壳体单元，超前小导管支护采用加强锚固区围岩的方法进行模拟。

（5）本书模拟不考虑施工措施带来的影响，同时也不考虑支护时间及具体施工工艺对计算结果的影响。

2. 重载铁路作用下交叉隧道计算模型的建立

首先对上部北草帽山隧道进行开挖和支护，上部隧道趋于平衡后再进行下一步计算；本节数值模拟的目的是分析下穿隧道的开挖支护对交叉隧道围岩稳定性的影响，因此上部重载铁路隧道初期支护中的锚喷支护、钢拱架支护等支护方式均采用等效支护的方法模拟。计算公式如下：

$$E = E_0 + \frac{S_g E_g}{S_c} \tag{4-1}$$

式中：E——折算后的混凝土衬砌的弹性模量；

　　　E_0——喷射混凝土喷层的弹性模量；

　　　S_g——钢拱架-钢筋网等支护方式的横截面积；

　　　E_g——钢拱架-钢筋网等支护方式的弹性模量；

　　　S_c——喷射混凝土横截面积。

计算模型中的材料参数基于对草帽山交叉隧道段的围岩岩样的基本岩石试验结果（表 4-1、表 4-2）。

地层围岩力学参数　　　　　　　　　　　　　　　　　表 4-1

围岩等级	密度 $\rho(kg/m^3)$	弹性模量 $E(GPa)$	泊松比 μ	黏聚力(kPa)	内摩擦角 $\varphi(°)$
Ⅲ	2400	6	0.3	700	39
Ⅴ	1940	0.2	0.34	40	24

隧道支护的材料参数　　　　　　　　　　　　　　　　表 4-2

结构形式	密度 $\rho(kg/m^3)$	弹性模量 $E(GPa)$	泊松比 μ	厚度(m)
初次衬砌(C25)	2400	30	0.2	0.28
二次衬砌(C35)	2630	34.9	0.2	—
超前管棚支护	2400	12.4	0.24	—
锚杆支护	2000	44	—	—

3. 交叉隧道动力计算模型

为了更接近现实隧道结构的力学特性，而设置安静边界条件以吸收入射波[161]。计算模型采用瑞利阻尼，其中最小临界阻尼比取较小的阻尼比0.5%[162-163]，最小中心频率取计算模型的自振频率3.87Hz。

4. 重载列车荷载确定

通过现场实测得到列车通过时路基表面的垂向速度时程曲线，利用 MAT-LAB 软件，通过数据微分分别得到重载、空车通过时列车垂向加速度时程曲线如图 4-1、图 4-2 所示。由图中曲线可知，重载列车通过时引起隧道-路基过渡段的垂向加速度峰值为 $10m/s^2$，远高于空车通过时引起的加速度峰值 $0.4m/s^2$。

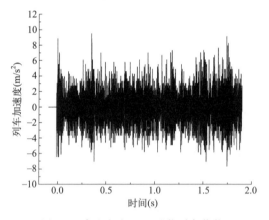

图 4-1　唐山方向 C80 重载列车荷载

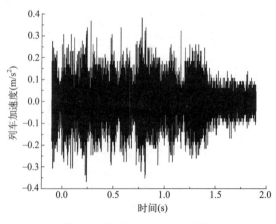

图 4-2　张家口方向空车荷载

利用 FLAC3D 软件中的 table 功能将图 4-1 和图 4-2 的列车加速度数据作用于隧道交叉段计算模型网络节点上，近似模拟列车对交叉隧道结构动力特性的影响。图 4-3～图 4-5 为隧道计算模型施加列车加速度后竖向加速度云图。

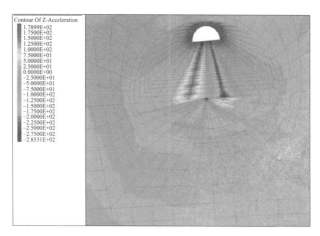

图 4-3　重载列车-空车皮通过时模型加速度云图一

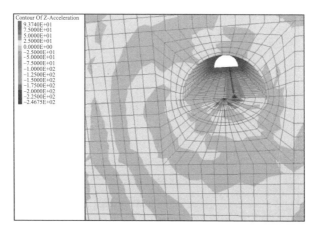

图 4-4　重载列车-空车皮通过时模型加速度云图二

5. 监测断面及测点布置

研究当下穿隧道施工至交叉断面 DK173＋962.6 时，上跨重载列车通过对交叉隧道结构及中间岩层动力特性的作用。如图 4-6 所示，上下隧道普通观测断面（上部隧道 1 号断面、下部隧道 4 号断面）距离交叉点 30m 处，下穿观测断面（上部隧道 2 号断面、下部隧道 3 号断面）位于交叉断面处。图 4-7 为隧道监测断面测点布置图，分别在监测断面拱腰、边墙、拱顶及道床布置监测测点。同时对交叉隧道段中间岩层 1-1～3-3 断面的动力响应进行实时监测（图 4-8）。

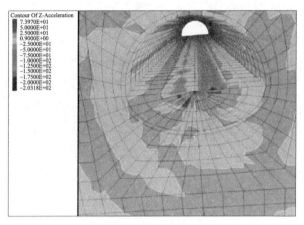

图 4-5　下行线空车皮通过时模型加速度云图

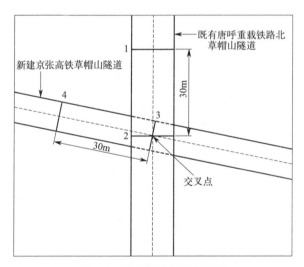

图 4-6　隧道监测断面布置图

4.2.2　动力计算结果分析

1. 未施加超前支护

（1）空车通过时的动力响应

图 4-9 为上部隧道普通观测断面 1 号断面各观测点的竖向位移时程曲线。由图 4-9 可知，空车荷载作用下，道床、拱脚及边墙竖向位移响应规律大致相同，其中上部隧道道床动力响应最大，平稳值达到 0.456mm。

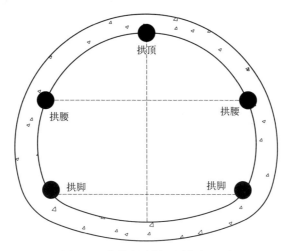

图 4-7　隧道监测断面测点布置图

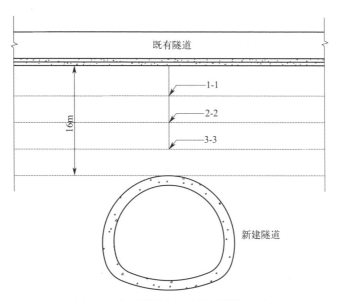

图 4-8　交叉隧道中间岩层监测断面图

图 4-10 为 1 号监测断面各个测点竖向加速度时程曲线。由图 4-10 所示，空皮列车通过隧道交叉段时，上部既有隧道 1 号监测断面竖向加速度动力响应规律基本相同，变化趋势均为在动力加载初期响应值变化剧烈，经过短暂时间的动力响应后各测点竖向加速度动力响应值趋于平稳，且各测点平稳值从大到小依次为：道床、拱脚、边墙。

图 4-11 为下部隧道普通观测断面 4 号断面各观测点的竖向位移时程曲线。

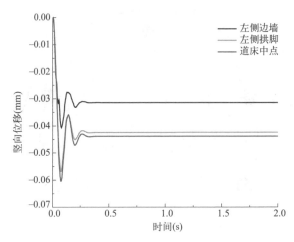

图 4-9　上部隧道 1 号断面竖向位移时程曲线

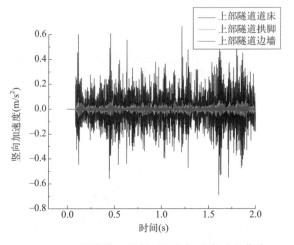

图 4-10　上部隧道 1 号断面竖向加速度时程曲线

由图 4-11 可知，空车荷载作用下，下部隧道拱顶、拱脚及边墙竖向位移响应规律大致相同，且下部隧道竖向位移动力响应值从大到小依次为：拱顶、边墙、拱脚。其中，下部隧道拱顶动力响应最大，平稳值达到 0.339mm。

图 4-12 为 4 号监测断面各个测点竖向加速度时程曲线。由图 4-12 所示，空皮列车通过隧道交叉段时，下部隧道 4 号监测断面竖向加速度动力响应规律基本相同，变化趋势均为在动力加载初期响应值变化剧烈，经过短暂时间的动力响应后各测点竖向加速度动力响应值趋于平稳，且各测点平稳值从大到小依次为：拱顶、边墙、拱脚。其中，下部隧道拱顶最大竖向加速度为 0.39m/s²。

图 4-13 为上部隧道下穿观测断面 2 号断面各观测点的竖向位移时程曲线。

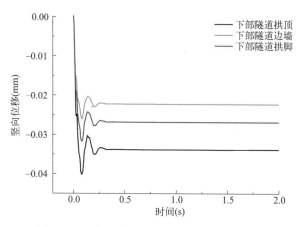

图 4-11　下部隧道 4 号断面竖向位移时程曲线

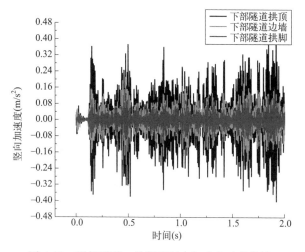

图 4-12　下部隧道 4 号断面竖向加速度时程曲线

由图 4-13 可知，与普通观测段相比，竖向位移下穿段有明显放大，空车荷载作用下，下穿段道床、拱脚及边墙竖向位移响应规律大致相同，其中上部隧道道床动力响应最大，平稳值达到 0.675mm。

图 4-14 为 2 号监测断面各个测点竖向加速度时程曲线。由图 4-14 所示，空皮列车通过隧道交叉段时，与普通观测段相比，竖向加速度下穿段有明显放大，空车荷载作用下，下穿段道床、拱脚及边墙竖向加速度响应规律大致相同。

图 4-15 为下部隧道下穿观测断面 3 号断面各观测点的竖向位移时程曲线。由图 4-15 可知，空车荷载作用下，下部隧道下穿段观测断面拱顶、拱脚及边墙竖向位移响应规律大致相同，且动力响应值从大到小依次为：拱顶、边墙、拱

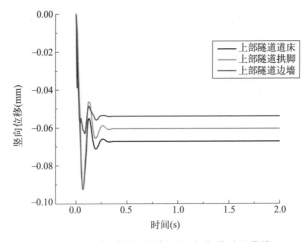

图 4-13　上部隧道 2 号断面竖向位移时程曲线

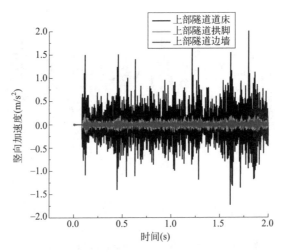

图 4-14　上部隧道 2 号断面竖向加速度时程曲线

脚。其中，下部隧道拱顶动力响应最大，平稳值达到 0.501mm。

　　图 4-16 为下部隧道下穿观测断面 3 号断面各观测点的竖向加速度时程曲线。由图 4-16 可知，空车荷载作用下，空皮列车通过隧道交叉段时，与普通观测段相比，竖向加速度下穿段有明显放大，空车荷载作用下，下穿段道床、拱脚及边墙竖向加速度响应规律大致相同，其中下部隧道拱顶动力响应最大。

　　（2）重载列车与空车共同通过时的动力响应

　　由前述分析可知，只有空车皮通过隧道交叉段时，对交叉隧道结构引起的竖向位移及竖向加速度动力响应均很小，因此，以空车通过时交叉隧道动力响应结

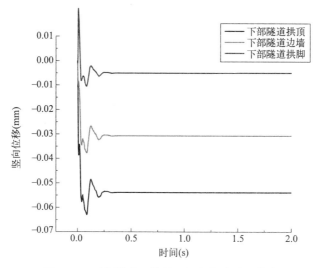

图 4-15　下部隧道 3 号断面竖向位移时程曲线

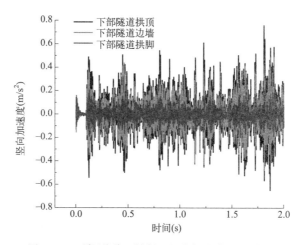

图 4-16　下部隧道 3 号断面竖向加速度时程曲线

果作为本节研究的初始状态，重点研究上行线与下行线同时分别通过 C80 重载列车及空车时交叉隧道结构与中间岩层的动力响应规律。

图 4-17 为上部隧道普通观测断面 1 号断面各观测点的竖向位移时程曲线。由图 4-17 可知，与只有下行线空车荷载作用下观测断面竖向位移时程曲线相比，重载-空车共同作用下 1 号监测断面竖向位移随动力加载时间变化幅度明显增大，其中同一监测断面中动力响应值从小到大依次为：边墙、拱脚、道床；上部隧道道床最大竖向位移达到 −0.973mm，比只有空车通过时的最大竖向位移增大 113%。

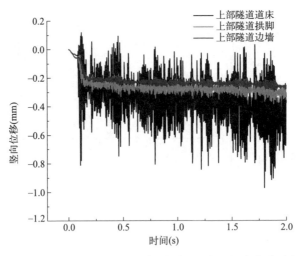

图 4-17　重载-空车共同作用下上部隧道 1 号断面竖向位移时程曲线

图 4-18 为上部隧道普通观测断面 1 号断面各观测点的竖向加速度时程曲线。由图 4-18 可知，与只有下行线空车荷载作用下观测断面竖向加速度时程曲线相比，重载-空车共同作用下 1 号监测断面竖向加速度随动力加载时间变化幅度明显增大，其中同一监测断面中动力响应值从小到大依次为：边墙、拱脚、道床；上部隧道道床最大竖向加速度达到 6.00m/s²，比只有空车通过时的最大竖向加速度增大 900%。

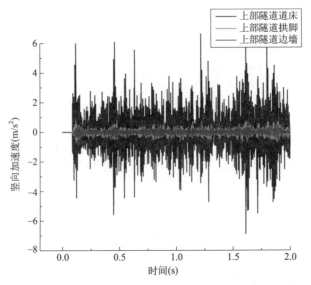

图 4-18　重载-空车共同作用下上部隧道 1 号断面竖向加速度时程曲线

　　图 4-19 为下部隧道普通观测断面 4 号断面各观测点的竖向位移时程曲线。由图 4-19 可知，与只有下行线空车荷载作用下观测断面竖向位移时程曲线相比，重载-空车共同作用下 4 号监测断面竖向位移随动力加载时间变化幅度明显增大，其中同一监测断面中动力响应值从大到小依次为：拱顶、边墙、拱脚；下部隧道拱顶最大竖向位移达到－0.698mm，比只有空车通过时的最大竖向位移增大 106%。

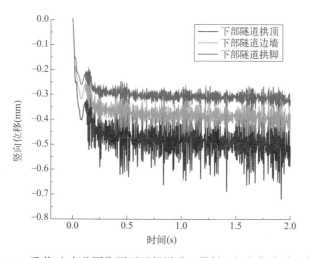

图 4-19　重载-空车共同作用下下部隧道 4 号断面竖向位移时程曲线

　　图 4-20 为下部隧道普通观测断面 4 号断面各观测点的竖向加速度时程曲线。由图 4-20 可知，与只有下行线空车荷载作用下观测断面竖向加速度时程曲线相

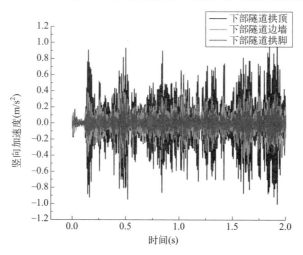

图 4-20　重载-空车共同作用下下部隧道 4 号断面竖向加速度时程曲线

比，重载-空车共同作用下 4 号监测断面竖向加速度随动力加载时间变化幅度明
显增大，其中同一监测断面中动力响应值从小到大依次为：拱脚、边墙、拱顶；
下部隧道拱顶最大竖向加速度达到 0.902m/s^2，比只有空车通过时的最大竖向加
速度增大 131%。

　　图 4-21 为上部隧道下穿观测断面 2 号断面各观测点的竖向位移时程曲线。由
图 4-21 可知，与普通观测段相比，竖向位移下穿段有明显放大，空车荷载作用下，
下穿段道床、拱脚及边墙竖向位移响应规律大致相同，其中上部隧道道床动力响应
最大，最大值达到－3.231mm，较 1 号普通观测断面增长（－0.973mm）248%；
同时，与只有下行线空车荷载作用下观测断面竖向位移时程曲线相比，重载-空车
共同作用下 2 号监测断面竖向加速度随动力加载时间变化幅度明显增大，其中同一
监测断面中动力响应值从小到大分别为：边墙、拱脚、道床；比只有空车通过时的
最大竖向位移增大 343%。

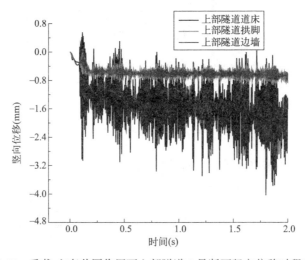

图 4-21　重载-空车共同作用下上部隧道 2 号断面竖向位移时程曲线

　　图 4-22 为上部隧道下穿观测断面 2 号断面各观测点的竖向加速度时程曲
线。由图 4-22 可知，与普通观测段相比，竖向加速度下穿段有明显放大，空
车荷载作用下，下穿段道床、拱脚及边墙竖向加速度响应规律大致相同，其中
上部隧道道床动力响应最大，最大值达到 14.05m/s^2，较 1 号普通观测断面增
长（6m/s^2）134%。

　　图 4-23 为下部隧道下穿观测断面 3 号断面各观测点的竖向位移时程曲线。
由图 4-23 可知，与普通观测段相比，竖向位移下穿段有明显放大，其中下部
隧道拱顶动力响应最大，最大值达到－1.198mm，较 4 号普通观测断面增长
（－0.698mm）71.6%。

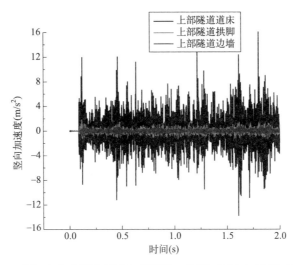

图 4-22　重载-空车共同作用下上部隧道 2 号断面竖向加速度时程曲线

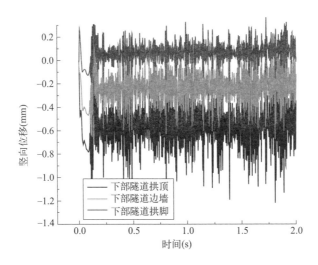

图 4-23　重载-空车共同作用下下部隧道 3 号断面竖向位移时程曲线

图 4-24 为下部隧道下穿观测断面 3 号断面各观测点的竖向加速度时程曲线。由图 4-24 可知，与普通观测段相比，下穿段竖向加速度有明显放大，其中下部隧道拱顶动力响应最大，最大值达到 3.435m/s²，较 4 号普通观测断面增长（0.902m/s²）280.8%。

图 4-25 为重载-空车同时通过交叉隧道段时中间岩层竖向应力动力响应曲线。由图 4-25 可知，重载-空车同时通过时，中间岩层竖向应力反应较大，且随

着监测断面与上部隧道拱底距离的减小呈现增大的趋势，在监测断面 1-1 处竖向应力动力响应值取得最大值，最大响应值为 -685MPa。

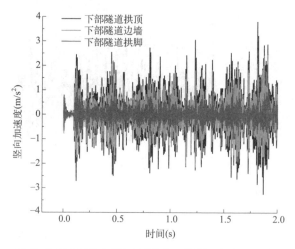

图 4-24　重载-空车共同作用下下部隧道 3 号断面竖向加速度时程曲线

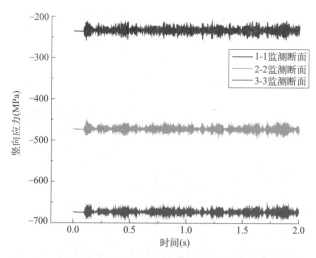

图 4-25　重载-空车共同作用下中间岩层竖向应力时程曲线

由实际施工进度可知，新建京张高铁草帽山隧道下穿既有唐呼重载铁路隧道工程，2017 年 11 月 21 日上午 8 点 29 分下穿隧道掌子面距交叉断面 0.6m，2017 年 11 月 22 日 19 点 51 分下穿隧道掌子面超过交叉断面 1.4m，也就是说 2017 年 11 月 21 日至 2017 年 11 月 22 日新建草帽山隧道掌子面经过两条隧道交叉断面。本节主要以此时间段内空车-重载组合列车荷载作用下实测上部及下部隧道竖向位移验证数值模拟结果的可行性。

图 4-26 为 2017 年 11 月 21 日 8 点至 2017 年 11 月 22 日 23 点时间段内上部隧道交叉点的竖向位移时程曲线。由图 4-26 可知，在上部隧道列车荷载的作用下上部隧道交叉点位移呈波动性增长，这点与数值模拟体现出的规律相同，现场实测得到上部隧道交叉点最大竖向位移为 3.96mm，FLAC3D 数值模拟得到的上部隧道最大竖向位移为 3.231mm，相对误差为 18.48%。

由此可知，本次数值模拟结果可近似体现出上部隧道竖向位移响应规律。同时，可较为准确地得出交叉隧道段既有隧道的最大竖向位移，因此，本节的数值模拟结果可近似应用于其他类似交叉隧道工程的设计与施工中。

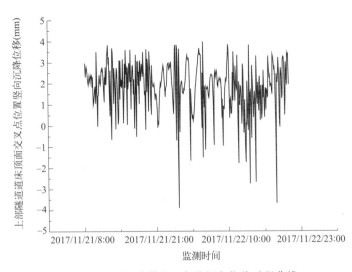

图 4-26　上部隧道交叉点处竖向位移时程曲线

2. 施加超前小导管支护措施

依据是否超前加固及超前加固范围、台阶高度的不同，共分为 6 种工况，见表 4-3。隧道模拟开挖采用上下台阶法开挖，首先开挖上部台阶，开挖后施作初期支护，待上台阶施工至合适距离时，进行下台阶开挖，开挖后上、下台阶同步施作初期支护，并浇筑仰拱。同时，为减少边界效应对计算结果的影响，监测断面布设在隧道中部。

计算工况　　　　　　　　　　　　　　　　　　　　　　　　表 4-3

工况	超前支护范围（m）	上台阶高度（m）
1	4	5
2	4	6
3	4	7

续表

工况	超前支护范围(m)	上台阶高度(m)
4	5	5
5	6	5
6	0	5

由表 4-4 可知，台阶高度和超前加固长度对先行位移有显著影响。随着上台阶高度的增加，先行位移也不断增加，最终位移呈现减小趋势。其中上台阶高度对最终位移影响较小，上台阶高度由 5m 增加到 7m 时，最终位移减小了 3.3%，但先行位移增加了 8.8%，最终表现为上台阶高度增加时，先行位移在总位移中的占比增加。同时可以发现，超前加固长度的变化几乎仅对先行位移产生影响，表现为先行位移随超前加固长度的增加而不断减小。当超前加固区长度由 4m 增加到 5m 时，先行位移减少了 1.51mm，而从 5m 增加到 6m，先行位移仅减少 0.35mm，可以推断进一步增加加固区长度对先行位移的控制效果并不理想，因此超前加固长度取 5m 较为合适。

隧道变形计算结果 表 4-4

工况	拱顶先行位移(mm)	拱顶最终位移(mm)	先行位移占比(%)	拱肩水平收敛(mm)	拱脚水平收敛(mm)	上台阶砂砾层最大挤出位移(mm)	上台阶砂岩层最大挤出位移(mm)	下台阶砂岩层最大挤出位移(mm)
1	11.82	47.94	24.66	2.94	3.53	6.93	4.08	5.21
2	12.40	47.10	26.33	3.53	3.65	7.74	5.11	4.23
3	12.86	46.35	27.75	3.91	3.70	8.14	6.17	3.24
4	10.52	47.62	22.09	2.97	3.53	6.99	4.11	5.21
5	10.17	47.79	21.27	2.98	3.53	6.93	4.11	5.20

监测断面水平收敛值见表 4-4。可以发现，减小上台阶高度能够有效控制洞身水平收敛值，并且洞身水平收敛值几乎不受超前加固长度的影响。进一步对拱肩、拱脚水平累计收敛值进行分析，发现上台阶高的增加对拱肩的水平收敛值影响较为显著，上台阶高度 7m、6m 时，拱收敛值分别比上台阶高度 5m 的工况增加了 20.1%、33.3%。这可能是由于上台阶高度小，开挖后隧道上部收敛相对较小，并且初期支护的施作限制了隧道水平收敛进一步发展。随着上台阶高度的增加，拱脚水平收敛值也有所减小，但没有拱肩收敛值变化那么显著。

通过对表 4-4 数据进行分析，主要研究台阶高度变化对掌子面挤出变形的影响。由于掌子面变形量最大位置通常位于断面中轴线，因此对中轴线 y 方向位移进行提取，如图 4-27 所示。

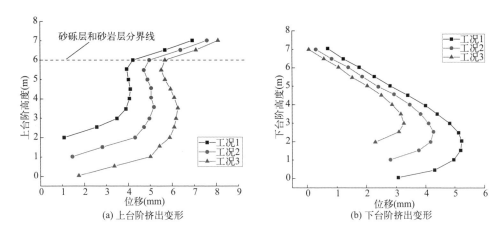

图 4-27　掌子面挤出变形

由图 4-27 可知，各种工况下掌子面拱顶部位位移总是处于最大值，这是由于拱顶部位砂砾黏聚力较低，开挖后易坍塌，但由于土层厚度小且拱顶上部通过超前小导管进行了注浆加固，实际施工中仅仅会发生小范围土体掉落，施工中应采取在砂砾层部位喷射混凝土以提高掌子面稳定性。除顶部砂砾层位移较大外，上台阶挤出位移最大点发生在掌子面中部，掌子面中部挤出位移随着上台阶高度的增加而增加，工况 2、工况 3 相对于工况 1 分别提高了 25.3% 和 51.2%；下台阶掌子面最大挤出位移发生在台阶中下部，掌子面挤出位移的大小随着上台阶高度的增加而减小，工况 2、工况 3 相对于工况 1 分别减少了 18.8% 和 37.8%。

综合考虑台阶高度变化对掌子面挤出位移的影响，当上台阶高度为 6m 时，上、下台阶掌子面挤出位移控制较好，因此在开挖中建议上台阶高度为 6m。为进一步限制掌子面挤出位移，在砂岩层掌子面可布设锚杆进行加固处理，同时结合掌子面挤出位移的分布，采用锚杆对掌子面进行加固时，可对变形量较大的上台阶中部及下台阶中下部进行加密布设（图 4-28）。

对于下穿重载铁路路基这种高风险近接工程，超前支护是保证隧道施工安全的重要措施。采用工程类比法，选用长管棚注浆加固作为超前支护手段。通过对比常规支护手段（CG）和增加超前支护手段（CQ）两种工况下交叉结构沉降变形和动力响应，对超前支护在隧道近接工程中的作用进行评价。

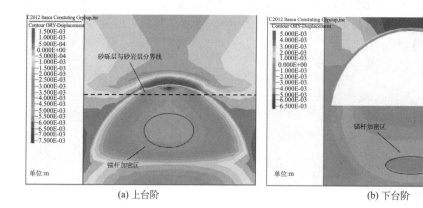

(a) 上台阶　　　　　　　　　　　　　　　(b) 下台阶

图 4-28　锚杆加密区

图 4-29 对两种工况下既有路基测点加速度放大系数进行对比。$f = PPA_b / PPA_a$。其中 PPA_b、PPA_a 分别为隧道开挖前后各监测点 PPA。采用超前管棚支护的工况监测点 PPA 放大系数为 1.173，相比于 CG 工况降低 0.058。这是由于在隧道开挖过程中，掌子面前方存在一定的围岩松弛区域，大管棚及注浆加固圈起到了预承载作用，有效地控制了围岩的松动和变形，围岩夹层刚度下降相对较小，上部路基受到新建隧道开挖的影响也相对较小，这就导致隧道开挖后PPA 增幅不大。超前管棚注浆支护的效果同样体现在控制上部重载路基的沉降方面，如图 4-30 所示，相比于 CG 工况，CQ 工况下既有路基沉降减少了 39.8%。

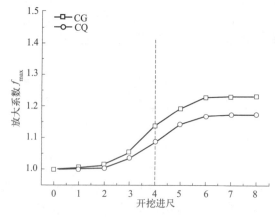

图 4-29　上部既有路基 PPA 放大系数

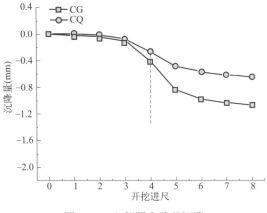

图 4-30 上部既有路基沉降

新建隧道施工至交叉点时，新建隧道周边位移如图 4-31 所示。超前支护使得拱顶先行位移得到了控制，CG 工况下，初始位移约占总位移的 31.2%，倘若采取超前支护手段，初始位移占比降低到 21.0%，初始位移占比的降低对新建隧道施工过程中掌子面稳定性是十分有利的。表 4-5 为下部隧道贯通后上部列车荷载激励下新建隧道初期支护 PPA。由于超前管棚及注浆加固区域相当于在围岩夹层中形成了一个被动减隔振结构，加之管棚和初期支护共同作用下，支护结构整体刚度也有所提高，这使得 CQ 工况各个部位 PPA 相比于 CG 工况都存在不同程度的降低。

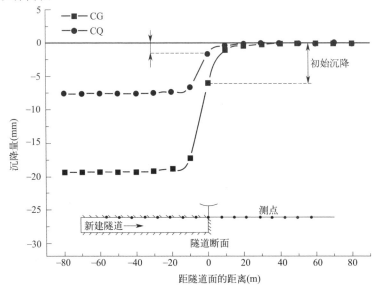

图 4-31 下部新建隧道沉降

工况	部位		
	拱顶 PPA	边墙 PPA	拱底 PPA
CQ	0.272	0.115	0.005
CG	0.245	0.087	0.043

4.3 重载列车荷载作用下新建下穿隧道 开挖过程动力响应

新建隧道在岩土体中的开挖将经历三种应力状态：一次应力状态、二次应力状态、三次应力状态。其中，隧道在未开挖前始终处于初始地应力状态，称为一次应力状态。随着新建隧道动态施工对岩土体的扰动作用，造成原有岩土体初始应力平衡状态的破坏，隧道周边围岩的应力作用大小及方向将进行重新分布，此时毛洞的受力状态称为二次应力状态。值得指出的是，若隧道周边所处地层的地质条件相对较好，二次应力状态下洞室可保持自稳状态，则无须施加支护结构；若隧道自身结构无法承受周边围岩的应力作用，此时需采取支护结构进一步加固周边洞室，隧道支护结构的拱圈闭合成环后，隧道结构将处于三次应力状态。如果这样，处于三次应力状态下的隧道结构便处于稳定的应力状态[164]。

4.3.1 交叉隧道计算模型

计算模型基于有限差分法进行数值计算[165-166]。隧道衬砌结构及围岩采用 8 节点实体单元进行模拟，材料相关的力学特性则采用弹塑性关系和 Mohr-Coulomb 屈服准则描述，同时，为了进一步缩短数值分析动力计算时间，锚杆加强作用通过相应围岩的力学参数来实现。在静力分析阶段，模型四周边界约束法向位移，模型底部设为固定约束，上表面为自由面；动力分析过程中，采用截断边界的方法近似模拟无限域的影响，对于动力加载波及振动波的传播问题，截断边界易引起波动反射，与波动能量向无穷远处逸散事实不符[167-169]。因此，模型四周及底部通常将其设置为静态边界，可有效吸收数值计算模型边界处的入射波，从而减少其在计算模型边界处的反射，提高数值分析的准确性。

1. 阻尼条件

模型底部及四周边界一般常采用静态边界条件来吸收边界上的入射波，在模型的法向和切向分别设置自由的阻尼器从而实现吸收入射波的目的，阻尼器提供粘性力分别为式（4-2）和式（4-3）[167-168]。

$$t_n = -\rho C_p v_n \tag{4-2}$$

$$t_s = -\rho C_s v_s \tag{4-3}$$

式中：v_n、v_s——模型边界上法向和切向的速度分量；

　　　　ρ——介质密度；

　　C_p、C_s——波速。其中：$C_p = \sqrt{(K + 4G/3)\rho}$，$C_s = \sqrt{G/\rho}$。

2. 中心频率

模型采用瑞利阻尼，由于岩土体材料进入塑性流动阶段后大量的能量通常被消耗，对于许多牵涉大变形的动力分析来说，最小临界阻尼比 ξ_{min} 取 0.5％就能满足要求，同时最小中心频率 ω_{min} 近似取为模型的自振频率 1.54Hz。模型分析中衬砌结构及围岩按连续、均匀介质考虑。

3. 模型计算范围

交叉隧道三维模型中下部隧道拱顶与上部隧道拱底之间距离为 16m，沿隧道交叉点前后、左右边界范围各取 50m，其中上部隧道拱顶距模型上部边界 30m，向下取距离新建隧道仰拱底 20m，交叉隧道数值分析模型如图 4-32、图 4-33 所示。

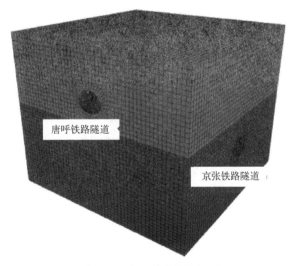

图 4-32　交叉隧道模拟模型

4. 既有隧道分析断面及特征点

为方便分析既有唐呼铁路隧道衬砌结构的沉降变形及动力响应规律，选取分析断面及特征点进行研究。对于既有隧道，选取交叉断面及距交叉断面±4m、

图 4-33　立体交叉隧道相对位置

±8m、±12m、±16m、±24m、±32m、±40m 共 15 个断面作为既有隧道的数值模拟分析断面，并选取既有隧道衬砌结构的上部拱顶、左侧边墙及隧道底部三个点作为特征点，如图 4-34 所示。

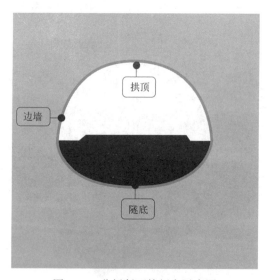

图 4-34　分析断面特征点示意图

4.3.2　新建隧道下穿既有隧道施工模拟

通过建立下穿隧道近接施工模型，定性研究在既有重载铁路隧道列车荷载作用下，下穿隧道开挖过程中上部既有重载铁路衬砌结构位移、振动加速度和振动速度响应普遍规律。

施工方法模拟：上台阶掌子面距中台阶 6m，中台阶掌子面距下台阶 6m，下台阶掌子面距仰拱填充 10m，分别模拟新建隧道上台阶掌子面距交叉点 −30m、−20m、−13m、−6m、0m、6m、13m、20m、30m、50m。

下穿隧道采用三台阶法开挖施工，在重载列车振动荷载作用下，掌子面距交叉点 −20m 时，上部既有隧道衬砌结构不同监测部位位移时程曲线如图 4-35 所示。

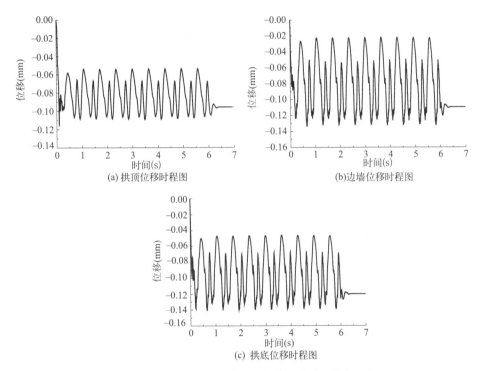

图 4-35　既有隧道衬砌结构位移时程曲线（掌子面距交叉点 −20m）

由图 4-35 可知，当下穿隧道掌子面施工至距交叉点 −20m 时，受重载列车激励荷载的影响，既有隧道衬砌结构特征点的位移时程曲线变化规律基本一致，衬砌结构沉降变形迅速增大，于位移峰值附近产生振动，随着列车荷载施加结束，位移逐渐趋于稳定。其中，拱底沉降量最大，为 0.116mm；边墙次之，为 0.111mm；拱顶处沉降量最小，为 0.094mm。

下穿隧道采用三台阶法开挖施工，在重载列车振动荷载作用下，掌子面距交叉点 0m 时，上部既有隧道衬砌结构不同监测部位位移时程曲线如图 4-36 所示。

由图 4-36 可知，当下穿隧道掌子面施工至距交叉点 0m 时，受重载列车激励荷载的影响，既有隧道衬砌结构特征点的位移时程曲线变化规律基本一致，衬砌结构沉降变形迅速增大，于位移峰值附近产生振动，随着列车荷载施加结束，

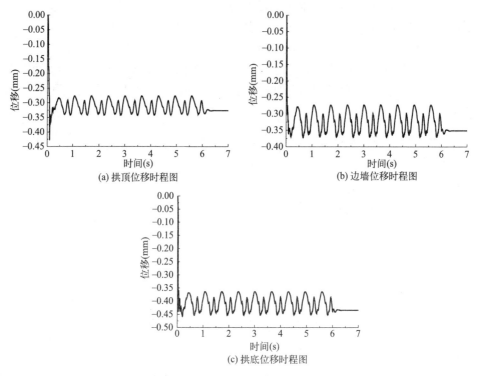

图 4-36　既有隧道衬砌结构位移时程曲线（掌子面距交叉点 0m）

位移逐渐趋于稳定。其中，拱底沉降量最大，为 0.325mm；边墙次之，为 0.285mm；拱顶处沉降量最小，为 0.229mm。

　　下穿隧道采用三台阶法开挖施工，在重载列车振动荷载作用下，掌子面距交叉点 20m 时，上部既有隧道衬砌结构不同监测部位位移时程曲线如图 4-37 所示。

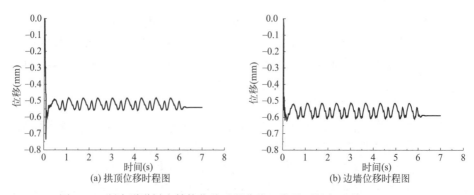

图 4-37　既有隧道衬砌结构位移时程曲线（掌子面距交叉点 20m）（一）

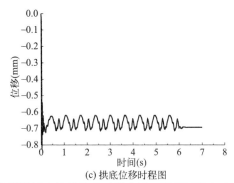

(c) 拱底位移时程图

图 4-37　既有隧道衬砌结构位移时程曲线（掌子面距交叉点 20m）（二）

由图 4-37 可知，当下穿隧道掌子面施工至距交叉点 20m 时，受重载列车激励荷载的影响，既有隧道衬砌结构特征点的位移时程曲线变化规律基本一致，衬砌结构沉降变形迅速增大，于位移峰值附近产生振动，随着列车荷载施加结束，位移逐渐趋于稳定。其中，拱底沉降量最大，为 0.670mm；边墙次之，为 0.552mm；拱顶处沉降量最小，为 0.504mm。

下穿隧道掌子面施工至交叉点不同位置时，既有隧道衬砌结构拱底、边墙、拱顶特征点具体沉降量值见表 4-6。

既有隧道衬砌结构沉降值（单位：mm）　　　　　　　　　　　　　表 4-6

距离(m)	−30	−20	−13	−6	0	6	13	20	30	50
拱顶	−0.079	−0.094	−0.123	−0.161	−0.229	−0.324	−0.453	−0.504	−0.541	−0.560
边墙	−0.088	−0.111	−0.170	−0.218	−0.285	−0.359	−0.466	−0.552	−0.590	−0.620
拱底	−0.082	−0.116	−0.172	−0.226	−0.325	−0.443	−0.585	−0.670	−0.710	−0.720

取既有铁路隧道交叉断面拱顶、边墙及拱底为研究特征点，研究衬砌结构沉降与下穿隧道掌子面不同开挖步之间的关系曲线，如图 4-38 所示。

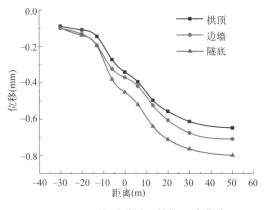

图 4-38　既有隧道衬砌结构沉降曲线

由图 4-38 可知，当新建隧道下穿既有铁路隧道时，既有隧道衬砌结构拱底沉降量最大，拱顶处沉降量最小，边墙沉降介于两者之间。沉降值在下穿隧道掌子面距交叉点−30m～−20m 时缓慢变化；当下穿隧道掌子面开挖至距交叉点−20m 时，随着掌子面的不断向前推进，沉降迅速增大，受下穿隧道开挖影响较大；当下隧道掌子面远离交叉点 30m 后，沉降逐渐趋于稳定，下穿隧道开挖对既有隧道的变形影响减弱。

图 4-39～图 4-41 反映了下穿隧道掌子面开挖至不同位置时既有隧道衬砌结构位移云图。既有隧道衬砌结构沉降表现为交叉部位沉降量最大，随着既有隧道衬砌结构监测点至交叉部位距离增大，沉降量逐渐减小，衬砌结构沉降受新建隧道开挖的影响逐渐减弱，隧道整体沉降变形基本呈漏斗形分布，如图 4-42 所示。

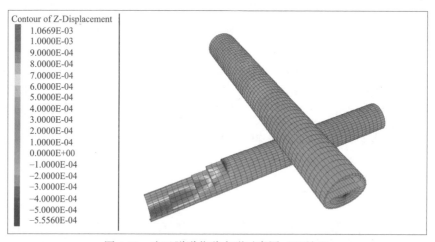

图 4-39　交叉隧道位移变形示意图（工况 2）

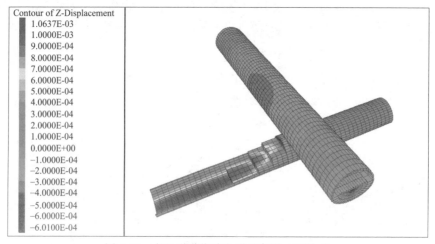

图 4-40　交叉隧道位移变形示意图（工况 5）

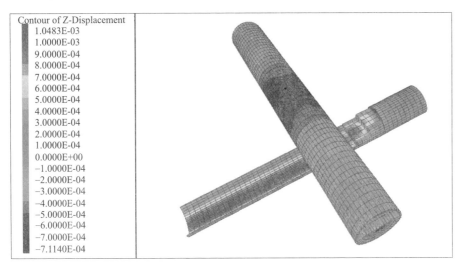

图 4-41　交叉隧道位移变形示意图（工况 9）

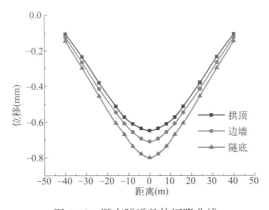

图 4-42　既有隧道整体沉降曲线

下穿隧道采用三台阶法开挖施工，在重载列车振动荷载作用下，掌子面距交叉点−20m 时，上部既有隧道衬砌结构不同监测部位振动加速度时程曲线如图 4-43 所示。

由图 4-43 可知，当下穿隧道掌子面施工至距交叉点−20m 时，受重载列车激励荷载的影响，衬砌结构振动加速度迅速增大，然后趋于稳定，随着列车荷载施加结束，加速度值逐渐趋于 0。其中，既有隧道交叉点断面动力响应过程中，拱底振动加速度峰值为 $0.960\mathrm{m/s^2}$，边墙处相应的加速度峰值为 $0.313\mathrm{m/s^2}$，拱顶处相应的加速度峰值为 $0.141\mathrm{m/s^2}$，衬砌结构交叉断面振动加速度响应表现为拱底最大，边墙次之，拱顶最小。

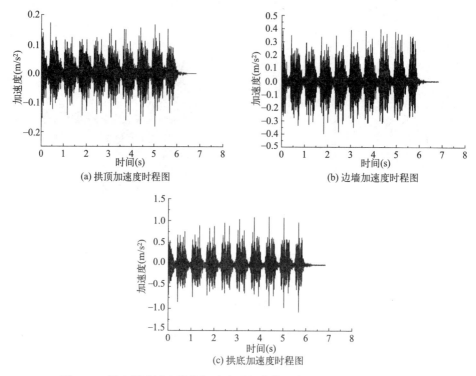

图 4-43　既有隧道衬砌结构加速度时程曲线（掌子面距交叉点－20m）

　　下穿隧道采用三台阶法开挖施工，在重载列车振动荷载作用下，掌子面距交叉点 0m 时，上部既有隧道衬砌结构不同监测部位振动加速度时程曲线如图 4-44所示。

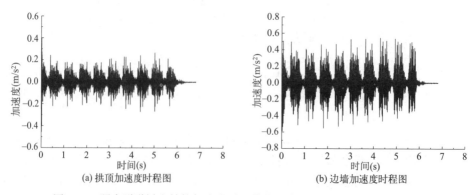

图 4-44　既有隧道衬砌结构加速度时程曲线（掌子面距交叉点 0m）（一）

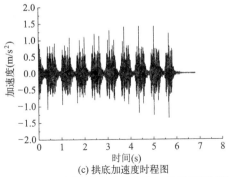

(c) 拱底加速度时程图

图 4-44　既有隧道衬砌结构加速度时程曲线（掌子面距交叉点 0m）（二）

由图 4-44 可知，当下穿隧道掌子面施工至距交叉点 0m 时，受重载列车激励荷载的影响，衬砌结构振动加速度迅速增大，然后趋于稳定，随着列车荷载施加结束，加速度值逐渐趋于 0。其中，既有隧道交叉点断面动力响应过程中，拱底振动加速度峰值为 $1.240 \mathrm{m/s^2}$，边墙处相应的加速度峰值为 $0.400 \mathrm{m/s^2}$，拱顶处相应的加速度峰值为 $0.238 \mathrm{m/s^2}$，衬砌结构交叉断面振动加速度响应表现为拱底最大，边墙次之，拱顶最小。

下穿隧道采用三台阶法开挖施工，在重载列车振动荷载作用下，掌子面距交叉点 20m 时，上部既有隧道衬砌结构不同监测部位振动加速度时程曲线如图 4-45 所示。

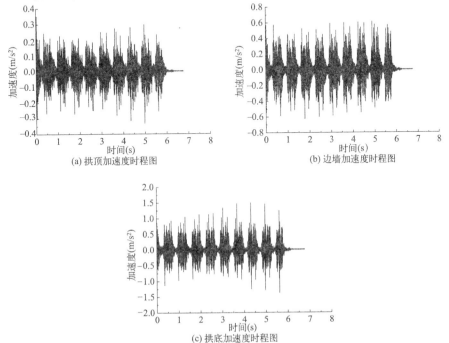

图 4-45　既有隧道衬砌结构加速度时程曲线（掌子面距交叉点 20m）

由图 4-45 可知，当下穿隧道掌子面施工至距交叉点 20m 时，受重载列车激励荷载的影响，衬砌结构振动加速度迅速增大，然后趋于稳定，随着列车荷载施加结束，加速度值逐渐趋于 0。其中，既有隧道交叉点断面动力响应过程中，拱底振动加速度峰值为 1.435m/s²，边墙处相应的加速度峰值为 0.550m/s²，拱顶处相应的加速度峰值为 0.300m/s²，衬砌结构交叉断面振动加速度响应表现为拱底最大，边墙次之，拱顶最小。

下穿隧道掌子面施工至交叉点不同位置时，既有隧道衬砌结构拱底、边墙、拱顶特征点具体振动加速度值见表 4-7。

既有隧道衬砌结构振动加速度（单位：m/s²）　　　　表 4-7

距离(m)	−20	−13	−6	0	6	13	20	30	50
拱顶	0.141	0.167	0.182	0.238	0.248	0.262	0.300	0.313	0.318
边墙	0.313	0.337	0.363	0.400	0.478	0.485	0.550	0.580	0.588
拱底	0.960	1.035	1.102	1.240	1.280	1.290	1.435	1.485	1.490

取既有铁路隧道交叉断面拱顶、边墙及拱底为研究特征点，研究衬砌结构振动加速度与下穿隧道掌子面不同开挖步之间的关系曲线，如图 4-46 所示。

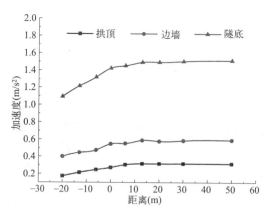

图 4-46　既有隧道衬砌结构加速度变化曲线

由图 4-46 可知，新建隧道开挖工程中，当下穿隧道掌子面开挖至距交叉点 −20m 时，随着掌子面的不断向前推进，拱顶、边墙和拱底振动加速度值逐渐增大，增长趋势较为平缓；当下穿隧道掌子面远离交叉点 30m 后，加速度值基本趋于一致，受下穿隧道开挖的影响较小。

下穿隧道采用三台阶法施工，在重载列车振动荷载作用下，掌子面距交叉点 −20m 时，上部既有隧道衬砌结构不同监测部位铅垂向（Z 向）振动速度时程曲线如图 4-47 所示。

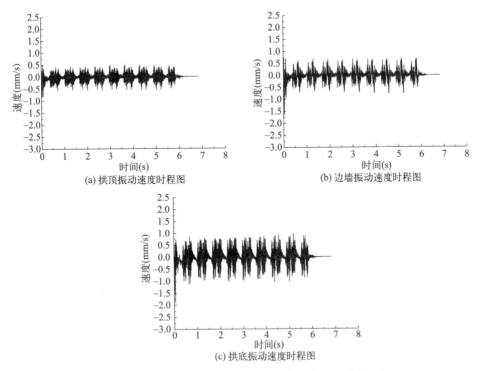

(a) 拱顶振动速度时程图

(b) 边墙振动速度时程图

(c) 拱底振动速度时程图

图 4-47　既有隧道衬砌结构振动速度时程曲线（掌子面距交叉点－20m）

由图 4-47 可知，当下穿隧道掌子面施工至距交叉点－20m 时，受重载列车激励荷载的影响，衬砌结构铅垂向振动速度迅速增大至峰值，然后趋于稳定，随着列车荷载施加结束，振动速度逐渐趋于 0。其中，既有隧道交叉点断面动力响应过程中，拱底振动速度峰值为 1.032mm/s，边墙处振动速度峰值为 0.750mm/s，拱顶处振动速度峰值为 0.540mm/s，衬砌结构交叉断面铅垂向振动速度响应表现为拱底位置处最大，边墙处次之，拱顶部位最小。

下穿隧道采用三台阶法施工，在重载列车振动荷载作用下，掌子面距交叉点 0m 时，上部既有隧道衬砌结构不同监测部位铅垂向（Z 向）振动速度时程曲线如图 4-48 所示。

由图 4-48 可知，当下穿隧道掌子面施工至距交叉点 0m 时，受重载列车激励荷载的影响，衬砌结构铅垂向振动速度迅速增大至峰值，然后趋于稳定，随着列车荷载施加结束，振动速度逐渐趋于 0。其中，既有隧道交叉点断面动力响应过程中，拱底位置处振动速度峰值为 1.052mm/s，边墙部位振动速度峰值为 0.782mm/s，拱顶特征点振动速度峰值为 0.575mm/s，衬砌结构交叉断面铅垂向振动速度响应表现为拱底位置处最大，边墙处次之，拱顶部位最小。

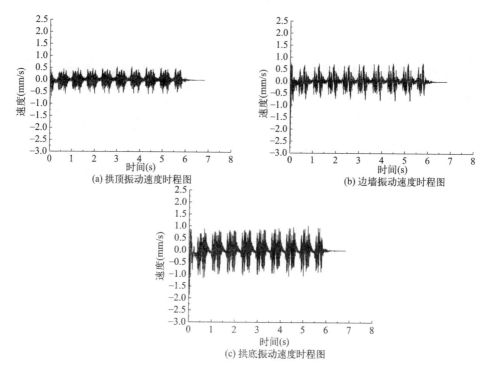

图 4-48　既有隧道衬砌结构振动速度时程曲线（掌子面距交叉点 0m）

　　下穿隧道采用三台阶法施工，在重载列车振动荷载作用下，掌子面距交叉点 20m 时，上部既有隧道衬砌结构不同监测部位铅垂向（Z 向）振动速度时程曲线如图 4-49 所示。

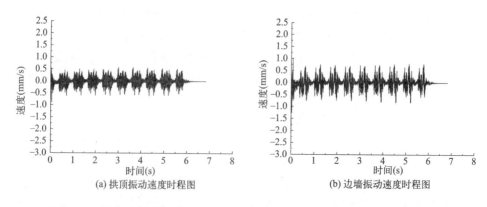

图 4-49　既有隧道衬砌结构振动速度时程曲线（掌子面距交叉点 20m）（一）

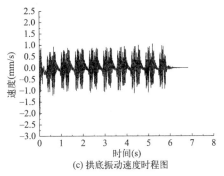

(c) 拱底振动速度时程图

图 4-49　既有隧道衬砌结构振动速度时程曲线（掌子面距交叉点 20m）（二）

由图 4-49 可知，当下穿隧道掌子面施工至距交叉点 20m 时，受重载列车激励荷载的影响，衬砌结构铅垂向振动速度迅速增大至峰值，然后趋于稳定，随着列车荷载施加结束，振动速度逐渐趋于 0。其中，既有隧道交叉点断面动力响应过程中，拱底位置处振动速度峰值为 1.095mm/s，边墙部位振动速度峰值为 0.811mm/s，拱顶特征点振动速度峰值为 0.604mm/s，衬砌结构交叉断面铅垂向振动速度响应表现为拱底位置处最大，边墙处次之，拱顶部位最小。

下穿隧道掌子面施工至交叉点不同位置时，既有隧道衬砌结构拱底、边墙、拱顶特征点具体铅垂向振动速度值见表 4-8。

既有隧道衬砌结构铅垂向振动速度（单位：mm/s）　　　　表 4-8

距离(m)	−20	−13	−6	0	6	13	20	30	50
拱顶	0.540	0.559	0.561	0.575	0.583	0.596	0.604	0.623	0.624
边墙	0.750	0.751	0.761	0.782	0.797	0.810	0.811	0.836	0.840
拱底	1.032	1.042	1.045	1.052	1.070	1.088	1.095	1.125	1.127

取既有铁路隧道交叉断面拱顶、边墙及拱底为研究特征点，研究衬砌结构振动速度与下穿隧道掌子面不同开挖步之间的关系曲线，如图 4-50 所示。

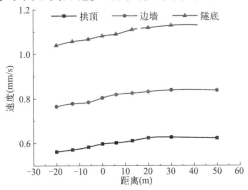

图 4-50　既有隧道衬砌结构振动速度变化曲线

由图 4-50 可知，新建隧道开挖工程中，当下穿隧道掌子面开挖至距交叉点
－20m 时，随着掌子面的不断向前推进，拱顶、边墙和拱底振动速度逐渐增大，
增长趋势较为平缓；当下穿隧道掌子面远离交叉点 30m 后，加速度值基本趋于
一致，受下穿隧道开挖的影响较小。

4.4　本章小结

本章主要利用有限差分法软件 FLAC3D 分别对新建下穿隧道在上部重车荷
载作用下隧道开挖全过程上部隧道动力响应进行数值仿真，研究上部隧道不同组
合列车通过时隧道交叉段动力响应影响规律及超前支护机理、新建下穿隧道开挖
时伴随上部重车荷载作用下的既有上部隧道动力响应，主要得出以下结论：

（1）基于现场实测得到的路基-隧道过渡段铁路路基的重载列车及空车皮竖
向速度数据，利用数据处理中微分方式得到可以加载到数值模型中的加速度时程
曲线数据。数值模拟计算过程中，主要针对隧道交叉点附近施工过程中，不同组
合形式的列车荷载对交叉隧道结构动力响应特性的影响规律进行研究。研究断面
大致分为普通观测断面及下穿观测断面。动力计算结果表明，对于普通观测断面
而言，重载-空车组合形式较空车形式动力特性（竖向位移、竖向加速度）有明
显的放大效应；而与普通观测断面相比，下穿观测断面的动力特性（竖向位移、
竖向加速度）也有明显的放大效应。由现场实测得到的 2017 年 11 月 21 日至 22
日的上部隧道交叉断面竖向位移数据可知，下穿隧道掌子面施工至交叉点处时既
有隧道结构竖向位移为 3.96mm，从实测与模拟对比结果可知，数值模拟可以反
映出与实测数据相同的规律，并且模拟得到的竖向位移值与实测值相对误差只有
18.48%，即本章的数值模拟方法可以应用于其他类似地质的交叉隧道工程中。

（2）采用数值模拟的研究手段分析了超前管棚支护对围岩夹层的加固效果，
结果表明超前管棚注浆支护有效地控制了围岩的松动变形，地层刚度损失现象较
小，隧道开挖后，采用超前管棚注浆加固的工况，既有路基加速度增幅较小。超
前支护的施作可有效减少掌子面初始位移，这对于施工过程中掌子面稳定是十分
有利的。管棚注浆加固圈在新建隧道拱顶形成了一个被动减隔振结构，同时与初
期支护共同作用，使得新建隧道各监测点加速度都有所降低。

（3）通过对京张高铁草帽山新建隧道开挖影响范围数值仿真可知，既有隧道
衬砌结构拱底沉降量最大，拱顶处沉降量最小，边墙沉降介于两者之间。沉降值
在下穿隧道掌子面距交叉点－30m～－20m 时，缓慢变化；当下穿隧道掌子面开
挖至距交叉点前约 2 倍洞跨时，沉降迅速增大；当下穿隧道掌子面远离交叉点
30m 后，下穿隧道开挖对既有隧道的变形影响减弱。新建隧道开挖至既有隧道
左拱脚正下方处，既有隧道左拱脚处位移明显增大，隧道开始呈现不均匀沉降；

新建隧道开挖至交叉部位，既有隧道不均匀沉降现象比较明显，靠近掌子面一侧衬砌结构沉降变形较大；随着掌子面的推进，上部隧道不均匀沉降趋势逐渐减弱，位移基本呈对称分布。下穿隧道近接施工会对交叉隧道衬砌结构造成较大的影响，既有铁路隧道交叉段衬砌结构在整个监控量测期间整体呈下沉趋势，均表现为随着下穿隧道的开挖既有隧道沉降值不断增大，其中交叉断面处最终沉降量最大，约为 12mm；在掌子面穿过交叉点后，既有隧道下沉趋势逐渐增大，下穿隧道二次衬砌应及时跟进；由于下穿隧道拱顶上方大管棚的施作，交叉段岩柱体产生较大的注浆压力，会导致既有隧道出现轻微的上抬现象。隧道下穿段施工引起新建高铁隧道的拱顶沉降较大，最大值发生在距离交叉断面仅为 2.6m 的 DK173+960，最大累计沉降达 43.6mm；不同围岩级别下拱顶沉降值不同，隧道围岩级别越高，隧道拱顶沉降越大，Ⅴ级围岩的拱顶平均累计沉降已达 37.16mm。

第 5 章　隧道爆破振动响应的数值模拟研究

5.1　基于 ANSYS/LS-DYNA 的隧道爆破振动的数值模拟研究

5.1.1　ANSYS/LS-DYNA 动力计算模型的建立

崇礼隧道在 DK65＋500～800 段洞身下穿地面既有村庄，洞身主要穿越早远古代变质岩系红旗营子群斜长片麻岩，整体岩体较为完整，该段处于强富水区。隧址区整体地质条件较差，下穿段最小埋深为 30m。下穿隧道段设计采用Ⅲb 加强支护形式，采用全断面法、控制弱爆破施工。新建隧道掘进爆破施工将会影响地表既有建（构）筑物的稳定性和使用安全。如何科学优化施工方案和有效控制爆破振动产生的危害，平衡减小爆破振动与提高施工效率之间的矛盾，是爆破施工安全、高效施工的关键问题。

隧道掌子面处炸药爆炸是一个复杂的非线性动力问题，由于被爆岩体的物理特征和力学性质的非均匀性和复杂性，致使爆破理论的研究滞后于工程实践。目前，分析隧道爆破问题的方法主要有以下三种：施工现场监测、室内模拟试验和数值模拟。其中现场监测方法虽然能较真实地反映实际情况，但受现场监测环境的限制，监测点的选取受多种因素的限制而无法进行有效监测，且该方法的应用受制于施工成本高、可重复性差。室内模拟试验是将现场条件进行简化与等效处理来近似还原实际工况，然而，由于难以获取被爆破岩体内部关键参数的信息，以及目前对炸药使用的管控等条件的制约，致使室内模型试验同样难以开展[170]。

随着数值模拟技术的快速发展，其作为一种"可视化"的爆破试验手段，被广大研究学者用来解决目前许多理论体系尚不完善的技术难题。国内外研究学者经常用数值分析方法模拟炸药在掌子面中爆炸的全过程，全面监视被爆岩体裂纹的产生及动态发展过程，并实时获取岩体在爆破过程中应力、应变、振速、主频、能量等重要参数的时空演化过程。本章拟采用有限元数值分析软件 ANSYS/LS-DYNA 系统研究隧道掏槽孔爆破开挖引起的地表振动效应。

1. ANSYS/LS-DYNA 程序简介

ANSYS 作为模拟实际工程问题的有限元软件，其计算的基本思想是采用有限个微元体近似代替分析对象，结合工程背景和研究内容选择合理的分析方法计算微元体的力学特性，基于连续力学原理求解每个单元的基本未知量[171]。LS-DYNA 是一款针对非线性动态问题具有强大计算能力的显示分析程序，特别是 LS-DYNA 程序中提供了多种解决各类工程问题的材料模型，针对炸药在岩体爆炸的振动问题，可直接在关键字文件中调用高性能炸药模型和空气模型，无须将爆破冲击荷载做各类等效处理，提高了模拟的精确度。这两个软件的结合，不仅可以利用 AN-SYS 程序中强大的前处理器（PREP7）绘制复杂的有限元模型，还可以充分发挥 LS-DYNA 程序强大的动力分析功能，将 ANSYS 输出的关键字文件（K 文件）做适当修改后递交给 LS-DYNA 程序完成模型最终的动力分析工作。

ANSYS/LS-DYNA 程序主要采用 Lagrangian 增量法描述质点的运动方程。记 $X_i(i=1,2,3)$ 作为质点初始时刻的坐标，在任意的 t 时刻，该质点的坐标为 $x_i(i=1,2,3)$。这个质点的运动方程是：

$$x_i = x_i(X_j, t) \qquad i, j = 1, 2, 3 \tag{5-1}$$

在初始时刻，即 $t=0$ 时，初始条件为：

$$x_i(X_j, 0) = X_i \tag{5-2}$$

$$\dot{x}(X_j, 0) = V_i(X_j, 0) \tag{5-3}$$

式中：V_i——初始速度。

（1）动量方程

$$\sigma_{ij,j} + \rho f_i = \rho \ddot{x}_i \tag{5-4}$$

式中：$\sigma_{ij,j}$——Cauchy 应力；

　　　ρ——当前质量密度；

　　　f_i——单位质量体积力；

　　　$\ddot{x}_i$——加速度。

（2）质量守恒方程

$$\rho V = \rho_0 \tag{5-5}$$

式中：ρ——当前质量密度；

　　　ρ_0——初始密度；

$V = |F_{ij}|$ 表示相对体积，$F_{ij} = \dfrac{\partial x_i}{\partial x_j}$ 为变形梯度。

（3）能量方程

$$\dot{E} = V S_{ij} \dot{\varepsilon}_{ij} - (p + q) \dot{V} \tag{5-6}$$

式(5-6) 用于状态方程和总的能量平衡计算。其中偏应力 S_{ij} 和压力 p 表达式如下：

$$S_{ij} = \sigma_{ij} + (p+q)\sigma_{ij} \tag{5-7}$$

$$p = -\frac{1}{3}\sigma_{ij} - q \tag{5-8}$$

能量方程中用 $\dot{E}$ 表示能量变化率；V 为现实构形的体积；$\dot{\varepsilon}_{ij}$ 为应变率张量；q 为体积黏性阻力。

国内外学者解决模拟复杂的爆炸冲击波在岩土体中传递的动力分析问题时，在保证高精度的同时为节约计算成本，通常采用运算速度快且精度高的 8 节点六面体实体单元。基于弹性力学原理采用位移法建立单元的平衡方程，单元内任意点的坐标用节点坐标插值可表示为：

$$x_i(\xi,\eta,\zeta,t) = \sum_{j=1}^{8} \phi_j(\xi,\eta,\zeta) x_i^j(t) \quad i=1,2,3 \tag{5-9}$$

式中，(ξ,η,ζ) 为自然坐标；$\phi_j(\xi,\eta,\zeta)$ 为形状函数；$x_i^j(t)$ 为 t 时刻第 j 节点的坐标值。

形状函数 $\phi_j(\xi,\eta,\zeta)$ 可表示为：

$$\phi_j(\xi,\eta,\zeta) = \frac{1}{8}(1+\xi\xi_j)(1+\eta\eta_j)(1+\zeta\zeta_j) \quad j=1,2,\cdots 8 \tag{5-10}$$

式中，(ξ_j,η_j,ζ_j) 为单元 j 节点的自然坐标。

式(5-9) 也可用矩阵表示为：

$$\{x(\xi,\eta,\zeta,t)\} = [N]\{x\}^e \tag{5-11}$$

单元内任意坐标矢量：

$$\{x(\xi,\eta,\zeta,t)\}^T = [x_1 \quad x_2 \quad x_3] \tag{5-12}$$

单元节点坐标矢量：

$$\{x\}^{eT} = [x_1^1, x_2^1, x_3^1, \cdots x_1^8, x_2^8, x_3^8] \tag{5-13}$$

插值矩阵为：

$$[N(\xi,\eta,\zeta)] = \begin{bmatrix} \phi_1 & 0 & 0 & \cdots & \phi_8 & 0 & 0 \\ 0 & \phi_1 & 0 & \cdots & 0 & \phi_8 & 0 \\ 0 & 0 & \phi_1 & \cdots & 0 & 0 & \phi_8 \end{bmatrix}_{3\times24} \tag{5-14}$$

2. 有限元模型建立过程

在 ANSYS/LS-DYNA 中，拉格朗日 (Lagrange)、欧拉 (Euler)、任意拉格朗日-欧拉 (ALE) 算法是最主要的三个算法，基于它们自身的优点和缺点，可以将它们应用于不同类型的工程进行计算。在实际的爆破过程中，爆生气体的膨胀作用和爆炸应力波的冲击作用都会加速岩体的破碎，其中装有最大单段药量的掏槽孔爆破会导致周围岩体产生较大的位移和形变，因此通过固体和流体相结合的方式对该工况进行模拟，对于固体模型采用 Lagrange 算法，在关键字文件（K 文件）中添加关键字 *SECTION_SOLID 定义，而流体模型的空气域和炸药则选择 ALE 算法，其算法通过关键字 *SECTION_SOLID_ALE 定义，最后在 K 文件中补充关键字 *CONSTRAINED_LAGRANGE_IN_SOLID 实现岩土体与空气爆炸冲击波的流固耦合作用。该方法能较好地解决因算法选取不当而导致的网格畸变问题[172]。本章对新建隧道下穿既有建筑物掘进爆破施工过程的模拟过程为：

（1）ANSYS 前处理器（PREP7）

①设置主菜单：Preference 选择 Structural LS-DYNA explicit。

②定义单元类型 Element Type 和材料性质 Material Properties。

③建立实体模型：Modeling。

④模型的映射网格划分：Meshing。

⑤建立 Part。

⑥设置边界条件和约束。

⑦设置求解过程的控制参数、输出文件类型和计算时间步的间隔控制，并生成 K 文件。

（2）LS-DYNA 后处理器（LS-PREPOST）

①修改 K 文件（ANSYS 输出的 K 文件不能直接计算，需要编程人员进行适当的调整修改）。

②递交 LS-DYNA 的求解器 Manager 求解 K 文件。

③LS-PREPOST 读取 D3PLOT 文件，查看隧道模型掌子面处炸药爆炸全过程的动画显示，根据研究需要，在后处理器中筛选并导出对应监测点处应力、应变、振速和位移等参数值及其时间历程曲线，并分析计算结果。

3. 新建崇礼隧道下穿既有村庄掘进爆破施工计算模型的建立

（1）模型尺寸及边界条件

建立模拟崇礼隧道下穿既有建筑物掘进爆破施工全过程的模型时，应依据数值模拟原理和研究目的对模型进行适当简化，结合现场地质勘查资料和工程爆破方案，建立全断面掏槽孔爆破模型。模型尺寸的确定应考虑到有限大小的岩土体在计算的过程中会有边界效应的影响[173]，为尽量减小该影响，根据隧洞断面尺寸以及研究对象与掌子面里程距离的实际情况，左、右及下边界应至少取到 3～4 倍隧道洞宽，最终确定模型尺寸为 $60\text{m} \times 60\text{m} \times 100\text{m}$。模型中 x 轴垂直于掌子面方向，y 轴平行于掌子面方向，z 轴垂直于地表方向，具体方向详见图 5-1。

模型的上表面设置为自由表面来模拟地表，为减小边界对应力波的反射作用，在模型的四周和底面施加无反射边界条件。采用 ANSYS/LSDYNA 有限元软件模拟隧道下穿既有村庄建筑物的实际情况，节点数为 1052501，单元数为 985592。建立的模型如图 5-1 所示。

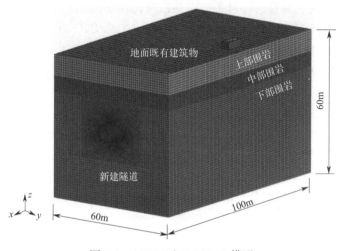

图 5-1　ANSYS/LS-DYNA 模型

（2）模型材料

根据实际工程背景和研究目的确定所建立的有限元模型由围岩、衬砌、炸药、空气、建筑物五部分组成，在 K 文件中对上述五部分材料赋予不同的 part 属性，分别设定材料属性、状态方程等。模型中所有的 Part 均采用 SOLID164 六面体 8 节点实体单元进行模拟。

①围岩（Part2、Part3、Part4）

由于岩土具有不连续、不均匀性，目前无法用数学方法直接描述围岩。为提高模拟结果真实性的同时节约计算成本，所建立的模型根据下穿段实际工况做适当简化，地质模型简化为 60m×60m×100m 连续、各向同性的地质体。地表与隧道拱顶间距离取 30m，模型土层简化为卵石土、强风化花岗片麻岩、弱风化花岗片麻岩三层，分别对应 K 文件中的 Part4、Part3、Part2。为了准确模拟岩体在爆破振动激励荷载作用下的变化情况，*MAT_PLASTIC_KINEMATIC 模型具有各向同性塑性随动硬化的特点，对超高压力下岩体发生瞬时大变形有着很好的模拟效果，故选其作为描述岩体本构关系的模型。并且在 K 文件中添加 *MAT_ADD_EROSION 关键字定义岩体材料的失效准则，即当作用在岩体上的爆炸应力达到岩体的抗压或抗拉强度时，该处网格单元将自动删除。具体材料参数见表 5-1。

围岩材料参数　　　　　表 5-1

名称	PARTID	密度(kg/m³)	弹性模量(Pa)	切线模量(Pa)	泊松比
下部围岩	PART2	2600	4.5e10	1.12e10	0.25
中部围岩	PART3	2500	4.1e10	1.10e10	0.27
上部围岩	PART4	2400	3.8e10	0.90e10	0.30

②衬砌（Part1）

衬砌混凝土材料选用模拟承受大应变、高应变率的混凝土。

模拟崇礼隧道衬砌的混凝土材料模型的选择，应遵循材料能在高应力作用下承受大应变、高应变率的原则。查阅大量的文献资料，选用 111 号材料模型 *MAT_JOHNSON_HOLMQUIST_CONCRETE。具体材料参数见表 5-2。

衬砌材料参数　　　　　表 5-2

名称	PARTID	密度(kg/m³)	剪切模量(Pa)	单轴抗拉强度(Pa)	最大静水压力(N)
衬砌	PART1	2400	1.486e10	4.8e7	4.0e6

③建筑物

以监测点 4 号处的建筑物为研究对象，此处普通居民住宅房屋对爆破振动波强度的影响作用比较明显。其主要原因是，其一，局部基础埋深较浅，部分基础埋深甚至不到 1m；其二，基础部分不够稳定，房屋的整体结构性能有待进一步提升。为更好地研究此类问题，将模型进行简化，用四堵承重砖砌墙代替建筑物整体进行分析。此结构形式为砖土木混杂结构，与传统的钢筋混凝土结构相比，其材料的不稳定性、离散性和各向异性更为凸显。简化后的模型组成材料大都为非线性材料，物理特性和力学性能也与先前的研究有很大的区别。这就决定了砖土木结构物在受到爆破振动激励荷载时其破坏机制极其复杂。当前我们所掌握的砖土木混杂结构本构关系的研究还不是很成熟，亟须进一步研究加以完善。在研究的过程中，即使运用最新的有限元软件进行分析，其计算结果真正运用到实际工程中，还有很多不妥之处。究其原因还是与土木材料自身的复杂性特点有很大的关系。综上所述，在模拟建筑物损伤时，更多的是借鉴现有的钢筋混凝土结构损伤分析中的研究成果。既有建筑物（Part7）采用 *MAT_JOHNSON_HOLMQUIST_CONCRETE 材料模型描述钢筋混凝土材料的本构关系，具体参数见表 5-3。

建筑物材料参数　　　　　表 5-3

名称	PARTID	密度(kg/m³)	剪切模量(Pa)	单轴抗拉强度(Pa)	最大静水压力(N)
建筑物	PART7	1800	1.5e10	4.8e7	4.0e6

④空气（Part5）

对于空气材料，本模型选用 LS-DYNA 程序内嵌的 *MAT_NULL 材料模型将空气模拟为理想的无黏性气体，并通过在关键字 *EOS_LINEAR_POLYNO-MIAL 选项卡中设置预定义的线性多项式状态方程：

$$P=(\gamma-1)\rho E/\rho_0 \tag{5-15}$$

式中：P——空气压力；

　　　γ——多方指数；

　　　ρ——空气现时密度；

　　　ρ_0——初始密度；

　　　E——空气能量密度。具体材料参数见表 5-4。

表 5-4

空气材料参数

名称	PARTID	密度(kg/m^3)
空气	PART5	1.225

⑤炸药（Part6）

爆破工程使用的 2 号岩石乳化炸药采用 *MAT_HIGH_EXPLOSIVE_BURN 选项卡模拟爆破过程。由状态方程求解炸药起爆后其内部单元的压力，此处采用 *EOS_JWL 方程描述炸药爆炸时的压力-体积膨胀关系[174]。Jones-Wilkins-Lee（JWL）EOS 是一种用于预测大范围内爆炸压力的模型，JWL 等熵方程形式如下：

$$P_s=A\left(1-\frac{\omega}{R_1V}\right)e^{-R_1V}+B\left(1-\frac{\omega}{R_2V}\right)e^{-R_2V}+\frac{\omega E_s}{V}\frac{1}{2} \tag{5-16}$$

其中，V 为相对比容；A、B、R_1、R_2、ω 为五个参数。$E_s=\rho_0 e_s$ 是以初始体积形式表示的能量密度，E_0 为初始能量密度。从式(5-16) 形式可知，用户只需要将五个材料常数 A、B、R_1、R_2、ω 和初始能量密度 E_0 输入 *EOS_JWL 选项卡中即可完成炸药状态方程的设定。在修改 K 文件时结合隧道爆破方案，根据炸药高能燃烧模型要求输入炸药密度、爆速和爆压参数值，经软件求解后即可得到相应质量的炸药爆炸后产生的冲击压力。2 号岩石乳化炸药的具体材料参数见表 5-5。

表 5-5

炸药材料参数

名称	PARTID	A	B	R_1	R_2	E_0	密度(kg/m^3)	爆速(m/s)	PCJ/N
炸药	PART6	2.14e11	1.82e10	4.19	0.9	4.19e9	1150	3500	9.7e9

5.1.2　数值模拟结果验证

为了验证数值模拟结果是否可靠，在数值模型上选取与现场试验相对应的监测点进行对比。针对 3.3 小节表 3-8 中各测点第一次爆破监测结果，数值模拟及现场实测的各个测点掏槽孔爆破峰值振动速度见表 5-6。由表 5-6 可知，随着爆破距离的增大，模拟结果逐渐减小，与实测结果吻合。此外，仿真结果与实测数据的最大相对误差为 9.17%，小于 10%，模拟精度较高。4 号监测点竖直方向的爆破振动速度时程波形与数值模拟波形如图 5-2 所示。数值模拟波形与实测波形的掏槽孔爆破段相比虽然存在延时现象，但两者的峰值振速、频率大致相同且两种波形图显示出良好的一致性。

数值模拟与现场实测振动速度对比　　　　　　　　　表 5-6

监测点	爆心距 R(m)	现场监测振动速度(cm/s)	数值模拟振动速度(cm/s)	相对误差(%)
1 号	−111.2	0.61	0.67	8.95
2 号	−82.5	0.99	1.09	9.17
3 号	−62.7	1.43	1.44	0.69
4 号	48.5	1.64	1.74	5.75
5 号	59.8	1.28	1.33	3.76

数值计算得到的峰值振动速度略大于实测结果，究其原因是，数值建模将隧道围岩视为均匀介质，并未考虑岩体中存在的结构面、节理或断层等不连续面对爆破地震波传播的影响，受不连续结构面的影响，地震波发生反射、折射或衍射，导致爆破振动峰值速度降低。并且在现场施工中，炸药爆炸的能量利用率低，仅有少部分的能量作用于围岩体内。但是，数值模拟得到的数值和衰减趋势与试测结果大体一致。因此，利用 ANSYS/LS-DYNA 建立的数值模型可以代替现场试验研究爆破振动的影响。

5.1.3　地面既有建筑物振动响应分析

建筑物在爆破振动激励荷载作用下的振动响应的本质是能量的传递与转化过程。炸药爆炸产生的部分能量传递给振动质点，并以波的形式迅速向外传播，经在岩土体中的阻尼作用消耗部分能量，其余残留在建筑物上的能量表现形式为动能、弹性应变能及阻尼耗能[175]。值得注意的是，虽然新建隧道掘进爆破施工引起地表既有建筑物振动是不可避免的，但不能片面地直接将这种能量传递、转化过程与房屋的开裂联系起来。现有的研究通常用建筑物中某质点产生的振动应力、振动速度等参量来反映结构体的振动响应。而在现场试验中准确获取该数据具有很大的难度，加上爆破试验不具有可重复性，进一步扩大了应用现场试验手

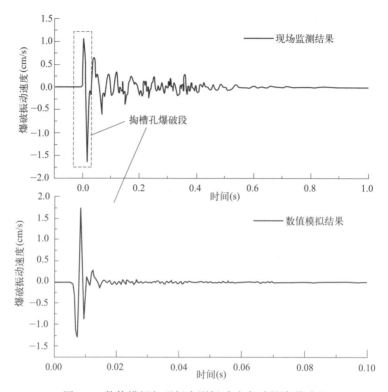

图 5-2　数值模拟与现场实测振动速度时程波形对比

段的局限性[176]。为进一步研究新建隧道掘进爆破施工对地表既有建筑物及其关键部位（如梁、板、柱）的影响，大量研究人员利用数值计算的方法对各种形式的结构的动力响应进行分析。本节拟采用有限元数值分析软件 ANSYS/LS-DY-NA，对掏槽孔爆破开挖引起的地表振动效应进行研究。

1. 监测断面及测点布置

由结构动力学原理可知，建筑物不同部位对爆破振动波激励荷载的振动响应存在极大的差异，如不同构件之间、墙面与地面等。因而监测点的布置应具有针对性。为了深入研究房屋结构破坏与爆破振动强度之间的关系，使用 JW-CK102 裂缝测宽仪实时监测房屋墙壁裂缝的拓展情况，如图 5-3 所示。隧道掌子面施工至对保护对象有影响前，记录房屋墙体原有裂

图 5-3　JW-CK102 裂缝测宽仪监测裂缝开展情况

缝的走向、长度、宽度等信息，每次爆破后及时观测墙体裂缝的产生与开展情况，并标记在裂缝的尾端，以便技术人员后期对裂缝进行对比分析。

房屋裂缝扩展监测结果显示，房屋墙角部位对爆破振动波的振动响应最为敏感，这与娄建武的研究结果是一致的[175]。结构对爆破振动的响应问题其本质是爆破振动波与建筑物之间相互作用，这种相互作用的大小取决于爆破振动波的振动特性和建筑物自身的抗震性能。爆破振动波区别于天然地震波最主要的特点是振动幅值大、衰减快、频率高、持时短。而建筑物在这种激励荷载作用下，在较短的时间内完成了爆破振动能量的传递与转化过程，由于房屋裂缝形成及自身振动导致的形变效应而衍生的应力在房屋墙角处发生了应力集中现象，因此墙角处的裂缝能直接反映房屋能否发生裂缝。为了全面而有效地监控整个建筑物的振动响应情况，在所监测的房屋八个墙角处、承重墙中央处及地面中央处设置监测点，房屋监测点布置如图 5-4 所示。

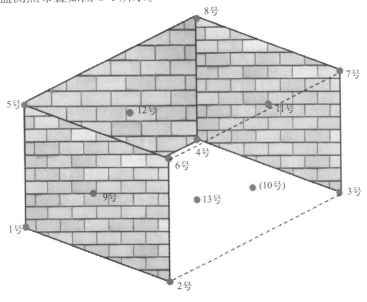

图 5-4　房屋监测点布置图

2. 爆破振动波的应力传播规律

在岩体塑性力学中，为了方便研究土塑性问题并考虑中间主应力的影响，引入了洛德参数 Lode 的概念。Lode 参数 μ_σ 与主应力的关系见公式(5-17)。式中，$\sigma_1 \geqslant \sigma_2 \geqslant \sigma_3$。在简单应力状态下，单向拉伸时，$\mu_\sigma = -1$；单向压缩时，$\mu_\sigma = 1$；纯剪切时，$\mu_\sigma = 0$。图 5-5 为不同时刻围岩和建筑物的应力洛德参数云图。爆破应力波向外传播，推动岩石颗粒沿径向向外移动，从而在圆周方向产生拉应力。

建筑物墙角等应力集中处最先出现拉应力，然后逐渐向外扩散。该 lode 参数传播过程可以间接解释现场裂缝监测结果，在爆破振动激励荷载作用下房屋结构体产生的连续拉扭及局部超载作用使房屋墙体出现裂缝延伸开裂等现象。

$$\mu_\sigma = \frac{2\sigma_2 - \sigma_1 - \sigma_3}{\sigma_1 - \sigma_3} \tag{5-17}$$

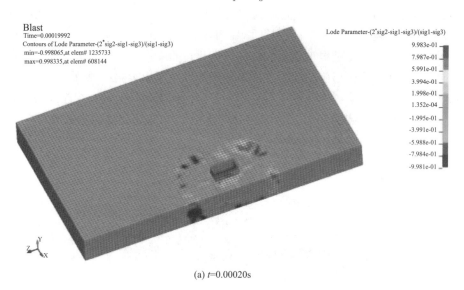

(a) $t=0.00020\text{s}$

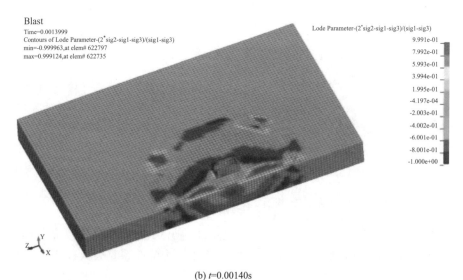

(b) $t=0.00140\text{s}$

图 5-5　不同时刻围岩和建筑物的应力洛德参数云图（一）

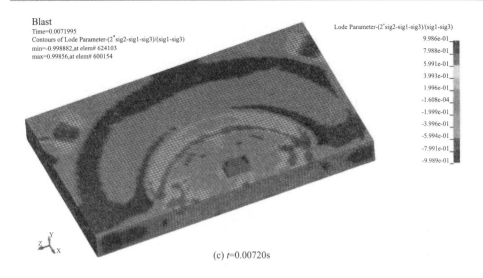

(c) t=0.00720s

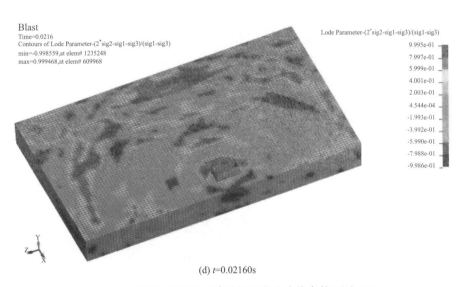

(d) t=0.02160s

图 5-5　不同时刻围岩和建筑物的应力洛德参数云图（二）

图 5-6 为不同时刻围岩和建筑物的等效应力分布云图，计算结果清晰地模拟了炸药爆炸后产生的冲击波和气体压力波以球面波的形式自围岩传播至地表乃至建筑物的整个过程。由于几何扩展和材料阻尼，应力波在岩体中衰减，并随着时间的推移和距离的增大，爆破振动波的波阵面不断扩大，当应力波到达地面时，反射体波和二次面波耦合作用引起地面运动。其中爆炸引起的体波与地面的相互作用取决于入射角和岩体的性质。

在 t＝0.2ms 时，爆破振动波传播至地表，由于自由面的存在，部分振动波在地表发生反射并与二次面波耦合作用引起地面运动；当 $t=1.4$ms 时，隧道爆破开挖产生的应力波在建筑物靠近掌子面一端的底端墙角产生明显的冲击作用，这种现象与爆破振动波的传播规律是吻合的。爆破振动波在建筑物内部向上传播的过程中，顶端墙角处显示出更大的有效应力，这与房屋裂缝扩展监测结果是一致的。结合 lode 参数分布云图分析，爆破振动波邻近建筑物后的整个传播过程表现为：爆破振动波首先到达靠近隧道侧建筑物底层，然后以扇形为传播形式逐渐扩展至顶层，大约在 7.2ms 时，整个建筑物受到应力波的冲击作用，在整个过程中，建筑物的外墙处于反复的拉压状态。

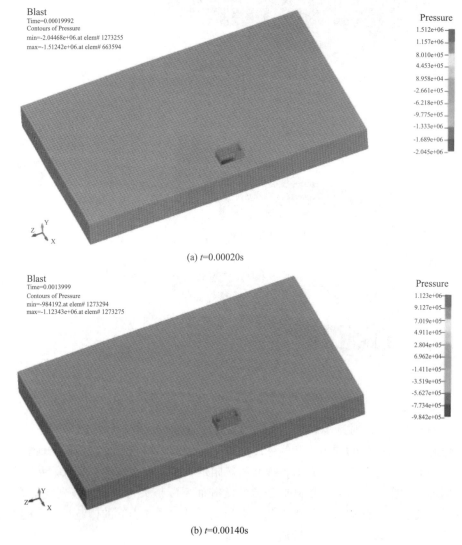

图 5-6　不同时刻围岩和建筑物的等效应力分布云图（一）

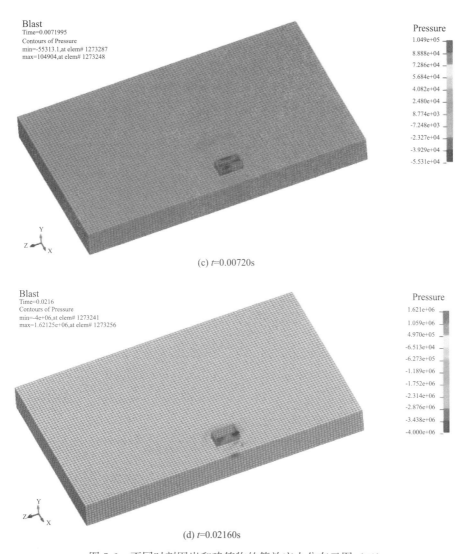

(c) t=0.00720s

(d) t=0.02160s

图 5-6　不同时刻围岩和建筑物的等效应力分布云图（二）

3. 建筑物的振动响应分析

为深入分析建筑物各个位置的振动响应，分别取底层墙角点（1 号、2 号、3 号、4 号）、顶层墙角点（5 号、6 号、7 号、8 号）、墙面中央点（9 号、10 号、11 号、12 号）、地面中央点 13 号的振动速度，分析不同位置处测点在不同测试方位的变化规律，振动速度数值模拟结果见表 5-7。以爆心距最小的地面 1 号测点和爆心距最大的顶层 7 号测点的振速时程曲线图为例，如图 5-7、图 5-8 所示。

图 5-9～图 5-11 展示了测点振动速度沿高度方向的变化规律（其中底层点包括底层墙角点和地面中央点；中层点为墙面中央点；顶层点为顶层墙角点）。图 5-12～图 5-14 展示了测点振动速度沿不同测试方位的变化规律。

房屋测点振动速度数值模拟结果　　　　　　　　　　表 5-7

测点位置	测点编号	$h(\text{m})$	$D(\text{m})$	$R(\text{m})$	$V_x(\text{cm/s})$	$V_y(\text{cm/s})$	$V_z(\text{cm/s})$	主频 $f(\text{Hz})$
底层墙角测点	1 号	30	50.0	58.3	1.65	1.60	1.70	60.2
	2 号	30	54.0	61.8	1.54	1.50	1.59	58.1
	3 号	30	54.6	62.3	1.55	1.51	1.59	57.9
	4 号	30	50.6	58.9	1.58	1.54	1.63	59.0
顶层墙角测点	5 号	32.8	50.0	59.8	1.64	1.61	1.78	60.1
	6 号	32.8	54.0	63.2	1.50	1.48	1.64	58.8
	7 号	32.8	54.6	63.7	1.54	1.52	1.68	57.3
	8 号	32.8	50.6	60.3	1.55	1.52	1.68	59.2
墙面中央测点	9 号	31.4	52.0	60.7	1.45	1.46	1.56	59.4
	10 号	31.4	54.1	62.6	1.45	1.47	1.56	58.1
	11 号	31.4	52.6	61.3	1.46	1.48	1.58	58.9
	12 号	31.4	50.2	59.2	1.53	1.55	1.65	59.9
地面中央测点	13 号	30	52.2	60.2	1.15	1.09	1.54	60.3

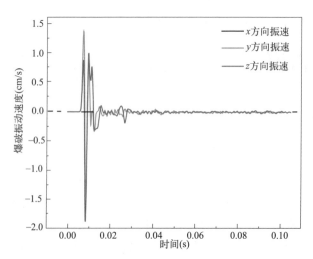

图 5-7　1 号测点三向爆破振动速度时程曲线图

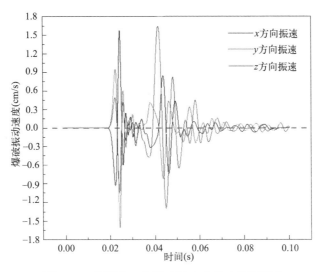

图 5-8　7 号测点三向爆破振动速度时程曲线图

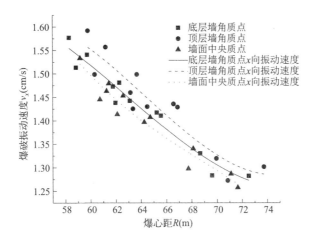

图 5-9　不同高度测点在 x 方向上的爆破振动速度

　　结合图 5-9～图 5-11 分析表 5-7 数据可知，不同高度测点在三个测试方向上均呈现顶层墙角质点振速＞底层墙角质点振速＞墙面中央质点振速的规律。结合爆破振动波传播理论对该现象进行分析，爆破振动波传播至建筑物底面，继续向上逐渐衰减，表现为墙面中央质点振速＜地层墙角质点振速；当振动波到达结构约束力不强且存在自由面的顶部质点时，使建筑物产生较大的振动响应，表现出顶层质点振速放大效应。从结构刚度的角度进一步分析出现高程放大效应的原

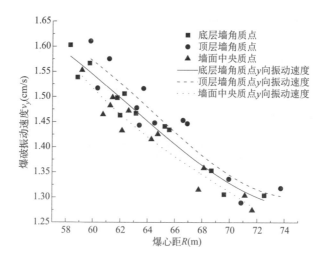

图 5-10　不同高度测点在 y 方向上的爆破振动速度

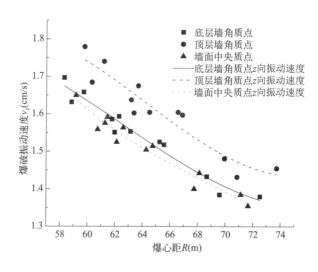

图 5-11　不同高度测点在 z 方向上的爆破振动速度

因，随着建筑高度的增加，结构的刚度会降低，而爆破振动应力波传播规律为随爆心距增大而减小，爆心距逐渐增大的影响小于刚度降低的影响，因此出现顶层质点振速大于其他层质点振动速度的现象。并且垂直方向振动速度的高程放大效应相对于水平方向而言表现得更为明显，即处于顶层位置质点的爆破振动响应最强烈，实测结果显示在顶层墙角、门窗等应力集中处最先出现细微裂缝及裂缝扩展等现象。

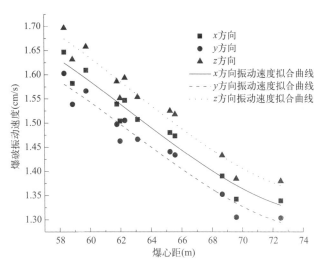

图 5-12　底层墙角测点在不同测试方位的振动速度分布图

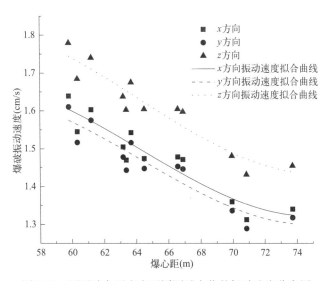

图 5-13　顶层墙角测点在不同测试方位的振动速度分布图

　　将以图 5-12～图 5-14 为代表的数值模拟结果与实际监测结果进行对比分析，可以明显地发现各测点垂直方向上的振速大于水平方向的振速，即建筑物在爆破振动激励荷载作用下垂直方向上的振动响应占有优势，在后续的分析中可将地表质点在垂直方向上的振动强度作为衡量建筑物对爆破振动响应的重要指标。故在隧道下穿既有村庄掘进爆破施工时，垂直方向是监测工作关注的重点。

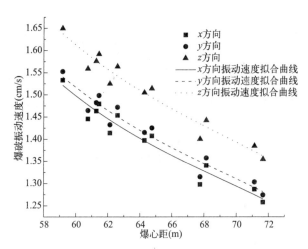

图 5-14　墙面中央测点在不同测试方位的振动速度分布图

5.2　基于 FLAC 3D 的隧道爆破振动的数值模拟研究

本节利用 FLAC 3D 有限差分软件，通过简化计算模型，尝试对下部新建京张高铁草帽山隧道下穿唐呼铁路隧道钻爆施工过程进行模拟，分析新建隧道爆破施工对新建隧道和既有唐呼铁路隧道的影响。

新建高铁隧道于里程桩号 DK173＋862～DK174＋057 段下穿既有唐呼重载铁路隧道，形成典型的上下型交叉隧道。两隧道之间的垂直间距为 16m。隧道交叉段中夹岩层多为中～强风化凝灰岩，围岩等级为Ⅳ，受爆破施工影响较大。

为减小爆破振动的影响，隧道采用台阶法进行施工。由于爆破施工中最大振动出现在上台阶爆破时，下台阶在具有两个临空面情况下爆破振动已减弱许多。故本章计算内容只针对上台阶爆破进行施工模拟。通过 FLAC 3D 有限差分软件计算采用 1m、2m、3m 三种不同进尺方式时，上台阶法施工对上部隧道产生的影响。分析计算结果，进而制定合理的施工方案。由于结构的对称性，计算结果也同样具有对称性，为简化计算，此次数值模拟仅计算到新建隧道施工至交叉断面处，未进行施工至交叉段后的计算工作。

5.2.1　计算模型的建立

1. 模型建立及参数

FLAC 3D 有限差分软件在岩土工程中应用广泛，计算结果与实际值具有较高的吻合度。程序中提供了多达 10 种基本本构关系模型，本次计算选用

Mohr-Coulomb，衬砌和围岩采用实体单元进行模拟，自重应力附加在模型表面，自重应力施加同时考虑圣维南原理，隧道开挖作用在隧道周边的平衡力系对该力系作用区域较远的部分不产生影响[177]。计算中主要考虑既有隧道的动力响应问题，所以在建立模型时，只建立了新建隧道衬砌支护而没有采取其他支护措施，简化了隧道模型。

根据隧道实际设计尺寸建立隧道计算模型。模型尺寸为：长（X 向）×宽（Y 向）×高（Z 向）＝100m×100m×100m。计算模型如图 5-15 所示。根据《铁路隧道设计规范》TB 10003—2016，确定围岩及支护结构的计算参数，见表 5-8。

力学计算参数表   表 5-8

围岩	重度（kN/m³）	内摩擦角（°）	黏聚力（MPa）	剪切模量（GPa）	体积模量（GPa）
Ⅲ级	24	45	1.2	6.00	10.00
Ⅴ级	20	25	0.2	0.71	3.33
C35（衬砌）	26	—	—	14.54	19.39

在唐呼铁路隧道模型内设立 9 个监测断面，分别为交叉点断面、距交叉点±5m、±10m、±15m、±20m 断面，如图 5-16 所示。

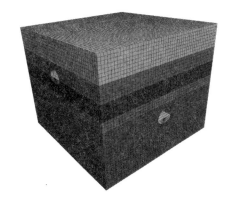

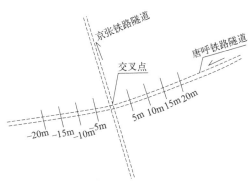

图 5-15　数值模拟模型　　　　图 5-16　数值模拟监测断面图

每个监测断面分别设置 9 个监测点，同时监测各断面的振速与沉降量。新建草帽山隧道施工至交叉点之前，上部唐呼铁路隧道迎爆面如图 5-17（a）所示，当施工至交叉点以后唐呼铁路隧道迎爆面如图 5-17（b）所示。考虑到交叉隧道施工过程中，受衬砌支护等因素影响，最不利工况易出现于施工至交叉点之前的过程，为此，数值模拟重点计算爆破开挖至新建隧道施工至交叉断面的过程。

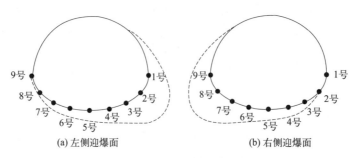

（a）左侧迎爆面　　　　　　　　（b）右侧迎爆面

图 5-17　唐呼铁路隧道迎爆面

2. 动力荷载

多数相关研究[178] 采用式（5-18）进行爆破荷载应力峰值计算，将爆破荷载以压力形式均匀地作用在单元节点上，压力作用范围等于炮孔内装药段长度，作用方向为洞周法线方向[179]。利用上升段时间计算公式（5-19）和总作用时间的计算公式（5-20），计算出爆破荷载作用时间及卸荷时间，通常取加载时间为10ms，卸载时间为90ms。

$$P_{\max}=\frac{139.97}{Z}+\frac{844.81}{Z^2}+\frac{2154}{Z^3}-0.8034 \tag{5-18}$$

$$t_r=12\sqrt{r^{2-u}}Q^{0.05}/K \tag{5-19}$$

$$t_s=84\sqrt[3]{r^{2-u}}Q^{0.2}/K \tag{5-20}$$

式中：Z——比例距离，$Z=R/Q^{1/3}$，R 为炮眼至荷载作用面的距离（m），Q 为装药量（kg）；

$K=\dfrac{E}{3(1-2\mu)}$ 为岩体的体积压缩模量，MPa；

μ——岩体泊松比；

$\overline{r}=r/r_b$ 为对比距离，其中，r 为距炮孔中心的距离，r_b 为炮孔半径；

t_r——爆破荷载的上升段时间；

t_s——爆破荷载的总作用时间。

有研究指出[180]，炮孔壁上受到的压力并不等于隧道洞壁的压力。对于Ⅱ级围岩取 $P_{\max}=10$MPa，根据岩体中冲击波的初始波峰压力进行线性插值，本工程的围岩级别为Ⅲ级，因此计算出隧道洞壁的压力峰值 $P_{\max}=6.657$MPa。

出于安全方面考虑，本书在选取爆破计算荷载时采用以上两种方式中的较大值。按照现阶段施工方案，掏槽段单段最大药量 7.2kg，计算出荷载峰值为2.86MPa，按照交叉段控制药量单段不超过 4.97kg 计算，得出荷载峰值为

2.07MPa，两者均小于 6.657MPa，故本次动力计算爆破荷载峰值采用 $P_{\max}=$ 6.657MPa。设施荷时间为 10ms，总时间为 100ms，采用 FLAC 3D 内置 FISH 函数实现动力荷载的施加。爆破荷载以压力形式均匀地作用在开挖面轮廓的单元节点上，压力作用范围等于炮孔内装药段长度，作用方向为洞周法线方向。鉴于三角形冲击荷载是应用最为广泛的一种形式，为此本书采用简化的三角形冲击荷载。爆破荷载历程曲线和荷载加载位置如图 5-18、图 5-19 所示。

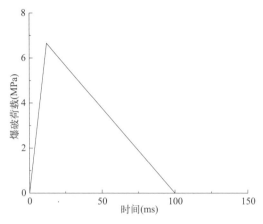

图 5-18　爆破荷载历程曲线

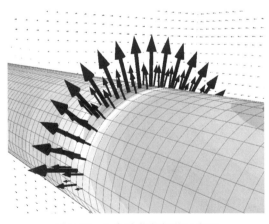

图 5-19　上台阶荷载加载示意图

5.2.2　动力分析过程

在进行动力计算之前，首先根据京张新建隧道地质纵断面图中地层岩性分布，对岩土自重应力场进行静力计算，初始地应力计算云图如图 5-20 所示。

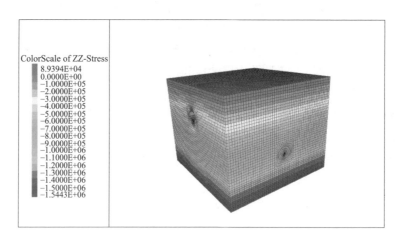

图 5-20　初始地应力计算云图

动力分析过程中，通过 FLAC 3D 有限差分软件模拟下部隧道上台阶爆破施工，分别计算当采用 3m、2m、1m 三种不同进尺方式施工至距交叉点 40m、30m、20m、10m、0m 处，爆破施工对上部隧道产生的影响。图 5-21 为施工阶段模拟工况。

(a) 距交叉点40m　　　　　　(b) 距交叉点30m　　　　　　(c) 距交叉点20m

(d) 距交叉点10m　　　　　　(e) 距交叉点0m

图 5-21　施工阶段模拟工况

5.2.3　计算结果分析

1. 振动速度分析

通过对不同工况计算结果进行统计对比，得到 3 种进尺方式下 9 个监测断面处振动速度最大值及变化情况，如图 5-22 所示。

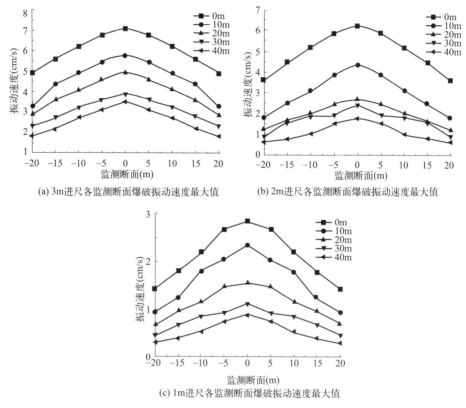

(a) 3m进尺各监测断面爆破振动速度最大值　　　(b) 2m进尺各监测断面爆破振动速度最大值

(c) 1m进尺各监测断面爆破振动速度最大值

图 5-22　不同工况振动速度计算结果统计

通过图 5-22 可以看出，采用不同进尺施工方式施工至距交叉点 40m、30m、20m、10m、0m 处时，0 号断面监测到的爆破振动速度均相对较大，其他监测断面的爆破振动速度随距离交叉点距离的增大而逐渐减小。鉴于此，选取 0 号断面（即交叉断面）为重点分析断面和爆破振动速度控制断面，并做进一步分析。

（1）3m 进尺施工

当采用 3m 进尺施工方式时，交叉点处爆破振动速度云图和隧道沉降云图如图 5-23 和图 5-24 所示。

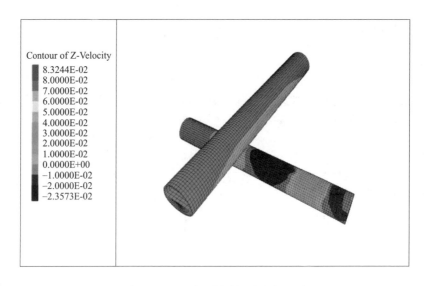

图 5-23　3m 进尺爆破振动速度云图

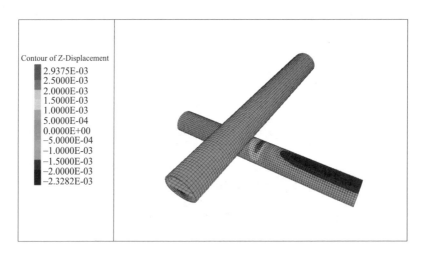

图 5-24　3m 进尺隧道沉降云图

统计 3m 进尺施工方式施工至距交叉点 40m、30m、20m、10m、0m 处时，交叉断面各监测点的振动速度监测结果、既有隧道应力监测结果及上部隧道沉降量，如图 5-25 和图 5-26 所示。

从图 5-25 分析发现，当新建隧道采用 3m 进尺施工方式施工至交叉点位置处时，既有隧道振动速度最大值出现在交叉断面 2 号监测点位置处，数值为

7.08cm/s，为控制值 3cm/s 的 2.36 倍，同时，在距交叉点 40m 施工时，最大爆破振动速度仍超过控制值。从图 5-26 观察发现，开挖爆破引起的上部既有隧道沉降量最大值出现在大约 0.028s 时，最大值约为 0.8mm，经过一定计算时间，沉降量逐渐稳定在 0.32mm。据此，采用 3m 进尺施工方式时，既有隧道受到的影响较大，衬砌结构可能发生破坏，若采用 3m 进尺作为交叉段施工方式，爆破作业风险较大。

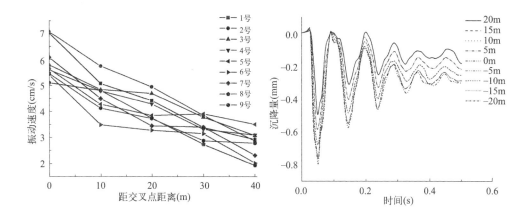

图 5-25　交叉断面振动速度监测结果　　　　　图 5-26　既有隧道沉降量

（2）2m 进尺施工

当采用 2m 进尺施工方式时，交叉点处爆破振动速度云图和隧道沉降云图如图 5-27 和图 5-28 所示。各测点爆破振动速度及上部隧道沉降量，如图 5-29 和图 5-30 所示。

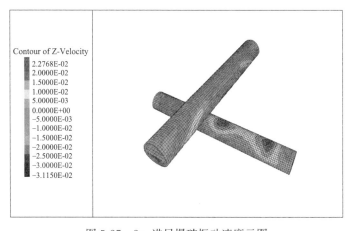

图 5-27　2m 进尺爆破振动速度云图

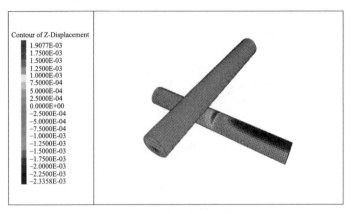

图 5-28　2m 进尺隧道沉降云图

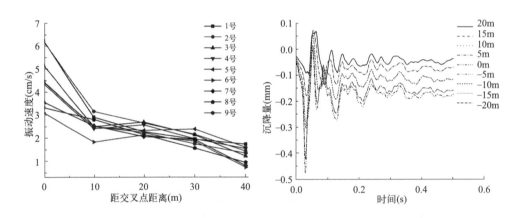

图 5-29　交叉断面各监测点振动速度监测结果　　　图 5-30　既有隧道沉降量

　　通过图 5-29 可以看出，采用 2m 进尺施工方式施工至距交叉点 20m 之前，最大振动速度出现在 3 号监测点，振速为 2.71cm，未超过 3cm/s。当施工进入 20m 内时，既有隧道振动速度超过控制值，振动速度最大值出现在施工至交叉点位置处时，最大值为 6.25cm/s，仍大于两倍振动速度控制值。通过图 5-30 观察发现，开挖爆破引起的上部隧道沉降量最大值出现在大约 0.03s，最大值为 0.48mm，经过一定时间，沉降量逐渐稳定在 0.18mm，因此采用 2m 进尺爆破施工时对既有隧道的沉降变形影响相对较小。

　　（3）1m 进尺施工

　　当采用 1m 进尺施工方式时，交叉点处爆破振动速度云图和隧道沉降云图如图 5-31 和图 5-32 所示。

　　绘制的 1m 进尺交叉断面各监测点振动速度监测曲线及上部隧道沉降量曲

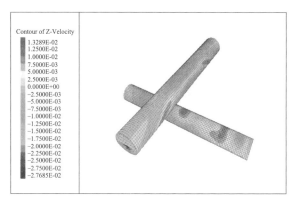

图 5-31　1m 进尺爆破振动速度云图

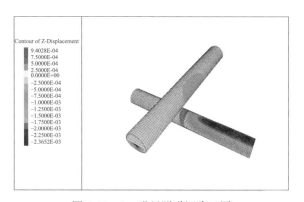

图 5-32　1m 进尺隧道沉降云图

线，如图 5-33 和图 5-34 所示。

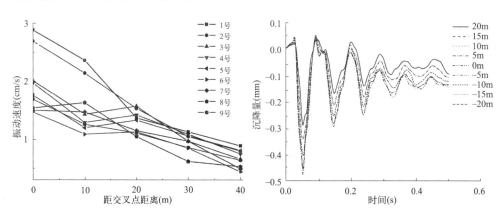

图 5-33　交叉断面各监测点振动速度监测结果　　　　　　图 5-34　既有隧道沉降量

通过图 5-33 分析发现，1m 进尺振动速度最大值出现在交叉断面 1 号监测点位置处，振速为 2.87cm/s，小于控制值。整个施工过程并未出现既有隧道振动速度超标现象，新建隧道可安全施工通过交叉段。通过图 5-34 可以看出，上部隧道沉降量在 0.3s 之前波动较大，之后逐渐趋于稳定。开挖爆破引起的上部隧道沉降量最大值出现在大约 0.06s 时，最大值 0.47mm，并最终稳定至 0.15mm，其沉降量约是 3m 进尺施工引起沉降的 46.9%。因此，3 种开挖进尺方案中，采用 1m 进尺施工方式对围岩及既有隧道振动及变形影响最小。

为进一步分析交叉断面处的爆破振速，采用 1m、2m、3m 三种不同进尺方式，随爆破施工断面距交叉断面距离的影响，交叉断面处振动速度最大值如图 5-35 所示。当采用 3m 进尺方式时，振动速度一直处于控制值（3cm/s）之上，最大值达到 7.08cm/s。当采用 2m 进尺方式时，施工至距交叉点 20m 之前，振动速度保持在控制线以下。当进入距交叉断面 20m 以后，振动速度超过控制线，且最大值达到 6.25cm/s。若采用 1m 进尺方式时，振动速度始终在控制线以下，最大值为 2.86cm/s，未发生超标现象。

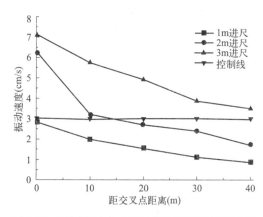

图 5-35　不同进尺方式交叉断面振动速度最大值

因此，在保证施工安全的前提下，为减小爆破施工对下部新建隧道工期的影响，可在距交叉点 20m 之前，采用 2m 进尺施工方案，在进入距交叉点 20m 范围内时，改为采取 1m 进尺施工方案。施工过程中应当加强对上部隧道的监测，及时调整爆破方案，降低新建隧道爆破振动对上部隧道的影响。

2. 应力分析

进一步分析当交叉断面采用 1m 进尺施工方式时，通过既有隧道衬砌结构在爆破荷载作用下产生的第一、第三主应力来评价其结构安全性。由公式（5-21），

和表 5-9、表 5-10 来计算和评价既有隧道衬砌结构的安全性:

$$\begin{cases} K_t \leqslant \dfrac{R_t}{\sigma_t} \\ K_c \leqslant \dfrac{R_c}{\sigma_c} \end{cases} \tag{5-21}$$

式中: K_t, K_c——衬砌结构的抗拉、抗压强度安全系数, 按表 5-9 取值;

　　　R_t——混凝土极限抗拉强度, 见表 5-10;

　　　R_c——混凝土极限抗压强度, 见表 5-10;

　　　σ_t——混凝土截面所受拉应力;

　　　σ_c——混凝土截面所受压应力。

钢筋混凝土结构的强度安全系数　　　　　　　　表 5-9

破坏原因	主要荷载	主要荷载＋附加荷载
混凝土达到抗压强度	2.0	1.7
混凝土达到抗拉强度	2.4	2.0

混凝土极限抗拉、抗压强度 (MPa)　　　　　　　　表 5-10

强度种类	衬砌混凝土强度等级								
	C20	C25	C30	C35	C40	C45	C50	C55	C60
极限抗压强度	13.5	17.0	20.0	23.5	27.0	30.0	33.5	37.0	40.01
极限抗拉强度	1.70	2.00	2.20	2.50	2.70	2.90	3.10	3.30	3.50

　　二次衬砌结构采用 C35 混凝土等级, 极限抗压强度、极限抗拉强度分别为 23.5MPa 和 2.50MPa。

　　通过计算得出采用 1m 进尺施工方式时, 交叉断面各监测点应力大小如图 5-36 所示。观察图 5-36 发现, 采用 1m 进尺施工方式时, 第一主应力在 0.1s 之前波动较大, 0.1s 之后逐渐趋于稳定, 最大值出现在 1 号监测点位置处, 即拱脚位置, 最大值为 −0.38MPa。第三主应力相对第一主应力波动较缓, 最大值同样出现在 1 号监测点位置处, 最大值为 −1.52MPa。第一主应力和第三主应力最大值均出现在 1 号监测点位置处, 即拱脚位置, 说明在拱脚位置处易产生应力集中现象。同时发现, 第一主应力和第三主应力均为压应力, 按照最小抗压安全系数计算: $K_c = \dfrac{23.5}{1.52} = 15.46 > 2.0$, 说明既有隧道结构强度可以得到保证。

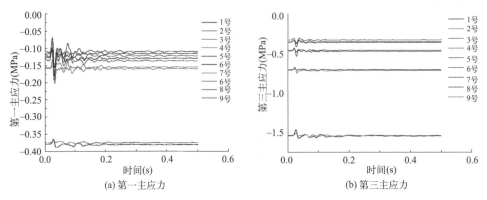

图 5-36　1m 进尺对应的最大主应力及最小主应力的计算结果

5.3　本章小结

本章主要利用 ANSYS/LS-DYNA 及 FLAC 3D 两种数值模拟手段分别对两个隧道爆破工程实例进行研究，针对崇礼隧道下穿工程，主要得到以下结论：

（1）利用数值模拟技术可以较为真实地还原爆破振动波自爆源传播至地表既有建筑物的传播历程。由于模型材料本构关系理论发展的局限性，仿真工作中对模型做了诸多假设和简化，造成数值模拟结果与实测结果之间存在差异。但数值模型中与实际施工现场相对应布置的测点的振动速度时程曲线分布及衰减规律与实测结果大致相同，这说明利用该数值模型进一步揭示爆破振动波对地表既有建筑物作用机理是可行的。

（2）数值模拟结果显示，单层建筑结构的底层墙角、顶层墙角、墙面中央等位置在爆破荷载作用下的振动响应并不一致，随质点高度、测点方位的不同，其振动信号呈现出不同的衰减规律。

（3）不同高度测点在三个测试方向上均呈现顶层墙角质点振动速度＞底层墙角质点振动速度＞墙面中央质点振动速度的规律，且各测点垂直方向上的振动速度大于水平方向的振动速度。

针对京张高铁草帽山交叉隧道工程，主要得到以下结论：

（1）上部隧道在交叉断面受到下部隧道爆破振动的影响最为明显，由交叉断面向两侧，受到的爆破振动影响逐渐减弱，选择交叉断面作为控制断面进行数值模拟分析。

（2）当采用 3m 进尺方式时，交叉断面最大振动速度为 7.08cm/s，引起上部隧道最终沉降量约为 0.8mm，既有隧道衬砌结构可能发生破坏；当采用 2m 进尺施工方式，当施工进入交叉段 20m 以内时，既有隧道振动速度出现超标现象；若采用 1m 进尺施工方式时，上部既有隧道受到的影响较小，交叉段施工可以满足振动控制和变形控制要求。

（3）在保证安全的前提下为尽量保证施工进度，可在距交叉点 20m 之前，采用 2m 进尺施工方案，当进入距交叉点 20m 范围时，可改为 1m 进尺施工方案。施工过程中应当加强对上部隧道的监测，及时调整爆破方案，降低新建隧道爆破振动对上部隧道的影响。同时 1m 进尺爆破施工方案既有隧道应力满足最小抗压安全系数要求，说明改进后的施工方案对保护既有隧道结构安全有利。

第6章 京张高铁草帽山隧道动力响应及控制关键技术

6.1 概 述

现今，新建铁路隧道邻近、下穿既有铁路隧道的实例工程日益增多。作为近接工程，立体交叉隧道的初始应力经历多次施工扰动后其交叉隧道应力环境愈来愈复杂，围岩变形及内力难以控制[181-182]。随着隧道施工技术越来越成熟及铁路施工规程越来越严苛，铁路交叉隧道间距愈来愈小。因此，交叉隧道施工[183-184]及后期运营长期列车荷载对既有铁路隧道的安全性影响必将成为国内外学者研究的热点。

随着2022年北京冬奥会成功举办，主要赛区城市北京及张家口等地的交通基础设施建设不可避免地会遇到穿越山脉的隧道工程。然而，隧道工程的修建势必会引起各种既有结构产生沉降，同时引起的附加应力会对既有结构及新建工程产生诸多不利的影响[185-186]。而老京张线附近既有客运、货运铁路隧道的存在，会一定程度地影响新建隧道的安全施工及既有结构的安全运营。

隧道开挖过程中，交叉隧道在爆破开挖及既有列车荷载作用等多种因素扰动下，受力状态变得更为复杂。新建隧道新奥法钻爆施工期间，既有隧道产生的纵向变形会引起既有铁路干线出现轨枕下沉、上浮及扭转等危险现象，尤其是爆破施工引起的结构振动大幅降低了交叉隧道的结构安全性。交叉隧道施工完成后将会进入运营期，在铁路隧道运营过程中，有必要研究长期列车荷载作用对交叉隧道结构产生的不利影响。因此，采用新奥法施工下穿既有重载铁路隧道过程中，新建隧道及既有隧道围岩衬砌结构的安全性评估对类似立体交叉隧道工程具有重要的借鉴意义；同时，立体交叉隧道中上部铁路隧道后期运营引起的重载列车低频、高幅值荷载对新建下穿隧道的不利影响也应作为必要的监测内容进行长期研究。

新奥法施工第一步也是最重要的一步就是爆破施工，而隧道爆破施工会释放能量，引起隧道周围围岩的振动，对新建隧道及周边既有建筑物和交通线路都会造成不同程度的危害[187-188]。因此，合理、有效地控制隧道爆破振动带来的不利影响具有深远的工程意义。本章主要以京张高铁草帽山交叉隧道为工程背景，主要研究爆破施工及列车振动引发的动力响应规律，并通过现场实测、理论推导及公式反演等方式以期形成一套适用于交叉隧道动力控制的关键技术。

京张高铁草帽山隧道位于河北张家口市市区南侧附近，山体处大部分岩石破碎，现阶段植被发育。草帽山上有多处集体或个体采石场，多为无序开采，对隧道山体破坏严重，隧道进出口处，黄土冲沟发育。草帽山隧道工程地处寒温带半干旱性气候区，受强大高气压控制，冬季漫长，寒冷干燥。根据现场调查，结合区域资料综合分析，预测隧道大部分地段在枯水季节涌水量较小，地下水不发育，水位埋深较大，低于隧道洞底；但在丰水期，地下水位升高，地表水量丰富，隧道涌水量可能增加，特别是沟谷浅埋地段，隧道开挖时有发生突水的可能，存在一定的施工风险。

如图 6-1 所示，新建隧道于 DK173＋862～DK174＋057 段下穿既有唐呼重载铁路隧道，交点里程为 DK173＋965。通过测量复测得到，京张铁路草帽山隧道与唐呼铁路北草帽山隧道交接里程 DK173＋962.6，平面交角 65°。相交段落主要为凝灰岩、凝灰质熔岩，强风化，隧道拱顶距唐呼铁路隧道底垂直距离约16.9m，且新建隧道底层为全～强风化凝灰岩，遇水力学性质会出现一定程度的劣化。

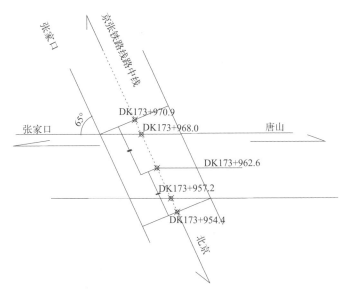

图 6-1　既有唐呼铁路与草帽山隧道相交示意图

6.2　草帽山隧道爆破振动控制研究

现今，随着我国交通干线的不断完善发展，新建铁路隧道与既有铁路干线形成立体交叉的情况愈来愈多，并且实际隧道工程中爆破施工对在建隧道及周围既有建筑、既有铁路干线的影响最大[189-190]。针对爆破施工对既有隧道造成的不利影响，已有国内外学者进行了大量的研究[191-193]。

然而，现有的研究都是围绕爆破施工对隧道交叉段的影响规律进行的，而在实际隧道过程中，隧道穿越的围岩类别差异大，变化多，而设计勘探的准确性有限，这就造成隧道立体交叉尤其是下穿既有铁路隧道时遇到的实际围岩等级与设计预估的围岩性质有出入[194-196]。因此根据不同的围岩等级，严格控制爆破，实时调整隧道下穿段的爆破方案，具有重大的工程意义。

以新建京张高铁特长隧道草帽山隧道工程为背景，一方面研究隧道爆破施工对在建隧道初期支护及拱墙衬砌的影响规律；另一方面由于新建草帽山隧道下穿既有唐呼铁路北草帽山隧道，因此本书根据施工过程中遇到的不同围岩级别，重点研究新建隧道爆破施工对既有铁路隧道的影响范围，并实时优化隧道施工中的爆破方案，指导现场施工，以期形成一种完善的爆破振动控制关键技术。

新建草帽山隧道 DK173+862～DK174+057 原设计隧道围岩类别为Ⅲb，而实际根据草帽山隧道最新超前地质预报综合预报结果，掌子面素描显示 DK173+895.8 掌子面开挖揭示围岩主要为强风化凝灰岩，拱顶红褐色，其余为灰白色，节理裂隙发育，裂隙密集，节理面张开，夹杂钙泥质，呈碎块状。掌子面中下部及右侧为全风化，岩质较软，岩体破碎，易掉块。

综上所述，预判下穿段围岩以强风化为主，节理裂隙发育，岩体破碎，局部为全风化凝灰岩，偶夹弱风化岩块，围岩总体软硬不均，稳定性差，同时地下水较发育，易塌方。围岩总体较差，局部含水较多极易塌方，综合判断剩余下穿段 DK173+905～DK174+057 为Ⅳ级加强围岩或Ⅴ级围岩甚至更低。

由上述分析可知，实际隧道施工过程遇到的围岩类别与原设计中的围岩类别差异较大，因此本书将基于草帽山隧道非下穿段爆破施工现场实测数据，通过公式拟合得到可以表征Ⅲ级、Ⅳ级与Ⅴ级围岩的工程爆破地质参数 K、α，而后在拟合参数的基础上计算得到下穿段最不利位置的最大单响药量及控制爆破的最小安全距离，并在此基础上提出下穿交叉段的爆破优化方案，为类似交叉隧道爆破设计与施工提供参考借鉴。

6.2.1　监测方案

草帽山隧道爆破振动监测采用中科测控公司的 TC-4850N 爆破测振仪，爆破测振仪配有三个特定通道，同时测振仪均配置相应的采集 X、Y、Z 三个方向爆破振动速度传感器。同时，测振仪可以与相匹配的数据处理软件 4850N Software 联合使用，方便实时对爆破振动速度进行远程控制。图 6-2 为 TC-4850N 爆破测振仪与相匹配的振动传感器示意图。

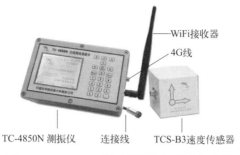

图 6-2　TC-4850N 爆破测振仪与振动传感器

　　新建草帽山隧道非下穿段根据围岩级别，采用台阶法或三台阶七步开挖法或三台阶临时仰拱法开挖施工，由于上台阶隧道掌子面产生的振动最大[184-187]，因此现场实测将以上台阶爆破为研究对象对爆破振动进行深入研究。上台阶爆破时，利用激光测距仪及卷尺确定测点的位置，利用配置好的不锈钢夹片将速度传感器固定于新建隧道衬砌结构上，每个正方体传感器紧贴隧道衬砌结构，距下台阶表面均为 2.5m。现场试验过程中，X 方向朝向隧道掘进掌子面，Y 方向指向隧道直径内部，Z 方向则垂直于 XY 平面向上。为保护爆破测振仪，用自制的钢筋笼罩在测振仪的外侧以防被爆破过程中的抛石损坏。测点布置如图 6-3 所示。

图 6-3　测点布置图

　　草帽山隧道依据原有设计爆破施工方案可知，非下穿段开挖进尺根据不同围岩等级不尽相同，Ⅲ级围岩最大循环进尺 3m，最大装药量为 55.8kg（13 段）；Ⅳ级围岩最大循环进尺 2m，最大装药量 34.8kg（11 段）；Ⅴ级围岩最大循环进尺 1.6m，最大装药量 26.5kg（9 段）。爆破采用塑料导爆管非电毫秒雷管起爆系统，引爆采用电雷管。炸药采用 2 号岩石乳化炸药，选用 ϕ32 药卷。

6.2.2　监测数据分析

　　目前，国内外表征爆破振动强度的经验公式各不相同，其中被大多数学者认可的经验公式是萨道夫斯基经验公式[197-200]，并且我国将此经验公式编入《爆破安全规程》GB 6722—2014。基于现场不同围岩情况爆破振动实测数据，可以利用萨道夫斯基公式进行回归分析，得到不同围岩情况相应的爆破工程系数 K、α，建立可以表征不同地质情况的萨道夫斯基经验公式。式(6-1) 为萨道夫斯基公式的基本格式。

$$V = K(Q^{1/3}/R)^{\alpha} \tag{6-1}$$

式中：V——爆破振动速度（cm/s）。

Q——单响最大装药量（kg）。

R——爆心距。

K、α——爆破工程施工中的相关地质系数。K、α 的值可以通过现场试验得到，若现场试验条件不足，也可根据爆破安全规程确定。

现场爆破监测的典型时程曲线如图 6-4 所示。由于下穿式立体交叉隧道下部隧道爆破施工对上跨既有铁路隧道的影响主要集中在垂直方向，因此本书将以垂直方向质点峰值振动速度为评价指标。

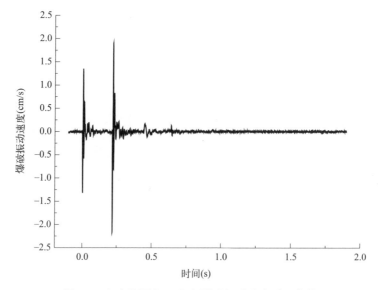

图 6-4　上台阶测点 Z 方向爆破振动速度时程曲线

表 6-1 为草帽山隧道不同围岩等级非下穿段爆破施工现场实测部分数据。由表 6-1 上台阶爆破振动数据可知，Z 方向爆破振动峰值速度主要与爆心距及单响最大药量有关，爆心距越大，单响药量越小，爆破振速则越小；同时隧道的围岩类别也会对爆破振动的传递产生影响，而围岩类别对爆破振速衰减的影响主要表现在爆破工程系数 K、α 上。

基于爆破实测数据，采用式(6-1)利用数值计算工具分别对非下穿围岩等级为Ⅲ、Ⅳ及Ⅴ级洞身段爆破振动速度数据进行回归分析，可以得到表征不同围岩类别爆破振动地质系数 K、α。计算得到：Ⅲ级围岩爆破的工程系数 $K=62.63$、$\alpha=1.48$；Ⅳ级围岩爆破的工程系数 $K=243.74$、$\alpha=2.25$；Ⅴ级围岩爆破的工程系数 $K=181.69$、$\alpha=1.81$。由《爆破安全规程》GB 6722—2014，交通隧道的爆破振动速度不得超过 10cm/s，由表 6-1 可知，下部隧道爆破施工时，爆破振动速度均小于 10cm/s，因此下部隧道非交叉段爆破对在建隧道支护结构的影响均符合标准规定。

草帽山隧道非下穿洞身段 Z 方向上台阶爆破振动速度监测数据　　表 6-1

围岩等级	测点桩号	测试位置	爆心距 R(m)	单响最大炸药量 Q(kg)	Z 方向爆破振速 v(cm/s)
Ⅲ级	DK173+429.4	初期支护	15	55.8	8.27
Ⅲ级	DK173+435.4	初期支护	20	55.8	5.23
Ⅲ级	DK173+486.1	初期支护	35	55.8	3.07
Ⅳ级	DK173+565.3	初期支护	15	24	5.98
Ⅳ级	DK173+569.3	初期支护	25	24	1.87
Ⅳ级	DK173+571.3	初期支护	35	24	1.21
Ⅴ级	DK173+507.7	初期支护	15	18	3.77
Ⅴ级	DK173+508.5	初期支护	20	18	1.15
Ⅴ级	DK173+510.1	初期支护	35	18	0.79

6.2.3　交叉隧道爆破振动控制

新建草帽山隧道施工前，相关地勘人员对既有隧道附近进行了实地检查考察，结果表明既有隧址附近以Ⅴ级围岩为主；同时由于唐呼铁路承载着运输煤炭、金属矿藏等任务，因此北草帽山铁路隧道通过的重载货列车对交叉段安全施工及既有线运营安全均造成了不利影响。综上所述，由于下穿段隧道围岩较破碎且上部重载列车荷载对交叉段造成的不利影响，本书建议将下穿段爆破施工引起的隧道结构振动速度上限由《爆破安全规程》GB 6722—2014 中的 10cm/s 下调为 5cm/s。

根据拟合公式(6-2)，可计算最大单响药量。其中，计算距离 R 取下穿施工至既有隧道正下方时的最小净距 16.9m，爆破安全振速取 5cm/s。根据计算可知，下穿段围岩等级为Ⅲ级、Ⅳ级、Ⅴ级时，下穿至既有隧道正下方时爆破施工最大单响药量分别为 29.47kg、27.21kg、18.35kg，但考虑到草帽山隧道交叉段围岩等级确定困难及上部既有重载铁路隧道的运营安全，爆破施工的最大单响药量限制 18.35kg（Ⅴ级围岩），实际施工中为了方便控制药量，最大单响药量建议取值为 15kg。

$$Q_{max} = R^3 (V/K)^{3/\alpha} \tag{6-2}$$

按照现有非下穿段爆破施工方案，Ⅲ级、Ⅳ级、Ⅴ级围岩的实际施工最大单响药量分别为 55.8kg、34.8 kg、26.5 kg，安全振动速度取 5cm/s，则根据经验公式(6-3)可求得最小控爆距离分别为 21.09m、19.80m、14.03m。同最大单响药量控制值的取值方法，建议控爆距离为 30m。

$$R = (V/K)^{-1/\alpha} \times Q^{1/3} \tag{6-3}$$

6.2.4　新建京张高铁草帽山交叉段爆破方案优化设计

由上述分析可知，下穿草帽山隧道爆破施工对既有铁路隧道的最大影响范围为30m；而实际施工过程中为了安全起见，选择新建草帽山隧道与既有北草帽山隧道平面交叉点以外30m为交叉段，考虑到两条隧道斜交角度76°22′且两条隧道空间净距仅为16.9m，因此将交叉段以外25m作为过渡段。具体爆破控制范围如图6-5所示，具体控制爆破里程见表6-2。

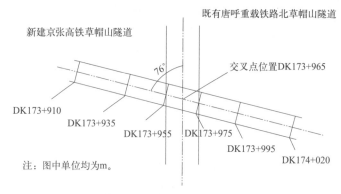

图6-5　草帽山隧道交叉段爆破振动控制范围

控制爆破里程　　　　　　　　　　　　　　　　表6-2

爆破方案	控制里程
1m进尺爆破	DK173+910～DK173+935；DK173+995～DK174+020
0.8m进尺一次爆破	DK173+935～DK173+955；DK173+975～DK173+995
0.8m进尺爆破配合机械开挖	DK173+955～DK173+975

过渡段内采用1m进尺爆破方案，现仅对爆破振动较大的上台阶爆破方案进行阐述。上台阶爆破掏槽形式采用三中空直或楔形掏槽，周边孔采用不耦合间隔装药，采用光面控制爆破。为防止爆破振动波叠加，采用非电毫秒雷管1～17奇数段引爆；其中，单孔装药量为300g或者400g，掏槽段采用斜眼掏槽，一段掏槽药量为4.5kg，最大段为11段的掘进孔，装药量为15.3kg（单孔装药量乘以孔数即得单段装药量）。为减小爆破荷载对既有上跨隧道的影响，全部的掏心眼与辅助眼均采用斜眼布置形式，同时，在掏槽段与周边段都设有空心眼，用来为爆破施工提供更大的临空面，减小爆破振动。具体炮眼布置如图6-6所示。

交叉段爆破施工分为两个阶段，远区交叉段DK173+935～DK173+955、DK173+975～DK173+995采用0.8m进尺一次爆破成型，具体炮眼布置与过渡段1m进尺相同，炮眼深度及装药量相应减少，其中，单孔装药量减少为200g或300g，一段掏槽药量为3.6kg，最大段（11段）装药量为10kg。

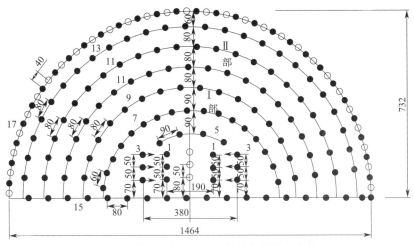

图 6-6　过渡段上台阶 1m 进尺炮眼布置图（单位：cm）

交叉段 DK173＋955～DK173＋975 距既有铁路隧道边墙较近，为了进一步减小振动对既有铁路轨枕与轨道的影响，采用 0.8m 进尺爆破与机械开挖相配合的掘进方式，上台阶断面分为Ⅰ、Ⅱ两部分进行开挖。具体炮眼布置如图 6-7，首先装药爆破掌子面红色区域Ⅰ，其中，单孔装药量为 200g 或 300g，一段掏槽药量最大不超过 2.4kg，最大段装药量控制在 8kg 之内。然后主要使用机械开挖对Ⅱ部开挖断面，若遇到坚硬岩石可配合部分周边眼爆破开挖轮廓。

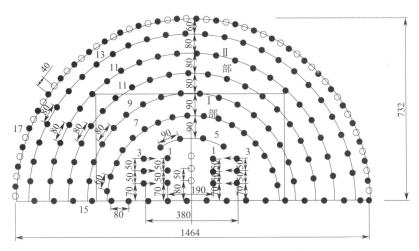

图 6-7　过渡段上台阶 0.8m 进尺爆破配合机械开挖炮眼布置图（单位：cm）

全程跟踪监测新建京张高铁草帽山隧道爆破施工过程，爆心距 35m 处测点 Z 方向爆破振动速度时程曲线如图 6-8 所示。从图中可以看出，采用下穿段爆破方案后，爆破振动速度得到了有效的控制。振动主要集中在爆破施工过程中的掏槽段和最大装药段，因此控制爆破施工应对掏槽段和最大装药段着重考虑。且采用下穿段爆破方案后，爆破振动速度得到了有效的控制。

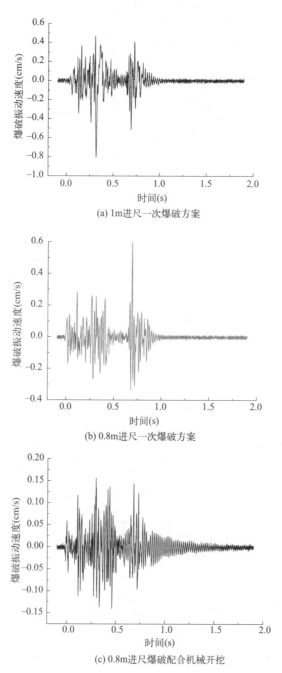

(a) 1m进尺一次爆破方案

(b) 0.8m进尺一次爆破方案

(c) 0.8m进尺爆破配合机械开挖

图 6-8　各爆破方案实测 Z 方向爆破振动速度时程曲线

现场实测数据见表 6-3。由表中数据可知，采用优化的爆破施工方案后，距掌子面 35m 测点 Z 方向爆破振动速度峰值均小于 0.85cm/s，满足爆破安全需要，说明下穿交叉段爆破施工方案对于新建草帽山下穿既有铁路隧道工程是可行的。此工程案例的控制爆破施工的思路及方法可以为类似交叉隧道爆破振动控制提供一定的借鉴与参考。

不同爆破掘进方案爆心距为 35m 处 Z 方向速度峰值对比关系　　　表 6-3

爆破方案	测试位置	单响最大炸药量 Q(kg)	Z 方向爆破振速 ν(cm/s)
1m 进尺爆破	初期支护	15.3	0.8256
0.8m 进尺一次爆破	初期支护	10.0	0.5836
0.8m 进尺爆破配合机械开挖	初期支护	8.0	0.1478

6.3　交叉隧道施工安全监测及控制技术研究

根据岩石力学知识，岩体在天然地应力的作用下处于应力平衡状态，而既有地下工程的开挖破坏了天然应力状态，使围岩发生弹塑性应力重分布。新建隧道在应力重分布的基础上，对围岩进行了第二次扰动，诱发第二次围岩应力重分布。受应力环境的影响，隧道衬砌结构及围岩均会产生附加应力及变形，由此引起的围岩塑性区形状及大小也会随着开挖的进程发生变化。因此，近接工程施工过程中，监测、计算围岩及衬砌的变形和应力显得十分重要。

现有研究都是围绕既有高速或普通铁路隧道展开的[201-203]，而在实际隧道施工过程中往往会遇到上跨既有重载铁路隧道，而重载列车荷载相比于其他类型列车荷载对隧道交叉段的不利影响会被放大，因此对下穿既有重载铁路隧道进行现场实测研究，具有重大的工程意义。

下穿隧道爆破施工会直接影响围岩及既有隧道衬砌结构的稳定性，但是当前对于上跨既有重载铁路上下型交叉隧道施工可提供的工程经验较少，设计规划尚未成熟。基于此，加强交叉隧道现场监控量测对于保证交叉隧道施工安全具有重要的工程意义。

6.3.1　交叉隧道施工安全监测方案

依据高铁隧道及重载铁路隧道监测规范的基本要求，主要监测内容包括新建隧道的拱顶沉降及周边收敛、既有隧道二次衬砌沉降及爆破施工引起的既有隧道结构的爆破振动速度。监控测点情况如图 6-9 所示。其中，1～5 分别表示 5 个不同的爆破振动测点。$\overline{1}\sim\overline{3}$ 分别表示 3 个不同的沉降测点。

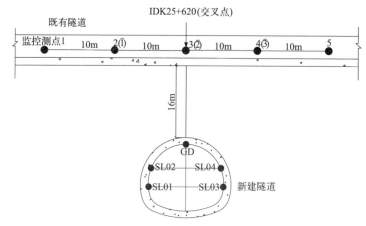

图 6-9　交叉隧道测点布置图

考虑到上部既有铁路隧道运行低频、高幅值的列车荷载对交叉隧道段施工造成的影响，本次隧道监控标准要高于规程。具体监测控制标准值见表 6-4。取监测标准的 75% 作为预警值，当监控数据达到预警值时，应加大监测频率[204-206]，监测数值接近监控标准值时，应停止施工，采取相应措施。

交叉隧道监测控制标准　　　　　　　　　　　　　　　　　　表 6-4

监测项目	拱顶沉降（mm）	周边收敛（mm）	既有隧道沉降（mm）	既有隧道爆破振速（cm/s）
控制标准	（5/100）	（5/100）	（1.5/20）	3

注：（5/100）表示单日沉降 5mm，累计沉降 100mm。

6.3.2　监测数据分析

高铁隧道拱顶沉降和净空收敛量测间距有如下要求：Ⅳ围岩不得大于 10m，Ⅴ级围岩不得大于 5m。同时当拱顶沉降与净空收敛累计值大于 100mm 或者单日累计沉降大于 5mm 时，应停止掘进，分析原因并采取相应的加固措施。由于篇幅有限，只选取部分交叉段施工过程中的实时监测数据进行分析。

新建隧道拱顶沉降（GD）纵向分部曲线如图 6-10 所示，典型断面（IDK173＋945、IDK173＋950、IDK173＋955）的拱顶沉降曲线如图 6-11 所示。表 6-5 不同围岩等级下新建隧道拱顶沉降。

由图 6-10 可知，施工引起隧道的拱顶沉降较大，最大值发生在距离交叉断面仅为 2.6m 的 DK173＋960，最大累计沉降达 43.6mm。由表 6-5 可知，不同围岩级别下拱顶沉降值不同，隧道围岩级别越高，即隧道围岩越破碎，隧道拱顶沉降越大，特别地，Ⅴ级围岩的平均累计沉降已达 37.16mm。

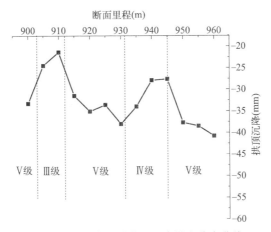

图 6-10　新建隧道拱顶沉降纵向分布曲线

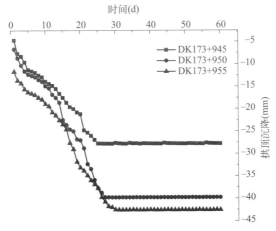

图 6-11　新建隧道典型断面拱顶沉降曲线

由图 6-11 可知，拱顶沉降随时间呈现先增大、后平缓的趋势。不同的围岩级别及距交叉点不同的距离对隧道拱顶沉降值的稳定时间有较大影响：围岩等级越高，稳定时间越长，沉降速率越大，例如，Ⅴ级围岩（DK173＋950、DK173＋955）稳定时间超过 30d，而Ⅳ级围岩（DK173＋945）稳定时间需要 28d。相同的围岩级别下，测点距交叉点位置越近，沉降稳定时间越长，且沉降速率越大。

不同等级围岩拱顶沉降　　　　　　　　　　表 6-5

围岩级别	施工里程	距交叉点的距离(m)	拱顶沉降	
			最终累计值(mm)	平均值(mm)
Ⅲ级围岩	DK173＋905	57.6	24.5	22.95
	DK173＋910	52.6	21.4	

续表

围岩级别	施工里程	距交叉点的距离(m)	拱顶沉降	
			最终累计值(mm)	平均值(mm)
Ⅳ级围岩	DK173+935	27.6	34.0	29.83
	DK173+940	22.6	27.9	
	DK173+945	17.6	27.6	
Ⅴ级围岩	DK173+900	62.6	33.3	37.16
	DK173+915	47.6	31.5	
	DK173+920	42.6	35.1	
	DK173+925	37.6	33.6	
	DK173+930	32.6	38	
	DK173+950	12.6	39.7	
	DK173+955	7.6	42.5	
	DK173+960	2.6	43.6	

典型断面（IDK173＋945、IDK173＋950、IDK173＋955）的周边收敛（SL2-4）曲线如图 6-12 所示。周边收敛（SL1-3）典型测点（IDK173＋945、IDK173＋950、IDK173＋955）时程曲线如图 6-13 所示。

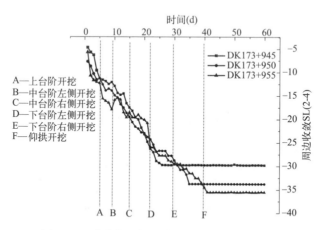

图 6-12　隧道典型断面周边收敛（SL2-4）曲线

如图所示，随着隧道的开挖，周边收敛曲线（SL2-4、SL1-3）均经历了"急剧变化—缓和变化—趋于平稳"三个阶段。以 DK173＋955 断面为例进行研究。上台阶开挖对收敛位移的影响最大，SL1-3 和 SL2-4 收敛在中台阶及下台阶开挖时有一定增长，造成这种情况是由于实际隧道中、下台阶开挖时有少量出水，导致隧道周边收敛明显增大。值得注意的是，仰拱施工完成后，隧道周边收

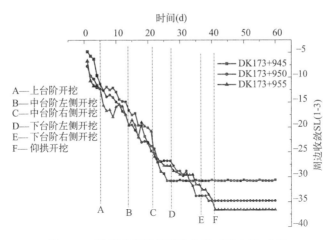

图 6-13　隧道典型断面周边收敛（SL1-3）曲线

敛基本完成累计位移的 95%，说明隧道施工及时进行仰拱支护，有利于控制隧道围岩位移的发展。

如图 6-9、图 6-14 及表 6-6 所示，于既有隧道边墙处布置 3 个沉降监测点。其中，两隧道交叉中心布置 1 个监测点，隧道交叉中心两侧 10m 处各布置 1 个监测点。具体监测断面里程见表 6-6。

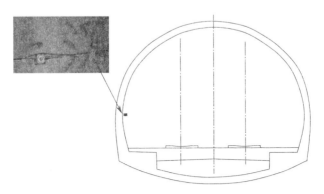

图 6-14　既有隧道沉降测点布置剖面图

二次衬砌沉降监测断面　　　　　　　　　　　　　　　　表 6-6

序号	监测断面里程
1	IDK25＋610
2	IDK25＋620
3	IDK25＋630

图 6-15 为隧道施工过程中既有隧道二次衬砌的沉降曲线图。隧道开挖引起

既有隧道二次衬砌沉降的范围为 0.5～4.5mm；最大沉降量出现在测点 IDK25＋610 处，经历大约 50d 竖向沉降量达到 4.5mm。IDK25＋620 大约经历 45d 达到平稳，最大沉降量为 3.456mm。

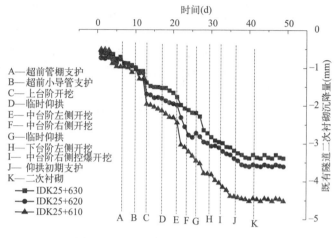

图 6-15　既有隧道二次衬砌沉降曲线

　　监测断面 IDK25＋610 的沉降量大于交叉断面主要原因：两条隧道斜交，随着隧道掘进，首先影响既有铁路隧道小里程方向，而后逐渐向交叉断面发展，导致 IDK25＋610 断面的沉降量大于交叉中心断面 IDK25＋620。

　　从隧道开挖工序影响来看，超前大管棚及超前小导管对既有隧道二次衬砌沉降的发展有一定的抑制作用。沉降速率较大段出现在上台阶、中台阶左侧开挖处。此外，临时仰拱对稳定上部隧道围岩具有积极作用。特别地，仰拱施工完成后，既有隧道结构竖向沉降基本达到最终值的 85％～90％，二次衬砌完成后，既有隧道沉降基本趋于稳定，这说明新建隧道及时闭合初期支护及二次衬砌对围岩位移控制具有积极的作用。

6.4　交叉隧道施工方案优化

　　为了减小隧道施工对既有隧道的影响，优化后的支护方案拟采用三台阶临时仰拱开挖，配合Ⅴ级加强支护。初期支护采用 C30 喷射混凝土，厚 28cm，钢筋网片采用 $\phi8@20cm×20cm$，系统锚杆拱部采用 $\phi22$ 组合中空锚杆，边墙采用 $\phi22$ 砂浆锚杆，锚杆长度 4.0m，间距 1.2m×1.0m（纵×环），呈梅花形布置。仰拱衬砌则采用 C35 混凝土，厚 28cm，二次衬砌采用 C35 混凝土，厚 50cm。

　　上台阶及中台阶施工过程中应配合临时仰拱的施作，减少在建隧道的周边收敛及拱顶沉降。初期支护拱脚，纵向采用各预埋宽 20cm、厚 1.6cm 的钢板与钢架通长焊接。此外，每处拱架拱脚下通长下垫 32b 槽钢，扩大受力面积。图 6-16 所示为交叉隧道开挖及初期支护。交叉隧道区域施工采用超前大管棚配合超前小导管的超前支护形式组成隧道-围岩预支护联合体系，保证既有隧道使用安全。

图 6-16　交叉隧道开挖及初期支护

支护方案优化后，隧道位移得到了有效的控制，新建隧道的拱顶沉降及周边收敛单日最大位移均不超过 3.5mm，既有隧道二次衬砌沉降满足规范要求。

爆破施工时加强对铁路隧道的监测，埋设沉降观测点，进行沉降观测，提高对沉降观测点监测的频率。严格遵循"管超前，严注浆，短开挖，强支护，快封闭，勤量测"的"十八字"原则进行新奥法隧道爆破开挖进尺。图 6-17 为草帽山隧道交叉段上台阶爆破施工现场图。

图 6-17　草帽山隧道交叉段
上台阶爆破施工现场

6.5　本章小结

本章依托新建京张高铁草帽山交叉隧道工程，对隧道开挖过程中引起的相关动力响应规律进行了系统的研究和分析。通过现场实测及拟合计算的方法提出了根据围岩等级分段控制爆破振动的理念，并基于现场监测反馈数据大致确定了开挖掘进对既有隧道的影响区域范围。主要得出以下结论：

（1）基于现场爆破数据得到不同围岩类别对应的爆破参数 K、α，基于下穿段安全振动速度得到下穿段围岩等级为Ⅲ级、Ⅳ级、Ⅴ级的最大单响药量分别为29.47kg、27.21kg、18.35kg；而其最小控爆安全距离分别为 21.09m、19.80m、14.03m，但出于安全考虑，建议爆破施工的最大单响药量不超过15kg，最小控制距离为30m。

（2）对隧道下穿段爆破方案进行优化设计，爆破施工主要依据里程分为三段进行；同时通过现场试验验证距掌子面35m测点 Z 方向爆破振动速度峰值均小于0.85cm/s，满足爆破振动安全需要，说明下穿交叉段爆破施工方案对新建草帽山隧道下穿既有铁路隧道工程是可行的。此外，本章引入的根据围岩等级分段控制的思路对类似近接隧道的控制施工具有重要的借鉴意义。

（3）不同围岩级别下的隧道拱顶沉降值不同，隧道围岩级别越高，隧道拱顶沉降越大。特别地，Ⅴ级围岩的平均累计沉降已达37.16mm，周边收敛曲线（SL2-4、SL1-3）均经历了"急剧变化—缓和变化—趋于平稳"三个阶段；仰拱开挖后隧道周边收敛基本完成累计位移的95%左右。超前大管棚及超前小导管支护对既有隧道沉降的发展具有一定的抑制作用。仰拱施工完毕后既有隧道结构竖向沉降基本达到最终值的85%~90%，当二次衬砌施工完成后，上部既有隧道沉降基本趋于稳定。

（4）从隧道开挖工序来看，超前大管棚及超前小导管预支护对既有隧道结构竖向位移的发展有一定的抑制作用；沉降速率较大段出现在上台阶、中台阶左侧、下台阶左右侧钻爆开挖处，而上中台阶的临时仰拱施工对暂时稳定上部隧道围岩有积极作用；仰拱初期支护施工完毕后既有隧道结构竖向沉降基本达到最终值的85%~90%，而当二次衬砌通过交叉断面后，上部既有隧道竖向位移基本趋于稳定。

（5）下穿隧道开挖时严禁上台阶与其他部位同时爆破施工，若由于施工条件避免不了同时开挖，最好将上台阶爆破时间与其他部位爆破时间错开半小时以上。

第 7 章　崇礼隧道下穿既有村庄掘进爆破的
动力响应及控制技术研究

7.1　概　　述

钻爆法作为隧道掘进爆破施工的主要施工技术，其炸药爆炸后产生的爆破振动波将会严重威胁地表既有建（构）筑物的稳定性和使用安全[207]。如何科学优化施工方案和有效控制爆破振动产生的危害，平衡减小爆破振动与提高施工效率之间的矛盾，是爆破施工安全、高效施工的关键。

本章依托新建崇礼铁路隧道下穿既有村庄爆破工程，通过对现场爆破振动实测数据的统计和回归分析，利用最小二乘法、频谱分析法等探讨隧道爆破振动波的衰减规律；然后构建考虑频率影响的爆破振动速度回归模型，并结合实测数据确定隧道爆破振动的安全阈值，以期形成一套可以定量考虑频率影响的爆破振动安全评价体系，为科学优化施工方案和有效减小爆破振动危害提供理论基础。

7.2　崇礼隧道下穿既有村庄掘进爆破工程

7.2.1　工程概况

新（改）建铁路太子城至锡林浩特铁路太子城至崇礼段位于张家口市崇礼区境内，线路自太子城站出站端引出折向西北，以隧道形式下穿万龙滑雪场（和平森林公园），于黄土咀村山旮里旯旅游度假村西侧上跨 Y098 县道，继续北行经村庄后，于大夹道沟村设崇礼站。崇礼隧道 3 号斜井进口图如图 7-1 所示。

崇礼隧道穿越崇山峻岭，属中低山区类地貌单元，地形走势总体呈现中间高、两侧低的特点，地势起伏较大。隧址区的岩性主要为中上元古界长城系（Ch）石英岩、太古宙变质岩系（Dms）花岗片麻岩、远古宙二长花岗岩等，部分洞口地段覆盖第四系角砾土。隧道围岩较完整～极破碎，局部存在差异风化、岩脉接触带、节理发育密集带、蚀变带和断层破碎带等，围岩稳定性差。隧址范围内地下水较发育，富水性不均匀，围岩中～强富水。地质勘察资料显示，隧址区的岩体中存在各类接触带、蚀变带和节理发育密集带，其均为地下水的良好通道，爆破开挖过程中一旦被揭露，便有突泥涌水及围岩坍塌风险。

图 7-1 崇礼隧道 3 号斜井进口

崇礼隧道设计为净宽 8.3m、净高 9.8m 的单线、Ⅰ级铁路,仅开行动车组列车,设计时速为 160km/h。隧道起讫里程为 DK62+310～DK67+800,全长 5490m。沿线地面高程总体在 1369.5～1782.0m 范围,最大埋深为 383.8m,崇礼隧道设辅助坑道 3 个,总长度 1686m,其中:Ⅲ级围岩 967m,Ⅳ级围岩 232m,Ⅴ级围岩 487m。隧址区整体地质条件复杂。

崇礼隧道在 DK65+500～800 段洞身下穿地面既有村庄,崇礼隧道下穿村庄平面示意图如图 7-2 所示。洞身主要穿越早远古代变质岩系红旗营子群斜长片麻岩等,整体岩体较为完整,该段处于强富水区。隧址区整体地质条件较差,下穿

图 7-2 崇礼隧道下穿村庄平面图

段最小埋深为 30m。该段沿线围岩分级见表 7-1。下穿隧道段设计采用Ⅲb 加强支护形式，采用全断面法、控制弱爆破施工，严格按照邻近既有建筑物施工安全要求规范施工。施工过程中做好综合超前地质预报工作的同时对村庄民房进行爆破振动监测，并将监测数据实时反馈到施工单位，及时采取控爆措施。

崇礼隧道下穿村庄段围岩分级里程表

表 7-1

序号	起讫里程	围岩级别	围岩长度	地质特征
1	DK65+262～DK65+632	Ⅳ	297m	洞身主要穿越斜长片麻岩等,节理裂隙发育,岩体较完整,沟谷地带较破碎,围岩稳定性一般～较差,局部易掉块、塌方等。地下水主要为基岩裂隙水,该段落为强富水区
2	DK65+632～DK65+962	Ⅲ	330m	洞身主要穿越斜长片麻岩等,节理裂隙发育,岩体较完整,沟谷地带较破碎,围岩稳定性一般～较差,局部易掉块、塌方等。地下水主要为基岩裂隙水,该段落为强富水区

经过现场调研，村内民用建筑大多为土坯房或者砖瓦房，该结构体系抗震性能和力学性能均较差，同时，由于村内房屋大多常年未经维护修理，建筑结构遭到或多或少的损坏，甚至有些房屋结构表面出现可见裂缝。基于此可知，隧道下穿爆破施工必定会引起村庄内房屋的不规律振动，一旦振动速度过高或爆破振动主频接近建筑物的固有频率，有可能会造成房屋的损坏甚至倒塌[208]。在隧道爆破施工前，对村庄内居民房屋已有裂缝开展情况进行调研，如图 7-3～图 7-5所示。

图 7-3　村庄内建筑物原有裂缝开展情况一

图 7-4　村庄内建筑物原有裂缝开展情况二

图 7-5　村庄内建筑物原有裂缝开展情况三

7.2.2　爆破方案

隧道整体以Ⅲ、Ⅳ级围岩为主，考虑到地质条件等因素和工期要求，爆破开挖采用全断面法爆破施工。爆破施工使用 1～13 段非电毫秒雷管和 2 号岩石乳化炸药，采用连续柱状装药结构。为了提高炸药的能量利用率，所有炮孔均需填塞炮泥，严禁无填塞爆破。循环进尺控制在 3.0～4.0m，并根据施工条件动态调整。炮孔布置图如图 7-6 所示。

1. 孔径及孔深

炮孔的孔径均为 40mm，掏槽孔与工作面的夹角为 51°～77°，孔深 4m，孔距 1m；辅助孔布设形式为以槽腔为中心层层布置，孔深 3.5m，孔距 0.8m；周边孔深 3m，孔距 0.4m。

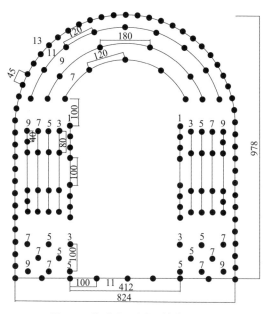

图 7-6　炮孔布置图（单位：cm）

2. 炮孔数目

Ⅳ级围岩铁路隧道断面平均炮孔数目的密度在 1.5～2.0 之间。根据崇礼隧道的围岩条件取值 1.5 个/m^2；下穿段断面爆破面积计算值为 $S = 80.6m^2$；炮孔数目应为 $1.5 \times 80.6 = 120.9$ 个。

3. 炮孔装药量 Q

断面面积 $S = 80.6m^2$，平均循环进尺 3.3m，每一循环爆破方量为 $80.6 \times 3.3 = 266m^3$。参考国家颁布的预算定额标准，结合类比工程选取单位炸药单耗 q，本工程取 $q = 0.75kg/m^3$。在施工中分析爆破效果，并实时调整炸药单耗，选取合适的爆破参数。各类炮孔装药量见表 7-2。

（1）掏槽孔

掏槽孔的主要作用是为后续辅助孔爆破提供足够的补偿空间，减小岩石的夹制作用，故应适当加大掏槽孔的装药量，一般取平均装药量的 1.2～1.5 倍，并根据现场实际情况进行调整。

（2）辅助孔

辅助孔爆破后会进一步扩大掏槽孔爆炸形成的槽腔，并为其他孔的爆破提供新的自由面。布置方式遵循大致均匀、局部适当调整的原则。辅助孔的装药量一般取平均值，具体取值受围岩条件、抵抗线大小等因素制约[209]。

（3）底孔

因其夹制作用较大，为防止欠挖并实现预期的爆破效果，药量取平均装药量的 1.4～1.6 倍，主要以岩石的性质、炸药性能等因素决定。

（4）周边孔

周边孔的布置方式直接影响到爆破后能否形成平整的隧道断面轮廓及后期围岩的稳定性，大体遵循沿着隧道轮廓周边依次布置的原则，装药量选择平均药量的 0.6～0.8 倍。

各类炮孔装药量　　　　　　　　　　　　　　　　　表 7-2

炮孔名称	每孔装药条数	孔数	装药量(kg)	起爆段数	备注
掏槽孔	9	16	43.2	1	2 号岩石乳化炸药
辅助孔	8	10	24	3	2 号岩石乳化炸药
辅助孔	6	10	18	5	2 号岩石乳化炸药
辅助孔	5	12	18	7	2 号岩石乳化炸药
抬炮	8	8	19.2	7	2 号岩石乳化炸药
压炮	7	4	8.4	9	2 号岩石乳化炸药
抬炮	8	4	9.6	9	2 号岩石乳化炸药
辅助孔	2.5	10	7.5	11	2 号岩石乳化炸药
周边孔	2.5	50	37.5	13	2 号岩石乳化炸药
合计	56	124	185.4	—	—

4. 起爆网络

综合考虑各种因素制定符合振动安全标准的爆破施工方案，初步方案设计采用七段毫秒导爆雷管跳段起爆，分别为 MS1、MS3、MS5、MS7、MS9、MS11、MS13 段，该爆破方案能够减少单段最大起爆药量，有效地降低地表质点振动速度峰值。各炮孔起爆顺序为掏槽孔先起爆，辅助孔随后起爆，然后是周边孔和底孔。

7.2.3　监测方案

新建崇礼铁路隧道下穿既有村庄掘进爆破施工危及既有建筑物的使用安全，下穿施工过程中有必要对隧道下穿段进行系统的监测。此次隧道施工监测标准主要依据《铁路工程爆破振动安全技术规程》TB 10313—2019 与《爆破安全规程》GB 6722—2014，通过测振云平台实时上传爆破振动数据，为优化爆破施工方案提供数据支撑。爆破安全规程针对不同类型的保护对象，给出了不同的安全判据和允许标准，详见表 7-3。下穿段隧道围岩等级以Ⅲ、Ⅳ级为主，最小埋深为 30m。因此，为了保证既有建筑物的安全，经过大量专家论证和工程经验，初步确定了下穿段隧道爆破振动报警阈值为 2.0cm/s，预警阈值为 1.5cm/s。

爆破振动安全允许标准　　　　　　　　　表 7-3

保护对象类别	安全允许振速(cm/s)		
	＜10Hz	10～50Hz	50～100Hz
土窑洞、土坯房、毛石房屋	0.5～1.0	0.7～1.2	1.1～1.5
一般砖房、非抗震的大型砌块建筑物	2.0～2.5	2.3～2.8	2.7～3.0
钢筋混凝土结构房屋	3.0～4.0	3.5～4.5	4.2～5.0
一般古建筑与古迹	0.1～0.3	0.2～0.4	0.3～0.5
水工隧道	—	7～15	
交通隧道	—	10～20	—
矿山巷道	—	15～30	
水电站及发电厂中心控制室设备	0.5		

注：1. 表列频率为主振频率，系指最大振幅所对应波的频率。

　　2. 频率范围可根据类似工程或现场实测波形选取。选取频率时亦可参考下列数据：硐室爆破 ＜20Hz；深孔爆破 10～60Hz；浅孔爆破 40～100Hz。

本次爆破振动强度监测的主要监测指标为爆破振动速度和主频率。振动监测系统使用的是成都中科测控公司研制的 TC-4850N 爆破振动监测仪和配套的 TCS-B3 三轴振动速度传感器。TC-4850N 是爆破振动仪的无线网络版本，内置 4G 和 WiFi 模块。当网络连接正常时，系统采集到的数据可以即时上传至云平台，监控人员可以从服务器上实时下载和查看现场监控数据。该爆破振动计采样频率为 1～50kHz，可节省 0～35cm/s 的爆破振动数据。记录长度可在 1～160s 范围内自动调整，记录精度为 0.01cm/s，完全满足监测精度要求。每台爆破振动计配有一套 TCS-B3 三轴振动速度传感器，可同时采集 x、y、z 方向的爆破振动速度。TC-4850N 高精度爆破振动仪和 TCS-B3 速度传感器如图 7-7 所示。

为揭示建筑物在爆破振动激励荷载下的振动响应规律，爆破振动 4 号监测点设置在距离隧道中线最近、振动响应较大的建筑物处，并定义隧道掌子面行进至

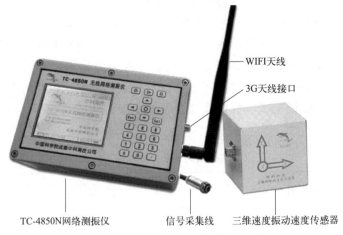

WIFI天线

3G天线接口

TC-4850N网络测振仪　　　信号采集线　　　三维速度振动速度传感器

图 7-7　TC-4850N 爆破测振仪及传感器

距离 4 号监测点最近的位置为危险掌子面位置（隧道与建筑物临近点位置）。以 4 号测点为基准点，南偏东 49°方向 22m 处设置 5 号测点，南偏西 61°方向 18m 处设置 3 号测点。新建隧道与村庄内建筑物平面位置及测点布置方位详见图 7-8。在新建隧道掘进施工至危险掌子面位置之前，提前部署监测仪器，实时监测隧道爆破振动过程，将监测数据及时反馈至施工单位，不断优化和调整隧道爆破参数。在监测点处清除表面杂物，用石膏将振动速度传感器与地面紧密连接，振动传感器 x 方向指向隧道轴线，y 方向垂直于隧道轴线指向隧道方向，z 方向为竖直向上。仪器布置如图 7-9 所示。

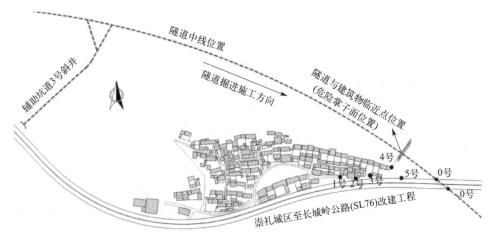

图 7-8　崇礼隧道下穿村庄爆破施工监测点布置图

图 7-9　爆破振动监测仪布置图

7.3　隧道爆破施工引起地表振动波传播衰减规律

本节采用 MATLAB 编程软件对经降噪处理后的爆破振动信号进行深入分析。分别进行振动速度拟合运算、频域图谱分析、小波包能量分析，实现从多指标不同测试方位角度揭示爆破振动波传播衰减规律，从而为发展控爆技术和优化施工方案提供理论支撑[210]。

三次爆破采用相同的药量，循环爆破总药量为 192kg。掏槽孔中装药量最大，单段最大药量为 43.2kg。监测结果详见表 7-4，其中负号表示测点在掌子面后方已开挖段。

爆破振动监测结果 表 7-4

类别	测点	爆心距 R(m)	v_x(cm/s)	v_y(cm/s)	v_z(cm/s)
第 1 次爆破	1	−111.2	0.11	0.17	0.61
	2	−82.5	0.26	0.33	0.99
	3	−62.65	0.50	0.36	1.43
	4	48.5	0.67	0.85	1.64
	5	59.8	0.65	0.76	1.28
第 2 次爆破	1	−113.6	0.24	0.20	0.54
	2	−84.4	0.42	0.41	0.92
	3	−63.9	0.73	0.66	1.32
	4	47.2	0.91	1.57	1.70
	5	56.5	0.97	1.06	1.37

类别	测点	爆心距 R(m)	v_x(cm/s)	v_y(cm/s)	v_z(cm/s)
	1	−120.1	0.19	0.15	0.49
	2	−89.8	0.37	0.40	0.80
第3次爆破	3	−68.2	0.48	0.60	1.18
	4	45.5	1.24	1.32	1.81
	5	48.7	0.97	0.60	1.67

7.3.1　爆破振动速度衰减规律分析

现有的大多数研究采用经验公式法来预测隧道爆破振动速度，运用统计学原理将现场采集到的质点爆破振动速度等数据进行拟合运算，由拟合结果中的各项影响系数得到完整的爆破振动经验预测公式并用其指导现场施工。根据我国现行的《爆破安全规程》GB 6722—2014，使用萨道夫斯基公式对爆破振动速度进行回归分析：

$$V=K\left(\frac{\sqrt[3]{Q}}{R}\right)^{\alpha} \tag{7-1}$$

式中：V——爆破振动速度；

　K、α——反映隧道爆破区地形、地质条件、爆破方案等相关的参数和衰减系数；

　Q——单段最大装药量；

　R——测点与爆源之间的距离。

对式(7-1)两边取对数得：

$$\ln V=\ln K+\alpha\left(\frac{1}{3}\ln Q-\ln R\right) \tag{7-2}$$

针对表7-4中的监测数据利用最小二乘法分别计算三个振动方向的参数 K、α，并用 origin 软件进行线性拟合。以 z 方向为例绘制拟合结果如图 7-10 所示，x、y 方向拟合参数见表 7-5。

x 与 y 方向拟合参数　　　　　　　　　　　　　　　　表 7-5

轴向	方程	r^2
x	$\ln V=1.927(1/3\ln Q-\ln R)+5.021$	0.848
y	$\ln V=2.005(1/3\ln Q-\ln R)+5.298$	0.839

z 方向振动速度的拟合结果：$K=48.959$，$\alpha=1.272$，即爆破振动速度衰减方程为：

$$V_z=48.959\left(\frac{\sqrt[3]{Q}}{R}\right)^{1.272} \tag{7-3}$$

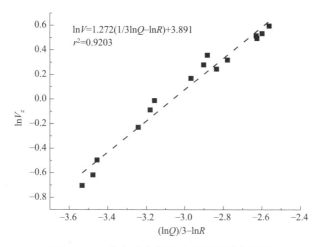

图 7-10　z 方向质点振动速度线性拟合结果

x 方向振动速度拟合结果：$K = 151.563$，$\alpha = 1.927$，即爆破振动速度衰减方程为：

$$V_x = 151.563 \left(\frac{\sqrt[3]{Q}}{R} \right)^{1.927} \tag{7-4}$$

y 方向振动速度拟合结果：$K = 199.937$，$\alpha = 2.005$，即爆破振动速度衰减方程为：

$$V_y = 199.937 \left(\frac{\sqrt[3]{Q}}{R} \right)^{2.005} \tag{7-5}$$

通过分析式(7-3)～式(7-5) 可以看出，x、y 方向的振动速度衰减方程的拟合参数较为相近，而与 z 方向上的参数相差较大，这说明地形、地质条件以及测试方位对爆破振动波衰减规律有较大的影响，这与文献［211］结论相近。炸药爆炸后，爆破振动波从爆破点向各个方向辐射，对周围岩土介质产生不同程度的扰动。在离爆源较远处，爆破振动波可以近似地看作平面波，其传播至同处于水平方向的 x、y 方向，测点振动传播衰减规律明显区别于 z 方向，而在 z 方向上由于存在高程放大效应［212］，振速明显大于其他两个方向，场地系数偏于体现优质岩性，即 z 方向的拟合参数 K 小于其他两个方向。

上述分析结果在一定程度上为萨道夫斯基公式在预测地表振动速度中的应用提供了经验。利用现场监测数据分析新建隧道掘进爆破施工对地表既有建筑物的影响时，重点关注监测点竖直方向的振动速度。尽管爆破振动波在三个方向的拟合衰减公式不同，但总体与实际相符，且相关系数均大于 80%，其中竖直方向上的爆破振动衰减公式具有更大的评估价值。因此本次监测结果通过萨道夫斯基公式进行拟合得到的爆破振动衰减规律较为合理。

7.3.2　爆破振动频谱分析

现有的研究结果表明，地表既有建筑物在爆破振动激励荷载作用下的振动响应不仅取决于爆破振动幅值，还受建筑物本身自振频率与爆破振动波频率特征的影响。结合反应谱理论深入研究爆破振动波在地表中的传播及衰减规律，为获得高效减振方法及科学判断准则提供一定的理论依据[213]。通过对建筑物不同部位监测到的振动信号做 FFT 变换处理，获取结构振动响应的频谱特性，从而进一步揭示建筑物的振动破坏机理，故对爆破振动频率进行系统研究有十分重要的现实意义。利用 MATLAB 软件编程对振动信号进行 FFT 变换，得到隧道爆破振动下地表各测点三个方向频谱图。本节以第三次爆破的 2 号测点和 4 号测点为例，阐述主频率的衰减规律，如图 7-11～图 7-16 所示。

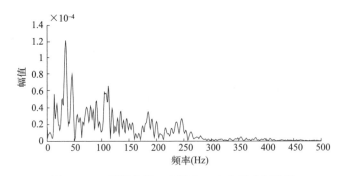

图 7-11　4 号测点第三次爆破 x 方向振动频谱图

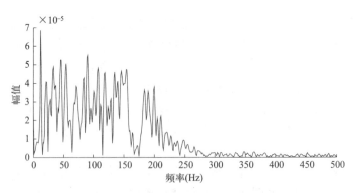

图 7-12　4 号测点第三次爆破 y 方向振动频谱图

通过对比可知，距离爆源比较近的 4 号测点的爆破振动波形频率成分比较丰富，频率分布在 20～300Hz 之间。由于中夹岩土体的高频滤波特性，随着测点与爆源之间距离的增大，高频成分比低频成分衰减得快，导致爆破振动频谱曲线

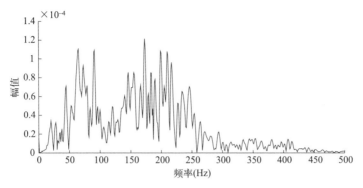

图 7-13　4 号测点第三次爆破 z 方向振动频谱图

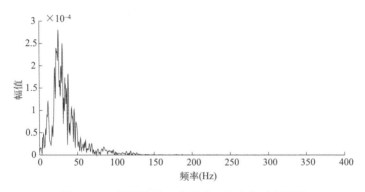

图 7-14　2 号测点第三次爆破 x 方向振动频谱图

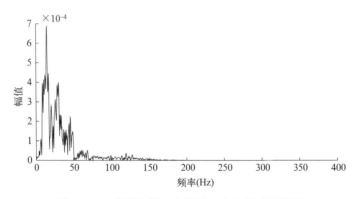

图 7-15　2 号测点第三次爆破 y 方向振动频谱图

向低频区域发展。距离爆源较远的 2 号测点的频谱图呈现出频率分布较为集中且主频突出的特征，频率分布在 15～150Hz 之间。结合我国爆破安全规程和施工现场实测数据，安全允许振动速度为 2.0～2.5cm/s，考虑到村庄内房屋大多常年未经维护修理，将地表振动速度峰值 2.0cm/s 作为安全允许振速。通过上述

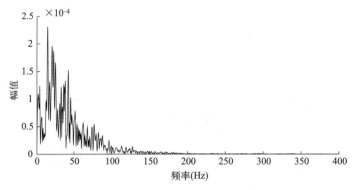

图 7-16　2 号测点第三次爆破 z 方向振动频谱图

拟合的 z 方向萨道夫斯基公式对崇礼隧道下穿既有村庄振动速度安全性进行计算，当掌子面掘进至下穿段最不利位置时，最大单段药量应控制在 38.4kg 以内。隧道掌子面施工至下穿段，及时调整爆破方案，掏槽孔由原来每孔 9 条药调整至 8 条，最大单段药量减少至 38.4kg，同时总装药量减少至 174kg，监测结果显示最大振动速度为 1.8736cm/s，爆破振动速度得到了有效控制。

7.3.3　爆破振动能量分析

利用 MATLAB 数值软件，结合小波包理论对爆破振动信号进行多重分解及重组[214]，计算信号在频率范围内的具体分布特征[215]。采用"db8"小波基函数对隧道爆破振动信号做 8 层分解，得到：

$$x(t)=\sum_{j=0}^{2^i-1}x_{i,j}(t_j)=x_{i,0}(t_0)+x_{i,1}(t_1)+\cdots x_{i,j}(t_j) \tag{7-6}$$

式中：$x_{i,j}(t_j)$ 为爆破振动信号经小波包分解到节点 (i,j)（第 i 层第 j 频带）上的重构信号，其中 $j=0，1，2，\cdots，2^{i-1}$。对应第 i 层信号分量的能量为：

$$E_{i,j}=\int|x_{i,j}(t)|^2\mathrm{d}t=\sum_{m=1}^{n}|v_{j,m}|^2 \tag{7-7}$$

式中：$x_{i,j}(t)$ 为离散点对应的振动速度幅值；$v_{j,m}$ 表示重构信号；n 为爆破振动监测数据采样长度；m 为离散点个数，$m=1，2，\cdots n$。

爆破振动信号总能量为：

$$E=\sum_{j=0}^{2^i-1}E_{i,j} \tag{7-8}$$

各频带的能量比例为：

$$\lambda=\frac{E_{i,j}}{E} \tag{7-9}$$

　　根据式(7-6)～式(7-9)编写代码得到爆破振动信号能量在频率范围内的具体分布特征。统计归纳第三次爆破振动引起的地表各测点爆破振动信号各频段能量百分比，计算结果如图 7-17～图 7-21 所示。总体上，爆破振动信号的能量在频域中分布较广泛，主要集中在 0～300Hz 范围内；与主频率衰减特征相同，随着爆心距的增加，由于中夹岩的高频滤波特性，高频部分能量比低频部分衰减耗散得快，低频部分能量百分比越来越大，高频部分越来越小；三个方向中 z 方向在低频部分能量分布较集中，同时 z 方向也是振动速度最大的方向，而振动能量与振动速度的平方成正比，因此在隧道下穿既有村庄爆破施工时，低主频大振速高能量的 z 方向是监测工作关注的重点。

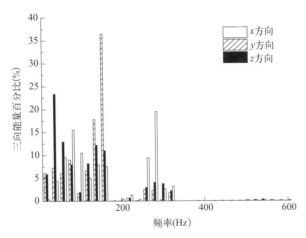

图 7-17　1 号测点三向能量频域分布图

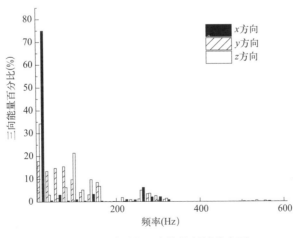

图 7-18　2 号测点三向能量频域分布图

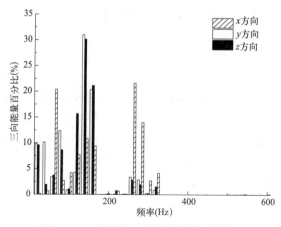

图 7-19　3 号测点三向能量频域分布图

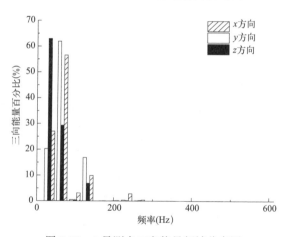

图 7-20　4 号测点三向能量频域分布图

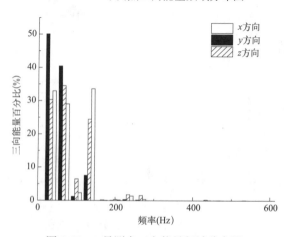

图 7-21　5 号测点三向能量频域分布图

7.4　构造定量考虑频率影响的爆破振动安全评价体系

由上述研究结果可知，地表建筑物在下方隧道爆破激励荷载作用下的动力响应是爆破振动速度幅值和主频共同作用的结果。目前采用的《爆破安全规程》GB 6722—2014 将频率做分段处理，不能真正反映质点振动速度和频率之间的关系，存在一定的局限性。为方便指导施工，引入水平距离 D、里程距离 Y（掌子面里程与监测点里程之差），其与爆心距 R 的数学关系如图 7-22 所示。

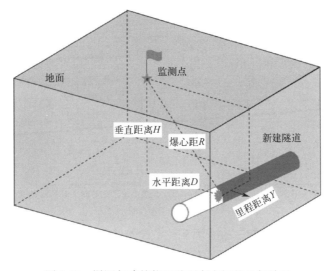

图 7-22　爆源与建筑物四种距离之间的几何关系

为深入研究爆炸应力波在地层中的传播规律，以设置在距离隧道中线最近、振动响应较大建筑物处的 4 号监测点为研究对象，在新建隧道掘进施工至危险掌子面位置之前，提前部署监测仪器，实时监测隧道爆破振动过程，将监测数据及时反馈至施工单位，不断优化和调整隧道爆破参数。具体测量结果见表 7-6。

4 号测点爆破振动监测结果　　　　　　　　　　　　　　　　　　　表 7-6

水平距离 D(m)	爆心距 R(m)	最大单段药量 Q(kg)	峰值振动速度 v(cm/s)	主频 f(Hz)
−50.1	−59.7	42.0	2.04	68.5
−50.3	−60.0	42.3	2.00	67.1
−52.3	−61.7	42.6	1.93	66.3
−53.4	−62.6	42.3	1.90	65.1
−55.0	−63.9	42.9	1.83	63.4

续表

水平距离 D(m)	爆心距 R(m)	最大单段药量 Q(kg)	峰值振动速度 v(cm/s)	主频 f(Hz)
−60.0	−68.3	42.9	1.80	59.3
−70.9	−78.1	42.9	1.50	55.9
−73.4	−80.4	43.2	1.43	54.8
−82.8	−89.0	43.2	1.37	53.4
−90.1	−95.9	43.2	1.25	52.2
80.7	87.1	43.2	1.15	64.2
79.0	85.5	43.2	1.16	64.9
77.0	83.7	42.9	1.18	65.2
70.6	77.8	42.6	1.21	68.8
59.0	67.4	43.2	1.45	70.6
57.3	65.9	42.6	1.70	71.2
52.8	62.1	42.3	1.71	71.6
51.2	60.7	42.9	1.81	71.8
50.5	60.1	42.3	1.79	72.7
50.1	59.8	42.0	1.86	74.2

注：−59.7表示4号监测点位于隧道掌子面前方59.7m处，掌子面未到达危险掌子面位置；87.1表示监测点位于隧道后方87.1m，掌子面已超过危险掌子面位置。

由表7-6监测结果可知，掌子面到达危险掌子面位置时，测点爆破振动强度最大，随着掌子面远离危险掌子面位置，爆破振动强度呈现逐渐较小的趋势。测点的峰值振动速度大多出现在 z 方向上，这说明地质条件、测试方位对爆破振动波传播衰减规律有较大的影响，这与前面的研究结果一致。《爆破安全规程》GB 6722—2014明确规定，选择质点峰值振动速度作为评价爆破振动强度的指标。

图7-23为典型爆破振动时程曲线（利用前面第2章的方法对爆破振动信号进行了降噪处理），爆破时程波形中有6～7波峰，与雷管段数基本一致，在1段掏槽孔爆破时出现峰值振动速度，这是由于掏槽孔装药量大，爆炸时仅有一个自由面，夹制作用大，其诱发的爆破振动速度最大，因此，应对掏槽孔爆破产生的峰值振动速度进行研究[216]。

7.4.1　爆破振动速度衰减规律分析

图7-24为新建隧道爆破荷载作用下地表质点峰值振动速度分布图。结合表7-6和图7-24分析可得，监测点无论位于掌子面前方还是后方，峰值振动速度随掌子面与监测点距离的增加而减小，其衰减速度也随距离的增加而呈现减小的趋

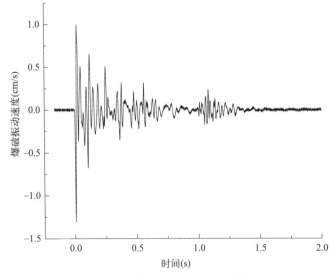

图 7-23　典型爆破振动时程曲线

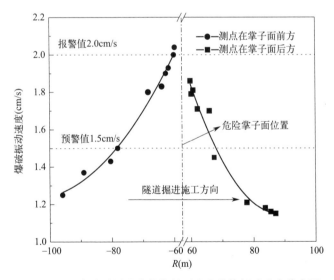

图 7-24　新建隧道爆破荷载作用下地表峰值振动速度分布图

势，这是振动波在介质中传播时由于波前尺寸增加及介质阻尼作用必定会导致的现象[217]。距离临近点越远，掌子面前后曲线差异越明显。随着爆心距 R 的增大，掌子面前后方振动幅值逐渐减小，两者的差值逐渐增大。在最大单段药量 Q 和传播距离 R 基本不变的情况下，测点位于掌子面前方对应的爆破振动速度大于掌子面后方，掌子面前方振速的衰减速度明显小于掌子面后方，且随距离的增加，差异有增大的趋势。出现这种差异的原因如下：炸药起爆后，应力波向四周传播。爆破振动波传播受材料界面的反射、折射和衍射的影响[218]，掌子面与测点的相对位置关系不同，传播路径也不同。爆破振动波在掌子面前方较为密实的岩土介质中传播过程中，受到的干扰效应较小，而测点在掌子面后方时，传播路径有部分要通过已开挖的以空气为介质的空间，开挖空腔相当于减振隔离空腔，为爆破振动能量的耗散提供了自由面[215]，振动衰减程度相对较大，故测点位于掌子面前方的振动速度大于掌子面后方对应质点的振动速度。

为进一步揭示测点位于掌子面前后方爆破振动速度衰减规律的异同，对表 7-4 中的数据利用萨道夫斯基经验公式 $V = k_1 (\sqrt[3]{Q}/R)^{\alpha_1}$（$k_1$、$\alpha_1$ 分别为爆破工程的场地系数和衰减系数）进行回归分析，分别得到测点在掌子面前后方的振动速度拟合公式和相应的拟合曲线（图 7-25）。

测点在掌子面前方：

$$V = 37.003 \left(\frac{\sqrt[3]{Q}}{R} \right)^{1.027} \quad (r^2 = 0.963) \tag{7-10}$$

测点在掌子面后方：

$$V = 76.938 \left(\frac{\sqrt[3]{Q}}{R} \right)^{1.318} \quad (r^2 = 0.904) \tag{7-11}$$

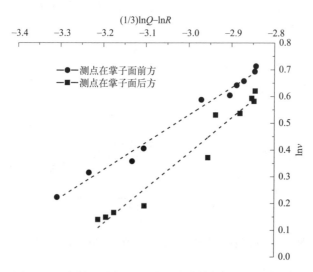

图 7-25　隧道掘进爆破下地表测点峰值振动速度拟合曲线

式(7-10) 和式(7-11) 的相关系数平方和均大于 0.90，说明对实测爆破振动速度数据拟合效果良好。由拟合公式可知，测点在掌子面前方的场地系数及衰减系数均小于后方；从拟合曲线可看出，测点在掌子面前方的振动速度拟合曲线整体位于后方拟合曲线的上方，这说明隧道掘进掌子面前后方的振动速度衰减规律不同，掌子面后方为爆破振动能量的耗散提供了更多的自由面，爆破振动衰减得更快。

　　图 7-24 显示除了个别数据点外均在爆破振动报警值（2.0cm/s）范围内，但从曲线趋势图可看出，当掌子面未到达危险掌子面位置时，振动数据已经超过爆破振动预警值（1.5cm/s）。为了满足设计控制爆破的要求，需要确定爆破振动的影响范围。计算结果如下：令 $v = 1.5$cm/s，测点在隧道掌子面前方距离预警值阈值为：$R = 79.6$m、$D = 73.7$m、$Y = 54.0$m，测点在隧道掌子面后方距离预警值阈值为：$R = 69.6$m、$D = 62.8$m、$Y = 48.4$m；令 $v = 2.0$cm/s，测点在隧道掌子面前方距离报警值阈值为：$R = 60.1$m、$D = 52.1$m、$Y = 14.6$m，测点在隧道掌子面后方距离报警值阈值为：$R = 55.9$m、$D = 47.2$m、$Y = -16.4$m。其中里程距离 Y 的预警值为负，说明在当前爆破方案下新建隧道通过危险掌子面位置爆破施工不会影响到地表既有建筑物的安全。结合图 7-24 振动速度散点图，当隧道掘进工作面到达危险掌子面位置附近时，爆破施工对既有建筑物的影响较大。为保证施工安全，当隧道掘进工作面施工至距离危险掌子面位置前后方的里程距离 $Y = 55$m 处，应采取严格的控制爆破措施。

7.4.2　爆破振动主频衰减规律分析

　　在爆破激励荷载的作用下，地表建筑物的位移响应函数包含爆破振动谐波的频率因子和结构的自振频率[219]，故既有建筑物损伤不仅与爆破振动幅值有关，而且还受爆破振动频率的影响，对爆破振动频率的衰减规律进行深入研究是十分必要的。以图 7-23 中的典型爆破信号为例，基于快速傅里叶分析（FFT）的功率谱密度曲线如图 7-26 所示。由图 7-26 可知，爆破振动信号的频率分布范围较广，主要集中在 0～150Hz 之间。规范规定以质点峰值振动速度对应的半波频率

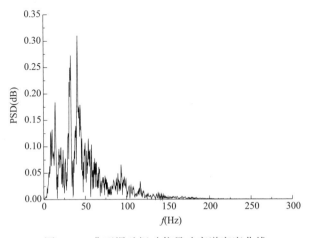

图 7-26　典型爆破振动信号功率谱密度曲线

作为爆破振动的主频率，被测信号的主频 f 列于表7-6中，绘制爆破振动主频 f 随距离 R 变化的分布趋势如图7-27所示。

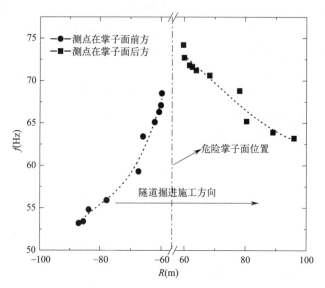

图 7-27　爆破振动主频 f 随距离 R 变化的分布趋势图

　　为进一步研究隧道下穿既有建筑物掘进爆破的主频率的衰减规律，利用量纲分析法推导振动主频的衰减公式[220]。隧道钻爆开挖爆破振动主频主要受爆源参数和岩体特性的共同影响，在众多影响因素中，最大单段药量 Q 和爆心距 R 对主频率的影响最大，而岩石性质、地质条件等也存在不可忽略的影响。选取最大单段药量 Q、爆心距 R、岩体中纵波波速 C_P、岩石密度 ρ 作为影响爆破振动主频率的主要物理量。物理量个数 $n=5$，基本量纲数 $m=3$，独立 π 数有 $(n-m)=2$。

　　确定量纲矩阵：

	f	Q	R	C_P	ρ
$[L]$	0	0	1	1	-3
$[M]$	0	1	0	0	1
$[T]$	-1	0	0	-1	0

　　计算 π 矩阵：

	C_P	ρ	R	Q	f
π_1	1	0	-1	0	-1
π_2	0	1	3	-1	0

根据上述矩阵可得 2 个 π 数：

$$\pi_1 = \frac{C_P}{Rf} \ , \pi_2 = \frac{\rho R^3}{Q}$$

由第三相似定理，确定相似条件：

$$\frac{S_{C_P}}{S_R S_f} = 1, \frac{S_\rho S_R^3}{S_Q} = 1$$

为在形式上与萨道夫斯基公式保持一致，将 π_2 进行调整，得爆破振动主频的相似准数方程为：

$$\frac{fR}{C_P} = k_2 \left(\frac{\sqrt[3]{Q}}{R} \right)^{\alpha_2} \tag{7-12}$$

式中，k_2 和 α_2 为爆破工程的场地系数和衰减系数。

利用式(7-12) 对测点在隧道掌子面前后方爆破振动主频进行回归分析，拟合公式如下，拟合曲线如图 7-28 所示。

测点在掌子面前方：

$$f = \frac{0.383 C_P}{R} \left(\frac{\sqrt[3]{Q}}{R} \right)^{-0.339} \quad (r^2 = 0.906) \tag{7-13}$$

测点在掌子面后方：

$$f = \frac{0.155 C_P}{R} \left(\frac{\sqrt[3]{Q}}{R} \right)^{-0.687} \quad (r^2 = 0.953) \tag{7-14}$$

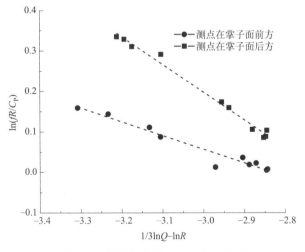

图 7-28 隧道爆破振动主频拟合曲线

测点在掌子面前后方振动主频拟合公式的相关系数均大于 0.90，拟合效果良好。分析比较式(7-13) 和式(7-14)，测点在掌子面前方拟合的工程参数 k_2、

衰减系数 α_2 均大于掌子面后方。结合图 7-28 可知，由于振动波在岩体传播过程中具有高频滤波特性，这种高低频率衰减速度的差异性致使振动波的高频部分在掌子面前方岩体中衰减得更快，测点在掌子面后方的频率大于前方的频率，且随爆破距离的增加，掌子面前后方主频率的差异越明显。

7.4.3　考虑频率影响的爆破振动速度衰减规律分析

从以上研究结果可知，地表建筑物在下方隧道爆破激励荷载作用下的动力响应是爆破振动速度幅值和主频共同作用的结果。目前采用的《爆破安全规程》GB 6722—2014 将频率做分段处理，不能真正反映质点振动速度和频率之间的关系，存在一定的局限性。针对此问题，结合上述爆破振动速度和频率的拟合模型，联立萨道夫斯基经验公式和式（7-12）构建考虑频率影响的振动速度预测公式如下：

$$V = \frac{k_1}{k_2} \frac{fR}{C_P} \left(\frac{\sqrt[3]{Q}}{R} \right)^{\alpha_1 - \alpha_2} \tag{7-15}$$

令 $k' = \dfrac{k_1}{k_2}$，$\alpha' = \alpha_1 - \alpha_2$，则式（7-15）修正为：

$$V = \frac{k' fR}{C_P} \left(\frac{\sqrt[3]{Q}}{R} \right)^{\alpha'} \tag{7-16}$$

公式（7-16）两边取对数进行线性回归分析，得到爆破振动速度与频率关系如图 7-29 所示，参数拟合结果如下：

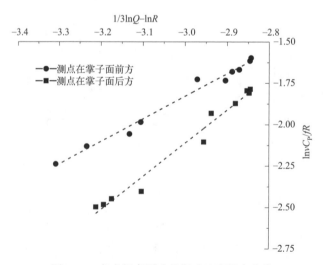

图 7-29　考虑频率影响的振动速度拟合曲线

测点在掌子面前方：

$$V=\frac{92.481}{C_{\mathrm{P}}}fR\left(\frac{\sqrt[3]{Q}}{R}\right)^{1.366}\quad(r^2=0.979)\qquad(7\text{-}17)$$

测点在掌子面后方：

$$V=\frac{496.211}{C_{\mathrm{P}}}fR\left(\frac{\sqrt[3]{Q}}{R}\right)^{2.006}\quad(r^2=0.968)\qquad(7\text{-}18)$$

考虑频率影响的峰值振动速度预测模型，弥补了现行法规盲目分割频率的不足。根据实际工程，将最大单段药量 Q 和爆心距 R 代入式（7-12）计算主频 f，再将其代入式（7-16）计算质点峰值振动速度。为方便指导现场施工，绘制掌子面前后方 $R\text{-}v$ 散点图及其拟合曲线如图 7-30、图 7-31 所示。从图 7-30 可看出，测点在掌子面前方时，在当前爆破方案下只有一个数据点超过警戒值。图 7-31 显示，隧道工作面超过危险掌子面位置后，与仅考虑峰值振动速度预测模型相比，有较多数据点超过预警值（1.5cm/s），没有数据点超过报警值（2.0cm/s）。

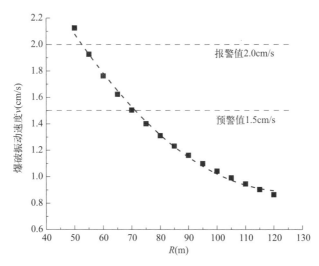

图 7-30　掌子面前方考虑频率影响的峰值振动速度拟合曲线

利用此预测模型重新确定爆破振动的影响范围，计算结果如下：令 $V=1.5\mathrm{cm/s}$，测点在掌子面前方距离预警值阈值为：$R=76.2\mathrm{m}$、$D=70.1\mathrm{m}$、$Y=49.1\mathrm{m}$，测点在隧道掌子面后方距离预警值阈值为：$R=69.4\mathrm{m}$、$D=62.6\mathrm{m}$、$Y=37.7\mathrm{m}$；令 $V=2.0\mathrm{cm/s}$，测点在隧道掌子面前方距离报警值阈值为 $R=57.6\mathrm{m}$、$D=49.2\mathrm{m}$、$Y=-8.95\mathrm{m}$，测点在隧道掌子面后方距离报警值阈值为：$R=55.8\mathrm{m}$、$D=47.1\mathrm{m}$、$Y=-16.84\mathrm{m}$。与仅考虑质点峰值振动速度的振动影响范围相比，考虑频率影响得到的爆破振动影响范围更小，这证明现有规范比建立的定量考虑频率影响的振动速度预测模型评价爆破振动更为保守。为保证施工安全，当隧道掘进工

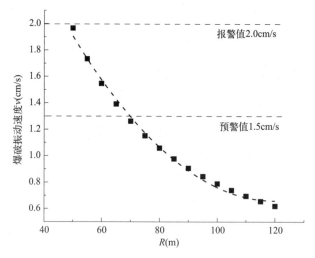

图 7-31　掌子面后方考虑频率影响的峰值振动速度拟合曲线

作面施工至距离危险掌子面位置里程 $Y=50m$ 处，应采取严格的控制爆破措施。

　　为得到适合于本工程实际情况的爆破振动强度与房屋破坏关系的临界阈值，在现场实测振动信号的同时密切观察房屋墙壁裂缝的扩展情况。值得注意的是，房屋裂缝的扩展不能盲目地直接与爆破振动联系起来，国内外学者对裂缝产生和扩展的机理进行了系统研究，主要原因有：地基基础不均匀沉陷、墙壁使用过程中自然老化、室内外温差变化引起的不均匀热膨胀等。在实际工程中，监测人员将地表振动监测结果及时反馈到施工单位，技术人员根据监测结果在掌子面邻近被保护对象水平距离 $Y=50m$ 处开始大幅度调整爆破方案并采取相应的控制爆破措施。监测结果显示虽然有少部分监测点振动速度超过 2.0cm/s，但整体振动速度得到了有效控制，同时观察房屋墙壁上除了个别原有裂缝有微小扩展，增加了少量甚至可忽略的毛细裂缝外，整体无明显变化。综上所述，以定量考虑频率影响的爆破振动速度预测模型对工程实践具有更大的指导意义。

7.5　本章小结

　　本章依托新建崇礼铁路隧道下穿既有村庄工程，对爆破振动传播规律及其对地面建筑物的安全作用机理进行了系统的研究和分析。通过对现场爆破振动实测数据的统计和回归分析，利用最小二乘法、频谱分析法等探讨隧道爆破振动波衰减规律；然后构建考虑频率影响的爆破振动速度回归模型，并结合实测数据确定隧道爆破振动安全阈值，以期形成一套可以定量考虑频率影响的爆破振动安全评价体系。主要得到以下结论：

（1）通过对现场监测数据的分析可知，隧道掘进爆破施工引起地表振动波传播规律因地质条件和测试方位的不同而不同，其中 z 方向振动速度衰减公式的场地系数 K 偏小，衰减系数 α 偏大。3 个方向的振动速度传播衰减规律用萨道夫斯基公式拟合效果均为良好。

（2）爆破振动信号传播至地表的能量主要集中在 0~300Hz，垂直方向能量在低频部分比较集中，同时又是峰值振动速度方向，因此在隧道下穿既有村庄爆破施工时，低主频、大振速、高能量的 z 方向是监测工作关注的重点。

（3）以隧道与建筑物邻近位置为界，隧道掌子面掘进施工至危险掌子面位置之前建筑物处监测点的爆破振动速度大于掌子面超过邻近位置的爆破振动速度，爆破振动强度的差异值随爆破距离的增大而增大。监测点在掌子面前方的振动速度拟合场地参数 k_1 及衰减参数 α_1 均小于掌子面后方。以质点峰值振动速度为评价指标，隧道掌子面前方里程距离 Y 预警阈值为 54.0m。

（4）测点在隧道掌子面前方的爆破振动主频小于掌子面后方，两者的差异值随爆破距离的增大而增大。

（5）为弥补《爆破安全规程》GB 6722—2014 盲目分割频率的不足，建立考虑频率影响的振动速度预测模型，根据此模型计算爆破振动影响区域阈值，隧道掌子面前方里程距离 Y 预警阈值为 49.1m，小于仅考虑峰值振动速度时的预警阈值。为保证施工安全，当隧道掘进工作面施工至距离邻近位置里程 Y＝50m 处，应采取严格的控制爆破措施。

第8章 碎石土偏压隧道在线监测与安全控制技术

8.1 概　　述

随着我国公路及铁路隧道建设向更偏远山区延伸，当前隧道修建也面临着严峻复杂的地质条件。由地形、地质、施工条件等影响新建隧道线路走向无法完全垂直于地形等高线时，在隧道横截面上就会产生由于地形分布不均匀所导致的偏压应力，同时在隧道进出口段由于上覆土层较薄而形成浅埋偏压隧道[221-222]。因此对于阐明地形偏压条件下浅埋隧道力学特征及其作用规律有利于更好地针对其进行支护结构设计，从而保证隧道施工中隧道的整体稳定性及安全性。隧道洞口施作初衬后，由于地形偏压产生的偏压应力[223-224]，导致深埋侧的隧道衬砌结构会受到弯拉应力作用，浅埋侧隧道衬砌结构会受到压应力作用，如果衬砌结构的承载能力到达极限时，就会使隧道结构产生永久性受损，导致隧道拱腰处出现微小裂纹。

本章根据头道沟隧道工程地质条件、几何参数和围岩物理力学性质建立了相应的模型，运用数值模拟的方法对头道沟隧道洞口偏压段变形与受力进行分析，分析了偏压隧道在不同隧道埋深、围岩等级、支护形式、偏压角度等工况下隧道洞周位移、围岩的应力与变形、地表沉降规律等。通过对比隧道施工中地层的变形情况以及塑性区范围，从而得到偏压隧道最优锚杆支护长度，以期为头道沟隧道洞室位置的选择以及施工中支护结构设计提供参考。

8.2 头道沟偏压隧道工程

8.2.1 工程概况

头道沟偏压隧道为国道 G508 峪耳崖至大地段改建工程，位于河北省承德市宽城满族自治县境内，隧道起点里程 K7＋233，终点里程 K9＋560，洞长2327.00m，设计洞底标高 406.501m（进口）～ 451.197m（出口），高差44.696m，隧道最大埋深约317.519m。其中Ⅴ级围岩117m，Ⅳ级围岩543m，Ⅲ级围岩1667m。隧道设计时速 60km/h，最大埋深约 30m，最小埋深约 5m，隧道开挖面积为156.72m²，为大断面高速公路隧道。隧道进口里程 K7＋233～K7＋

833 位于右偏曲线上；其他地段位于直线上，隧道全线以 2.3‰的坡度单面上坡。头道沟隧道地质纵断面图如图 8-1 所示，隧道洞口施工现场图如图 8-2 所示。

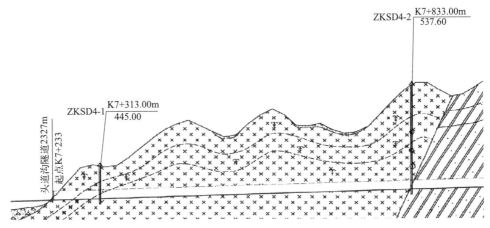

图 8-1 头道沟隧道地质纵断面图

图 8-2 头道沟隧道洞口施工现场图

经现场调研，头道沟洞口段存在明显的偏压作用，隧道内部分初衬出现不同程度的开裂。如图 8-3 所示为河北省承德头道沟隧道进出口段由于地形偏压、地质构造等因素引起的隧道洞口处病害。

8.2.2 地质条件

该地区地处暖温带向寒温带过渡地带，属半湿润半干旱大陆性季风气候，冬季寒冷漫长，夏季炎热短促。多年平均气温 9.3℃，最高气温 41.9℃，最低气温

图 8-3 偏压隧道内部病害图

—22.7℃，多年平均降水 578.6mm，最大降水量 1123.50mm，降水多集中在 6～8 月。冻土深度 1.10m。年平均降雪日数 10.7d，最大降雪厚度 29cm，基本雪压 0.3kPa。历年最频风向为西北向，最大风力 9 级，平均为 1～2 级。历年平均雷暴日 43.7d，年均日照 2800～2900h，无霜期 150d 左右。

拟建头道沟隧道位于承德市宽城县峪耳崖镇将屯子村至松岭镇大地乡，属于燕山山脉中低山区，隧道区地势起伏，交通便利。洞区地面标高为 395.000～760.000m，进口段山体坡面向北倾斜，坡度整体约为 25°，地形较陡；出口段，山体坡面向南倾斜，坡度整体为 15°～20°，地形较缓，山体植被发育，大部分地段通视较差。

隧道区上覆第四系坡洪积层（Q_4^{dl+pl}）土层和碎石（含土），厚度较薄，下伏基岩主要为长城系大红峪组白云岩、常州组石英砂岩及太古界迁西群跑马场片麻岩。

隧道洞区位于宽城凹褶束位（$Ⅳ_2^{24}$）东北段，围岩主要地层 K7＋233～K7＋903，ZK7＋239～ZK7＋990，晚元古代清儒的角闪辉长岩（ψv_2^3）岩体；K7＋903～K8＋660，ZK7＋990～ZK8＋600，长城系大红峪组石英砂岩；K8＋660～K9＋560，ZK＋600～ZK9＋576，太古界迁西群跑马场组角闪斜长片麻岩基底。

洞区闪辉长岩（ψv_2^3）为晚元古代侵入岩岩体，长城系大红峪组（Chd）石英砂岩，岩层单斜产状，岩层产状走向大致呈 W35°S～W41°S，倾角为 53°NW～63°NW。长城系大红峪组石英砂岩不整合超覆于太古界迁西群跑马场组角闪斜长片麻岩基底。

8.3　偏压围岩压力计算

由地形原因引起隧道偏压的情况，主要受地形坡度和埋深的影响。与普通隧道相比，偏压情况下隧道的围岩应力情况更为复杂，目前的计算大多是根据工程类比和经验取值。在《铁路隧道设计规范》TB 10003—2016 中假定地面坡度与偏压分布图形一致[225]，偏压地形情况下隧道围岩压力计算示意图如图 8-4 所示。

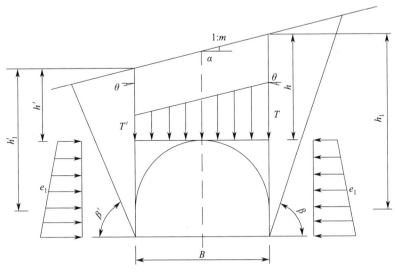

图 8-4　偏压隧道围岩压力计算示意图

垂直压力可以按《铁路隧道设计规范》TB 10003—2016 由式（8-1）表示：

$$P = \frac{\gamma}{2}\left[(h+h')B - (\lambda h^2 + \lambda' h'^2)\tan\theta\right] \tag{8-1}$$

式中：P——围岩的垂直压力（kPa）；

　h、h'——内外侧由拱顶离地面的高度（m）；

　　B——隧道跨度（m）；

　　γ——围岩重度（kN/m³）；

　　θ——两侧摩擦角，可参考表 8-1。

摩擦角取值　　　　　　　　　　　　　　　　　　　　　　表 8-1

围岩级别	Ⅰ～Ⅲ	Ⅳ	Ⅴ	Ⅵ
θ 值	0.9	（0.7～0.9）	（0.5～0.7）	（0.3～0.5）

在地形偏压影响下，隧道围岩荷载产生的水平侧压力可按式（8-2）、式（8-3）计算：

$$内侧：e_1 = \gamma h_1 \lambda \tag{8-2}$$

$$外侧：e_2 = \gamma h_1' \lambda' \tag{8-3}$$

式中：h_1、h_1' 为内外侧任意一点到地面的距离（m）。

8.4 现场监测量测

8.4.1 自动化监测系统

考虑到本隧道工程有明显的偏压效应，且监测周期长、精度要求高。因此，经专家论证后决定采用静力水准自动化监测系统进行实时在线监测。

1. 自动化监测技术

由于隧道工程具有复杂性和不确定性等特点，为了及时反馈隧道施工过程中围岩的变形情况，用于指导隧道的设计和施工，以保证隧道施工的安全，应对隧道围岩及支护结构进行现场监测量测。通过在隧道施工过程的开挖断面上布设监测点，对围岩的变形进行监控量测，将现场监控量测的数据整理分析，实时了解围岩的变形及支护结构的受力状况，以此来判断开挖过程中围岩及支护结构的稳定性。并根据监控量测的结果，选择更为合理的开挖方法和支护手段，对隧道设计和支护方法进行调整和修正，为下一阶段施工起到指导作用。

常见的沉降监测方法主要有两种：水准测量和三角高程测量，多以人工监测的方式为主，工作量大，精度较低，监测频率较低，不能满足对大量数据的全天24h连续采集、分析并及时反馈监测点的信息。所以如何实现隧道施工期的全天候、高精度的实时沉降监测已成为隧道沉降监测领域研究的重点。近年来，液压式静力水准自动化监测系统快速发展，其具有测量精度高、拆卸便捷、易于实现在线化等特点，目前已在隧道监测领域发挥重要作用。本小节结合了头道沟隧道自动化监测项目的应用实践，对液压式静力水准自动监测系统的测量原理、现场安装、数据采集、分析及反馈等方面进行了论述。从工程完成情况和数据反馈来看，液压式静力水准自动监测系统的应用取得了较好的成果，可代替人工进行施工期隧道监测。

液压式静力水准仪是利用连通器原理，通过多根连通管连接在一起的储液罐，对比监测点与基准点内的储液罐内液面高度，通过公式计算可求得各监测点之间的差异沉降量。监测设备的调试及现场安装如图 8-5(a)、(b)所示。

2. 头道沟隧道自动化监测系统

如图 8-6 所示为头道沟隧道沉降在线监测系统，该系统可进行沉降趋势分析，对一个监测时间段内的沉降数据进行导出操作，当隧道开挖导致地表沉降量达到预警值时，可对预先设置的警报用户发出预警信息，从而实现对隧道施工进行实时安全控制。

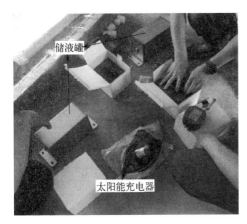

(a) 设备调试　　　　　　　　　　　　　　　(b) 现场安装

图 8-5　监测设备的调试及现场安装

采集时间	采集线路	设备名称	采集周期	初始值	前次读数	当前读数(MM)	当前温度(℃)	即时沉降(MM)	累计沉降(MM)	状态
2021-11-27 14:30	T	基点	1 小时	792.223	791.711	791.944	17.134	0.000	0.000	正常
2021-11-27 14:30	T	沉降点1	1 小时	595.279	595.348	595.581	10.490	-0.000	-0.582	正常
2021-11-27 14:30	T	沉降点2	1 小时	932.873	932.788	932.981	6.196	0.039	-0.387	正常
2021-11-27 14:30	T	沉降点3	1 小时	554.364	603.666	603.725	2.992	0.174	-49.640	一级警报（黄色）
2021-06-27 20:00	T	沉降点4	1 小时	300.766	292.758	292.761	22.733	0.038	-0.391	正常

图 8-6　头道沟隧道沉降在线监测系统

8.4.2　监测内容及测点布置

1. 监测内容

根据《铁路隧道监控量测技术规程》Q/CR 9218—2015[226]、《高速铁路工程测量规范》TB 10601—2009[227]、《铁路隧道工程施工安全技术规程》TB 10304—2020[228] 要求，隧道监控量测项目应根据工程特点、规模大小和设计要求综合选定。根据规范，监测项目大致分为必测内容和选测内容两类。头道沟隧道必测项目和选测项目如下：

（1）必测项目

必测项目是用以判断围岩的变形情况和支护结构受力状态，具体头道沟隧道现场监控量测必测项目见表 8-2。

头道沟隧道监控量测必测项目　　　　　　　　　　　　表 8-2

编号	监测项目	量测仪器设备	测量精度	备注
1	洞内、洞外观察	现场观察、数码相机、罗盘仪	—	—
2	拱顶下沉	水准仪、钢挂尺	0.1mm	—
3	净空收敛	全站仪、收敛仪	0.1mm	—
4	地表下沉	全站仪或水准仪、钢挂尺	0.1mm	浅埋隧道 $H_0 \leqslant 2B$

（2）选测项目

选测项目是用以判断隧道支护效果和积累施工资料为目的。具体头道沟隧道现场监控量测选测项目见表 8-3。

头道沟隧道监控量测选测项目　　　　　　　　　　　　表 8-3

编号	监测项目	仪器设备	测量精度	备注
1	围岩压力	压力盒	0.001MPa	—
2	刚架内力	钢筋计、应变计	0.1MPa	—
3	喷混凝土内力	混凝土应变计	0.1MPa	—
4	二次衬砌内力	混凝土应变计、钢筋计	0.1MPa	—
5	锚杆轴力	钢筋计、应变计	0.1MPa	—
6	围岩内部位移	多点位移计	0.1mm	—
7	隧道隆起	全站仪、水准仪	1mm	—
8	爆破振动	振动传感器、记录仪	1mm/s	邻近建筑物
9	孔隙水压力	水压计	—	—
10	水量	三角堰、流量计	—	—

2. 测点布置

（1）地表沉降测点的布设

通过地表沉降监测，可以实时掌握隧道上部围岩的变形状况及地表沉降量随着掌子面开挖推进的变化规律。一般情况下，地表沉降监测点在头道沟偏压隧道进口段 K7+352 与 K7+362 断面处分别布设 7 个测点，共 14 个测点。每个测点横向间距 10m；若隧道地表有建筑物或地质条件复杂，应适当加宽监测范围和加密测点间距。地表沉降纵向间距要求见表 8-4。头道沟隧道地表沉降测点具体布置如图 8-7 所示。

地表沉降量监测点纵向间距　　　　　　　　　　　　表 8-4

隧道埋深与开挖宽度	地表下沉量测断面间距（m）
$2B<H_0<2.5B$	20～50
$B<H_0<2B$	10～20
$H_0<B$	5～10

注：H_0 为隧道埋深，B 为隧道开挖宽度。

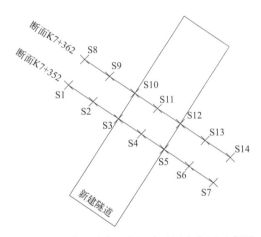

图 8-7　头道沟隧道地表沉降监测点布置示意图

（2）拱顶下沉和水平收敛测点布设

拱顶下沉和水平收敛测点布置要根据具体的施工方法、地质状况、隧道埋深、量测断面位置等条件确定，且每个断面测点布设位置应相同。量测断面监测点纵向间距要根据围岩级别加以确定（表 8-5）。

监测断面监测点纵向间距　　　　　　　　　　　　表 8-5

围岩级别	断面间距（m）
V～VI	5～10
IV	10～30
III	30～50

（3）监测量测频率

监测量测频率要根据测点与掌子面的距离及开挖变形速率而定，若在开挖过程中出现异常问题，可以适当增大监测量测的频率。相应的头道沟隧道监控量测频率见表 8-6。

头道沟隧道监控量测频率表 表 8-6

变形速率(mm/d)	断面间距(m)	监测频率
≥5	(0~1)B	2 次/d
1~5	(1~2)B	1 次/d
0.5~1	(2~5)B	1 次/2~3d
0.2~0.5	—	1 次/2d
≤0.2	>5B	1 次/7d

其中：B 为隧道最大开挖宽度。

为了加强过程控制，建立变形控制标准分级管理机制。将每一步开挖下的隧道变形分为Ⅰ级预警、Ⅱ级预警与临界值三个阶段。Ⅱ级预警下可正常施工，需加强监测；Ⅰ级预警下需停止开挖，对支护进行补偿张拉；变形达到临界值时应停止开挖，增强支护措施。大跨过渡段拱顶变形控制标准的分级管理方法见表 8-7。

变形控制标准分级管理 表 8-7

预警等级	分级标准	应对措施
Ⅱ级预警(黄色预警)	变形达到控制标准的 1/3	加强监测，提高监测频率，检测预应力锚索、预应力锚杆的张拉值
Ⅰ级预警(橙色预警)	变形达到控制标准的 2/3	停止开挖，分析原因，对预应力锚索、预应力锚杆进行补偿张拉
临界值(红色预警)	变形达到控制标准	停止开挖，分析原因，增加预应力锚索、预应力锚杆、注浆等支护措施

以进口段隧道 K7+352 与 K7+362 断面拱顶沉降数据为研究对象，根据现场监测量测回归分析的相关文献[229-231]，隧道监测断面位移和收敛曲线符合指数函数的回归方程。因此采用指数函数回归方程对 K7+352m 与 K7+362m 断面进行曲线拟合，得到拟合后的回归方程及相关系数如图 8-8 及表 8-8 所示。

回归方程及相关系数 表 8-8

里程	函数形式	回归方程	R^2
KZ+352	指数函数	$y = -9.438e^{-4.801/x}$	0.991
KZ+362	指数函数	$y = -15.579e^{-4.494/x}$	0.986

从拟合的相关系数上看，各曲线 R^2 均在 0.95 以上，表明拟合效果较好，从回归曲线上可以看出，偏压隧道围岩变形规律可划分为三个阶段：急剧增长、缓慢增长、稳定阶段。K7+352 断面最终累积沉降量约为 8.8mm，K7+

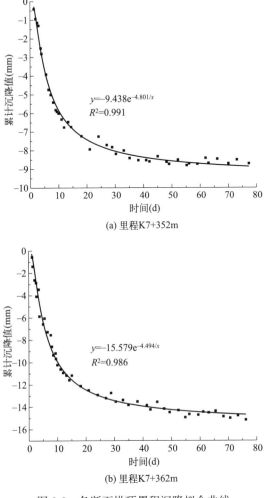

(a) 里程K7+352m

(b) 里程K7+362m

图 8-8 各断面拱顶累积沉降拟合曲线

362 断面最终累积沉降量为 14.9mm。可以看出在 50d 之后隧道拱顶累积沉降量变化较小，均在 1mm 之内，由隧道开挖产生的影响较小，此时围岩及隧道较为稳定。

8.5 碎石土偏压隧道模型的建立

8.5.1 数值模型假定

（1）忽略岩层破碎带、强富水导致围岩的不连续性，采用连续介质模型。

（2）本构模型采用 Mohr-Coulomb 本构。

（3）初始应力忽略构造应力场及渗流场，仅考虑重力场。

（4）实际地形起伏不定，较为复杂。为简化问题，假定隧道偏压角度及埋深为均匀变化。

8.5.2　计算模型及工况设计

计算模型综合运用了 Midas-GTS 的前处理功能和 FLAC 的本构模型及计算功能。采取 Midas-GTS 进行前期建模，在可视化界面下进行新建偏压隧道模型的建立。结合工程实际情况确定洞室最大跨度处宽度为 14m，矢高为 11m。依据圣维南原理，确定模型长（X）为 100m，沿隧道开挖方向（Y）为 30m，模型高度（Z）因工况不同有所不同。地层结构的网格划分长度为 3m，初衬及二次衬砌尺寸较小，故在网格划分上单元适当加密，网格划分长度为 2m。整个模型共 12749 个节点、11360 个单元，新建偏压隧道模型的网格划分如图 8-9 所示。

通过数值模型试验，设置不同隧道埋深、围岩等级、支护形式、偏压角度等影响参数，研究单独改变某一影响参数时，浅埋偏压隧道的隧道结构内力、位移、围岩变形、地表沉降等规律的变化。具体数值模拟计算工况设计见表 8-9。

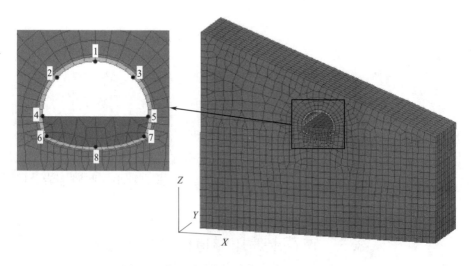

图 8-9　偏压隧道模型网格划分及监测点布置

数值模拟计算工况　　　　　　　　　　　　　　　　表 8-9

工况	参数改变	计算条件	备注
1	隧道埋深	10m,无锚杆支护	围岩 V 级,对称支护,偏压角度 20°
2		10m,锚杆支护	
3		20m,无锚杆支护	
4		20m,锚杆支护	
5		30m,无锚杆支护	
6		30m,锚杆支护	
7	围岩等级	Ⅳ	隧道埋深 20m,对称支护,偏压角度 20°
8		Ⅴ	
9		Ⅵ	
10	支护形式	对称支护	隧道埋深 20m,围岩等级 V 级,偏压角度 20°
11		非对称支护 1	
12		非对称支护 2	
13	偏压角度	10°	隧道埋深 20m,对称支护,围岩等级 V 级
14		15°	
15		20°	
16		25°	
17		30°	
18		35°	

在有限元数值分析计算时,材料的力学参数是否合理将直接影响到偏压隧道支护设计模拟的准确性。本模型主要分为三个部分:偏压土层、初期支护、二次衬砌以及锚杆。

根据头道沟工程勘察报告,确定工程场地范围内主要地层为 V 级围岩,其主要物理力学参数为:重度 $18.5×10^3$ kN/m³、弹性模量 1.5GPa、泊松比 0.35,除了锚杆采用 Pile 结构单元模拟,围岩、初期支护、二次衬砌均采用实体单元模拟。围岩及偏压隧道物理力学参数见表 8-10。

围岩及偏压隧道物理力学参数　　　　　　　　　　表 8-10

材料名称	杨氏模量(GPa)	泊松比	重度(kN/m³)	黏聚力(MPa)	内摩擦角(°)
V 级围岩	1.5	0.35	18.5	0.008	22.0
锚杆	8.9	0.20	22.0	38.0	36.0
初期支护	25	0.20	24.0	—	—
二次衬砌	0.25	0.20	24.0	—	—

围岩材料采用 Mohr-Coulomb 屈服准则[232] 分析结构模型中土体单元的应力和变形性质。该屈服准则的控制方程为：

$$f(\sigma_1,\sigma_2,\sigma_3)=\frac{1}{2}(\sigma_1-\sigma_3)+\frac{1}{2}(\sigma_1+\sigma_3)\sin\varphi-c\cos\varphi=0 \qquad (8\text{-}4)$$

式中：σ_1——第一主应力，Pa；

$\qquad\sigma_2$——第二主应力，Pa；

$\qquad\sigma_3$——第三主应力，Pa；

$\qquad c$——黏聚力，Pa；

$\qquad\varphi$——内摩擦角，°。

在隧道施工中，考虑到喷射混凝土是在隧道开挖后立即施作，与其背后的围岩紧密贴合，并且材料自身的收缩较小，没有明显的相对滑动，因此在模拟过程中，不考虑初期支护与围岩的分离，即认为初期支护的变形与隧道洞室围岩的变形一致。静力计算时，模型底部边界为全约束，其他四个竖直边界采用法向约束。模型的初始应力场按自重应力场考虑，计算收敛准则为不平衡力比率达到 1×10^{-5} 的求解要求。

8.6　计算结果分析

8.6.1　隧道埋深因素影响

偏压隧道开挖引起的地表沉降不仅与施工方法、周围环境和建筑物有关，而且还与围岩的岩土地质参数以及隧道埋深密切关联，因此对不同隧道埋深工况下地表沉降变形规律分别进行分析，研究其在地层中随地层变化的规律。下面分别分析 10m、20m、30m 隧道埋深工况下地表沉降及围岩变形规律。

1. 围岩变形分析

如图 8-10 所示为 10m、20m、30m 隧道埋深在有无支护情况下，隧道及围岩 Z 方向位移云图。

从图 8-10(a)、（b）可以看出，偏压隧道埋深在 10m（覆跨比约为 0.67）时，地表至隧道拱顶的位移随埋深的增加而逐渐增大，且偏压隧道拱顶处的纵向位移为地层中的最大值，对比工况 1 和工况 2，仅喷混凝土而无锚杆支护情况下拱顶处沉降值为 9.56mm，而既喷混凝土且有锚杆支护的情况下拱顶处沉降值为 7.15mm，减小了 2.41mm，减幅为 25.2%，可见施加锚杆后对围岩的沉降限制作用十分明显。

埋深为 20m 的围岩位移云图如图 8-10(c)、（d）所示，在隧道埋深进一步增

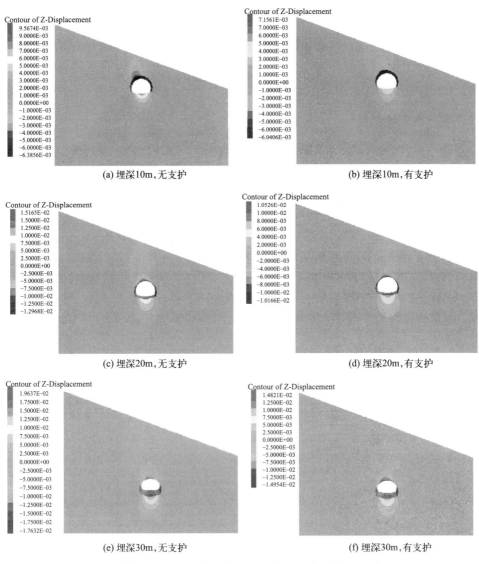

图 8-10　不同埋深工况下隧道及围岩 Z 方向位移云图

大的情况下，地表沉降也随之增大，图 8-10(c) 显示出当无锚杆支护的情况下，随着埋深的增加，围岩变形进一步增大，最大变形量出现在隧道拱顶处为 15.16mm，而在有锚杆支护的情况下，隧道拱顶处的最大变形量减小至 10.52mm，相比之下拱顶沉降减小了 30.6%，说明了锚杆起到了良好的支护效果。

根据现有资料可知，隧道变形在埋深约为 2.5 倍隧道跨度时，隧道开挖对围岩沉降影响减弱。因此，对 30m（覆跨比为 2）埋深下围岩的沉降开展分析。

对比图 8-10(e)、(f) 可以看出，在埋深为 30m 且无锚杆支护下，隧道拱顶处沉降值为 19.63mm。在有锚杆支护下，隧道拱顶处沉降值为 14.82mm，相比无锚杆支护下拱顶处沉降减小了 4.81mm，减幅 24.5%，表明在较大埋深下，锚杆提供的支护力仍能有效减小隧道变形。

2. 地表沉降分析

如图 8-11 给出了不同埋深下有无锚杆支护时，偏压隧道上部地表沉降曲线。曲线形态与 Peck 沉降槽规律类似。可以得到：偏压隧道最大沉降出现在隧道拱顶偏向深埋一侧，且沿着 X 轴向两侧逐渐减小，同时由于偏压应力的存在，使得深埋侧的沉降大于浅埋侧的沉降，曲线呈现非对称的形态，随着埋深的增加，无锚杆支护下地表沉降逐渐增大，最大为 30m 埋深工况下的 2.85mm，在有锚杆支护的下地表沉降值也是逐渐增大，最大为 30m 埋深工况下的 2.00mm，可以看出锚杆支护下，有效减少了地表沉降量。同时，从图中可以看出，随着隧道埋深的增加，地表沉降峰值出现的位置逐渐向隧道中心线位置移动，可能的原因是，隧道埋深越大，由于开挖所导致的地表沉降影响越小。

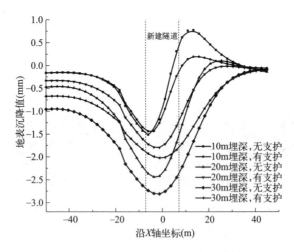

图 8-11　不同埋深工况下地表沉降值

3. 隧道最大主应力分析

选取三组不同埋深工况偏压隧道监测断面各位置最大主应力进行展示，如图 8-12 所示，其中拉伸应力为正，压缩应力为负。

埋深 10m、20m、30m 有无锚杆支护的隧道开挖后的最大主应力如图 8-12

(a)、(b)、(c) 所示。可以看出，随着埋深的加大，各位置处最大主应力量值也随之加大，这是因为加大埋深后，导致隧道上覆土层的自重随之增大。

各组埋深工况下，以埋深 30m 且无锚杆支护工况下，最大拉应力与最大压应力分别出现在了拱底、左拱脚处。最大拉应力为 1428.2Pa，最大压应力为 249.9kPa。在进行锚杆支护后，隧道各监测点最大主应力均有不同程度的减小，施作锚杆后对拱顶和拱底处的最大主应力减小相比隧道其他位置处更为有效，以埋深 20m 为例，隧道拱顶处最大拉应力从 653.3kPa 到 284.5kPa，减小了 368.8kPa，减幅为 56.4%。隧道拱底处最大压应力从 1081.2kPa 到 153.3kPa，减幅为 85.8%，可以看出及时施作锚杆可以大大减小最大主应力量值，有效保证围岩及隧道的稳定性。

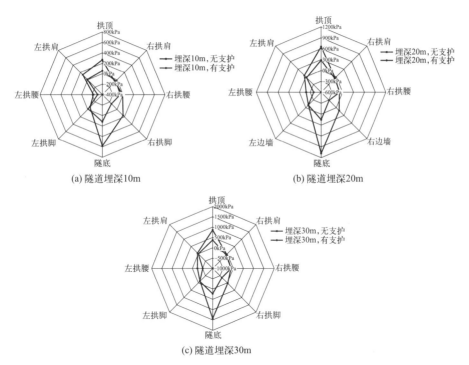

图 8-12　不同埋深隧道各控制点最大主应力

8.6.2　围岩等级因素影响

偏压隧道由于受到地形偏压等环境因素影响，使得施工中围岩的稳定性难以保证，当岩体风化程度较高，强度较低时，其在施工中的力学行为相比于均质围岩隧道有很大差别[232-233]。

为分析不同地层条件对偏压隧道开挖产生的围岩扰动和地表沉降影响，选取三种不同级别的土质围岩进行隧道开挖的二次位移和应力场分析。三种不同级别的土体物理力学参数指标见表 8-11。

土体物理力学参数指标　　　　　　　　　表 8-11

围岩等级	弹性模量(GPa)	泊松比	重度(kN/m³)	黏聚力(MPa)	摩擦角(°)
Ⅳ级	0.3	0.3	17.0	0.3	23
Ⅴ级	0.2	0.3	18.0	0.2	27
Ⅵ级	0.1	0.3	15.8	0.1	20

1. 隧道竖向位移分析

在隧道 $Y=15m$ 断面处设置监测点以监测拱顶位移值，图 8-13 为隧道不同围岩强度等级下隧道拱顶位移与施工步关系曲线。表 8-12 为不同围岩等级下隧道各监测点位移值。

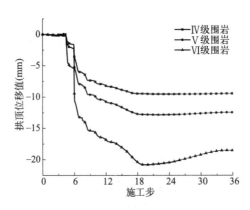

图 8-13　不同围岩等级下拱顶位移曲线

通过分析图 8-13 不同围岩等级下拱顶位移曲线，可以得到：随着隧道开挖掌子面的不断推进，不同围岩等级下隧道拱顶处沉降变化趋势基本一致，拱顶处沉降可分为开挖掌子面前方的超前变形阶段、隧道开挖掌子面时围岩剧烈变形阶段及隧道掌子面开挖缓慢变形阶段。随着围岩状况的恶化，拱顶累计沉降也逐渐增大。可以看出，围岩等级越高，其抵抗竖向变形能力越强，拱顶累积沉降值越小，Ⅳ级围岩、Ⅴ级围岩、Ⅵ级围岩等级下拱顶工后最终位移值分别为：—9.4mm、—12.4mm、—18.5mm（负值代表位移向下），后两者较前一者沉降值分别增大了 6.1mm、9.1mm，分别增长 31.9%、96.8%，因此，新建偏压隧道在围岩较为恶劣的条件下开挖施作时，应多关注偏压隧道拱顶处沉降，防止施工中出现坍塌的风险。

不同围岩等级下隧道各监测点位移值（mm）　　　　表 8-12

围岩等级	拱顶位移值	拱肩相对水平收敛值	拱腰相对水平收敛值	拱脚相对水平收敛值	拱底位移值
IV级	−9.4	1.2	0.8	1.4	14.2
V级	−12.4	2.2	2.6	2.5	20.1
VI级	−18.5	3.2	3.1	3.4	34.9

通过分析表 8-12 不同围岩等级下隧道各控制点位移值，可以得到：隧道拱顶位移值随着隧道围岩等级的提高而减小，可以看出隧道在围岩状况更好的 IV 级围岩下拱顶沉降量仅为 9.4mm。对于隧道周边收敛值，隧道拱肩、拱腰、拱脚处净空变形量会随着隧道所处围岩等级的降低而增大，同时从拱肩、拱腰、拱脚处相对水平收敛值不为 0 可知，隧道存在一定偏压现象。从表 8-12 中还可以看出，随着围岩状况的恶化，拱底处隆起量也会不断加大，最大隆起量为 VI 级围岩等级下的 34.9mm。由此可见，隧道所处围岩状况的好坏是影响围岩稳定与隧道周边收敛的主要影响因素。在软弱围岩的地区修建偏压隧道时，要根据实际位移的变化情况，注重对隧道偏压侧进行喷锚支护，如果条件允许可以加厚衬砌尺寸，从而避免隧道拱顶处的坍塌，进一步保证隧道施工中的安全。

2. 围岩水平位移分析

为研究不同围岩等级下隧道周边围岩水平位移变化情况，提取三种围岩等级下 X 方向位移云图进行展示，如图 8-14(a)、(b)、(c) 所示。

通过分析图 8-14(a)、(b)、(c) 三种不同围岩级别的 X 方向位移云图，可以得到：隧道由于偏压地形的存在，产生了水平位移，相较于竖向位移，水平向位移较小，水平位移最大出现在隧道左侧的拱腰及拱脚处。随着围岩条件的弱化，隧道开挖对隧道左拱肩产生的影响也逐渐增大，如围岩级别从 IV 级变为 V 级和 VI 级时，偏压隧道工后左拱肩处 X 方向位移值从 3.9mm 分别增大到 5.8mm、14mm，增大了 48.7%、258.9%。对于三种不同围岩级别而言，X 负向峰值位移均出现在隧道左拱脚处，X 正向峰值位移均出现在隧道右拱肩处。如为较为软弱的 VI 级围岩，左拱脚峰值位移量为 14.5mm、右拱肩峰值位移量为 9.3mm，位移相差 55.9%。因此在浅埋大断面偏压隧道施工中，要注意对隧道左拱脚及右拱肩进行定期监测，根据开挖过程中遇到的变化及时采取相应措施，避免产生不必要的损失。

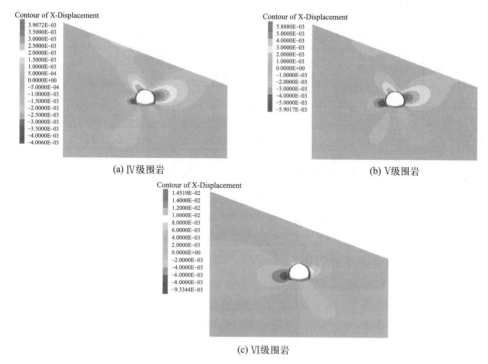

(a) Ⅳ级围岩　　　　　　　　　　　　　　　(b) Ⅴ级围岩

(c) Ⅵ级围岩

图 8-14　不同围岩等级下隧道水平位移云图

8.6.3　支护形式因素影响

1. 锚杆长度优化

偏压隧道不仅在上覆围岩存在受力变形的非对称现象，在锚杆受力方面也存在非对称的情况[234-240]，由于偏压地形的存在，会导致深埋侧锚杆所受应力要大于浅埋侧锚杆所受应力，因此本小节开展锚杆的非对称支护设计。考虑到浅埋侧锚杆受力较深埋侧锚杆受力小，将浅埋侧锚杆缩短，深埋侧锚杆加长，在锚杆数量和锚杆总长度上保持不变以得出最优化锚杆布置方案。不同锚杆长度的对称与非对称优化方案列于表 8-13，相应的锚杆支护方案及锚杆编号如图 8-15（a）、（b）、（c）所示，三种锚杆支护长度方案下锚杆应力分布如图 8-16 所示。

左右侧锚杆长度　　　　　　　　　　　　　　　表 8-13

支护方案	左侧/右侧	锚杆长度（m）
对称锚杆支护方案	左	3
	右	3

续表

支护方案	左侧/右侧	锚杆长度（m）
非对称锚杆支护方案 1	左	3.5
	右	2.5
非对称锚杆支护方案 2	左	4
	右	2

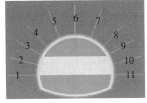

(a) 对称锚杆支护方案

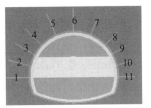

(b) 非对称锚杆支护方案1

(c) 非对称锚杆支护方案2

图 8-15　锚杆支护方案

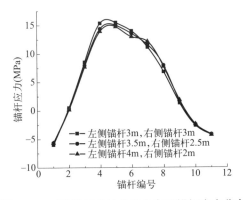

图 8-16　三种锚杆支护长度方案下锚杆应力分布

通过分析图 8-16 中不同支护长度方案下锚杆的应力分布，可以得到：不同部位的锚杆受力不同，从整体上看，左侧锚杆的应力要略大于右侧锚杆的应力，反映出隧道存在偏压现象使得左右侧锚杆所受应力大小不同。在锚杆对称支护设计时轴向应力最大，但是对称设计会使得锚杆受力较为不均匀，非对称设计方案下锚杆受力较为均匀，可以看出非对称锚杆支护方案 1 比非对称锚杆支护方案 2 在右侧拱肩偏向拱顶处减小了锚杆受力，非对称锚杆支护方案 2 相比非对称锚杆支护方案 1 在拱顶处减小了锚杆受力，且左右侧锚杆受力更为均匀。

为研究隧道开挖过程中不同锚杆支护形式下的地层位移量，提取隧道在不同隧道施工步中的位移云图进行展示。如图 8-17、图 8-18、图 8-19 所示为不同锚杆长度下竖向位移纵剖面云图。从竖向位移纵剖面云图可以看出，对称锚杆支护中，在第 3、5、9 个开挖步最大沉降值分别为 7.91mm、11.27mm、14.77mm；非对称锚杆支护方案 1 中，分别在第 3、5、9 个开挖步最大沉降值为 7.37mm、9.72mm、15.04mm；非对称锚杆支护方案 2 中，分别在第 3、5、9 个开挖步最大沉降值为 7.33mm、9.74mm、15.07mm。可以看出，适当加长深埋侧隧道锚杆的长度对于减小开挖过程中的围岩变形及隧道周边沉降量有一定效果，但是锚杆长度差别继续增大时，位移量反而有所增大。

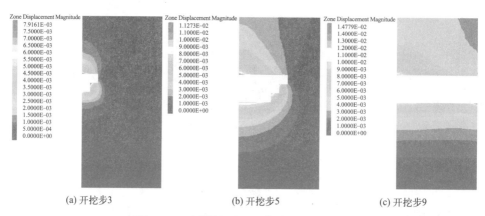

(a) 开挖步3　　　　　　(b) 开挖步5　　　　　　(c) 开挖步9

图 8-17　对称锚杆支护方案竖向位移云图

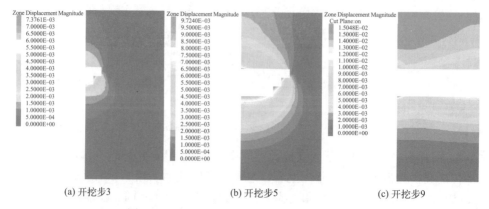

(a) 开挖步3　　　　　　(b) 开挖步5　　　　　　(c) 开挖步9

图 8-18　非对称锚杆支护方案 1 竖向位移云图

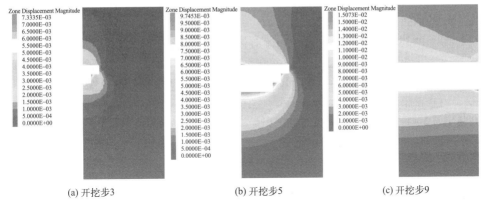

(a) 开挖步3　　　　　(b) 开挖步5　　　　　(c) 开挖步9

图 8-19　非对称锚杆支护方案 2 竖向位移云图

2. 塑性区分析

对比图 8-20(a)~(c) 不同支护方案的塑性区分布可得：不同方案的塑性区分布一致，非对称方案相比对称方案减小了左上拱肩至右上拱肩、拱底处塑性区范围。对称支护方案下拱脚处在开挖循环过程中出现了部分剪切破坏，而在拱顶处出现了较大范围的拉伸破坏，非对称支护方案相比对称支护方案在拱顶处围岩减小了开挖循环过程中的拉伸破坏，但是拱底偏向深埋侧围岩出现了拉伸破坏，可能会导致拱底偏向深埋侧围岩出现脱空区，对于运营期隧道内车辆的安全行驶

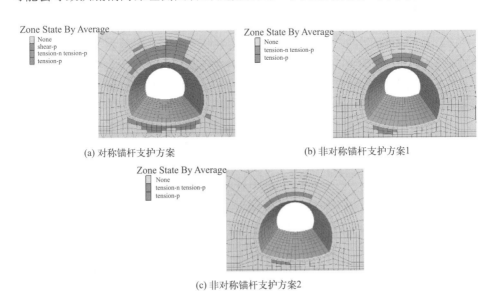

(a) 对称锚杆支护方案　　　　　(b) 非对称锚杆支护方案1

(c) 非对称锚杆支护方案2

图 8-20　不同支护方案的塑性区分布

存在隐患。总体而言，锚杆非对称支护方案对于偏压地形下的新建隧道受力有一定程度的改善，但是作用效果有限。

综上所述，非对称锚杆设计相比对称设计可以使锚杆受力更为均匀，且有效减少了左上拱肩至右上拱肩及拱底处塑性区，可以有效减小围岩变形及二次衬砌所受拉应力，从而降低了二次衬砌开裂的风险。但是非对称设计锚杆长度不宜过大，因此选取非对称锚杆支护方案2作为最终优化设计方案（深埋侧锚杆3.5m＋浅埋侧锚杆2.5m）。

8.6.4　偏压角度因素影响

国内外学者研究了偏压角度对于隧道安全性的影响。相比无偏压隧道，偏压地形对于隧道安全施工有较大影响，地层的稳定性难以控制[241-245]，李思等[246]选取衬砌安全系数、危险程度作为评价指标，研究了偏压角度对含空洞衬砌不同部位安全性的影响。罗晶[247]讨论了不同隧道偏压角度及洞室埋深对隧道稳定性的影响，得出当偏压角度增加时，隧道围岩的安全系数整体减小，洞室稳定性也逐渐降低。郭一凡[248]针对某实际隧道工程，采用有限元分析方法，对隧道埋深、安全系数、偏压系数的关系进行分析，得出偏压角度大于30°时，隧道偏压应力和偏压系数会明显变化，当偏压系数提高到1.8以上，会加剧偏压作用。刘家均[249]研究了不同偏压角度下围岩塑性区、应力等变化规律，得出当偏压角度大于40°时，隧道中间夹层岩柱因发生塑性区贯通而破坏。

偏压角度是对于地形偏压的概化，当增大偏压角度时，隧道断面两侧所受不平衡应力及偏压角度较大时，偏压隧道深埋侧所受应力会显著高于浅埋侧所受应力[250]，从而加剧了初衬及二次衬砌内部应力集中的现象。本小节通过改变偏压角度，以研究新建隧道开挖对地表沉降及围岩扰动的影响。

不同偏压角度工况下隧道开挖最大主应力云图如图8-21(a)～(f)所示，各控制点总体位移和相对位移见表8-14。

不同偏压角度下各控制点位移值　　　　　　表8-14

偏压角度 θ(°)	拱顶位移值 (mm)	拱肩相对水平收敛变形值(mm)	拱腰相对水平收敛变形值(mm)	拱脚相对水平收敛变形值(mm)	拱底位移值 (mm)
10	−5.7	1.8	0.9	0.7	9.4
15	−6.5	2.2	1.1	0.8	8.8
20	−6.8	2.4	1.4	1.1	9.1
25	−6.6	3.1	1.7	1.4	8.4
30	−7.3	3.2	2.2	1.6	8.8
35	−7.9	3.6	2.4	1.9	8.3

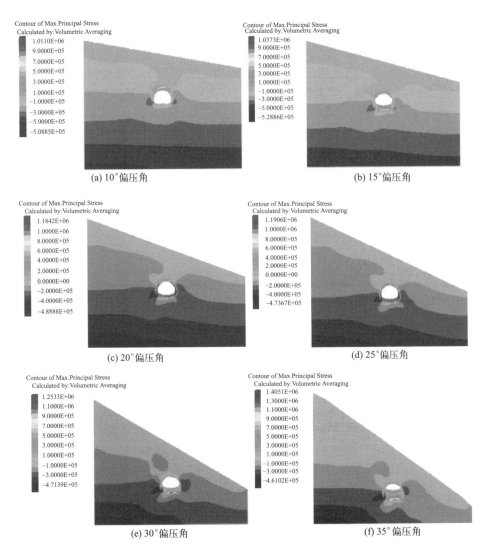

(a) 10°偏压角

(b) 15°偏压角

(c) 20°偏压角

(d) 25°偏压角

(e) 30°偏压角

(f) 35°偏压角

图 8-21　不同偏压角度工况下隧道开挖最大主应力云图

　　由主应力云图可以看到，隧道开挖完毕后，不同偏压角度下的沉降云图无明显差异，围岩应力场变化呈现非对称，深埋侧的变化程度大于浅埋侧。隧道主应力敏感部位为左拱腰、左右拱脚，隧道左拱脚处出现最大主应力集中，深埋侧隧道拱脚最大压应力在偏压角度 10°、15°、20°、25°、30°、35°下，分别为 0.508MPa、0.528MPa、0.488MPa、0.473MPa、0.471MPa、0.461MPa。最大压应力量值随着偏压角度的增加总体上呈现逐渐减小的趋势，这是由于地形偏压角度越大，隧道深埋侧上覆围岩自重越大，使得隧道左右两侧应力分布越不对称。当偏压角由 15°变化至 25°、35°时，隧道拱肩两侧垂直压力差逐渐加大，当偏压角度越大，深埋侧垂直压力增加越快，而浅埋侧逐渐减小，二者垂直压力差值越来越大[251]，在 15°偏压时，深浅侧拱肩压力差均值为 2.37MPa，在 25°偏压时，深浅侧拱肩压力差均值为 2.72MPa，在 35°偏压时，深浅侧拱肩压力差均值为 3.95MPa，可得：围岩竖向压力对偏压角度的变化敏感。

为使偏压隧道两侧拱脚处变形差尽量减小，应多加强偏压侧支护。在隧道上台阶开挖和支护期间，左拱脚受到的轴力以及弯矩最大，在台阶法开挖和支护时期，提早进行支护对控制地层变形有重要作用。

由不同偏压角度下各控制点位移表可得，随着隧道台阶开挖，最大竖向沉降量集中在隧道拱顶上方，且隧道底部出现了隆起的现象。在隧道埋置深度不变的情况下，随着偏压角度的增大，偏压隧道深埋侧各控制点开挖后竖向位移也在不断增大，并以拱顶处沉降值增幅为最大。特别是隧道角度在 30°～35°时，偏压隧道拱顶处位移值增长率最大。

由表 8-14 可得，随着偏压角度的增大，隧道内各监测点位移均呈现增大的趋势。隧道最大沉降量集中在隧道拱顶上方，并随着台阶法开挖，隧道底部出现了上浮的现象，且拱底处位移绝对值均大于隧道其他位置。可以看出，隧道各控制点处的最大位移绝对值小于 10mm，表明浅埋隧道开挖时，地形偏压对于隧道周边收敛值的影响存在一定的影响，但总体上影响较小。其中，偏压角度在 30°～35°之间时隧道拱肩、拱腰、拱脚收敛变形最为显著。如偏压角度从 30°增大到 35°后，拱肩收敛值从 3.2mm 增加至 3.6mm，增幅 12.5%。拱腰收敛值从 2.2mm 增加至 2.4mm，增幅 9%，拱脚收敛值从 1.6mm 增加至 1.9mm，增幅 18.75%。

为研究隧道各部位在开挖施工中的位移变化值，沿开挖方向在隧道断面各位置处布设监测点，如图 8-22(a)～(f) 为不同偏压角度下隧道各监测点变化曲线。

通过分析图 8-22 不同偏压角度下 $Y=15m$ 断面处隧道各监测点变化曲线可得：不同偏压角度的沉降变化曲线形态类似，随着偏压角度的增大，隧道各监测点沉降值随隧道开挖掌子面的推进不断增大，从图中可以看出拱底处在隧道开挖过程中表现为上浮，拱顶处位移表现为下沉，值得注意的是，左拱腰在开挖初期有上浮的趋势，但是在开挖后期，却出现了下沉，并且随着偏压角度的增大，下沉量也有加速增大的趋势。当偏压角度从 10°增大至 15°时，左拱脚和右拱脚处沉降量有较大变化，在 10°、15°偏压角度的工后左拱脚沉降量分别为 −0.8mm（负号代表位移为上浮）、2.2mm，变化量为 3mm；在 10°、15°偏压角度的工后右拱脚沉降量分别为 0.4mm、3.1mm，变化量为 2.7mm。因此得出，在偏压角度较小的情况下，要多注意偏压隧道左右拱脚处的位移变化，以免拱脚处因偏压应力而造成失稳破坏。

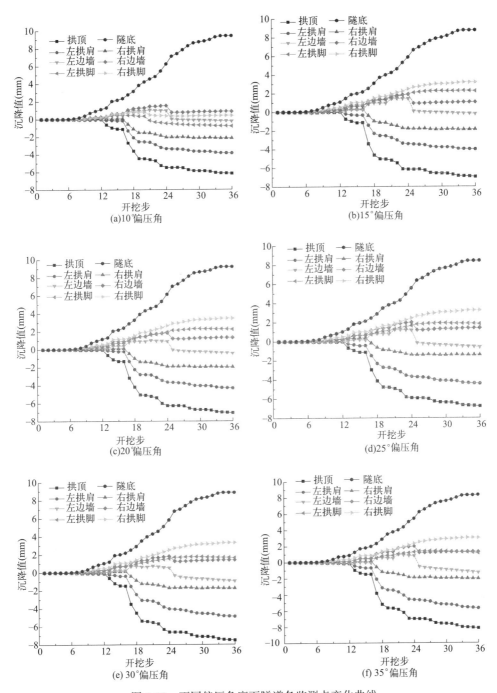

图 8-22　不同偏压角度下隧道各监测点变化曲线

8.6.5 地表横向沉降曲线特性分析

头道沟隧道采取三台阶工法开挖，在隧道开挖施工中，上覆地层受到了一定的扰动变形，围岩由原有的初始平衡状态转变为二次应力场状态，隧道开挖断面处的围岩扰动也逐渐扩展延伸至地表处。通过选取头道沟隧道地表沉降观测为研究对象，经过近三个月地表沉降监测，各监测点的累积沉降量如图 8-23 所示。

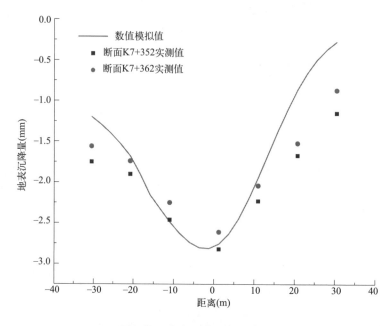

图 8-23　各监测点累积沉降量

由图 8-23 可以看出，数值模拟结果与沉降实测值规律相符。头道沟隧道出口段开挖对隧道上覆地层产生扰动影响，每个监测断面位于隧道中轴线方向上的测点沉降量较大，隧道两侧测点距离隧道中轴线越远沉降量越小，最大沉降量为 2.82mm，说明该段洞室周边围岩较软弱破碎，在隧道施工过程中，应加强此处的超前支护，防止拱顶围岩变形与坍塌破坏。地表沉降符合中间大两边小的沉降槽规律，随着隧道埋深的增加，地表沉降累计值逐渐减小，但是中轴线左右两侧沉降量存在差别，在隧道中轴线偏左的深埋侧沉降量较偏右侧的浅埋侧沉降量明显偏大，这是因为隧道洞口段存在偏压地形，在开挖施工后，由于洞室开挖对隧道上覆地层产生了卸荷作用，使得洞室上部岩体有沿着地形斜坡向下滑动的趋势，且地表存在明显的变形裂缝。

8.7　本章小结

依托新建承德头道沟偏压隧道工程，对隧道开挖过程中引起的相关围岩变形、隧道沉降变化规律进行了系统的研究和分析。采用数值模拟的方法，研究了不同隧道埋深、围岩等级、支护形式、偏压角度等因素对地表沉降规律、隧道收敛值、主应力等产生的影响。基于现场监测数据进行回归分析，进而预测未来沉降变化。本章主要得出以下结论：

（1）随着埋深的增加，围岩变形进一步增大，最大变形量出现在隧道拱顶处，为 15.16mm，而在有锚杆支护的情况下，隧道拱顶处的最大变形量减小至 10.52mm，相比之下拱顶沉降减小了 30.6%，说明锚杆起到了良好的支护效果。

（2）随着围岩条件的弱化，隧道开挖对隧道左拱肩产生的影响也逐渐增大，如围岩级别从Ⅳ级变为Ⅴ级和Ⅵ级时，偏压隧道工后左拱肩处 X 方向位移值从 3.9mm 分别增大到 5.8mm、14mm，增大了 48.7%、258.9%。因此在浅埋大断面偏压隧道施工中，要注意对隧道左拱脚及右拱肩进行定期监测，根据开挖过程中遇到的变化及时采取相应措施，避免产生不必要的损失。

（3）非对称锚杆设计相比对称设计可以使锚杆受力更为均匀，且有效减少了左上拱肩至右上拱肩及拱底处塑性区，可以有效减小围岩变形及二次衬砌所受拉应力，从而降低了二次衬砌开裂的风险。非对称设计锚杆长度不宜过大，数值模拟结果表明深埋侧锚杆选取 3.5m、浅埋侧锚杆选取 2.5m 为最优支护方案。

（4）随着偏压角度的增大，隧道内各监测点位移均呈现增大的趋势。其中，偏压角度在 30°～35°之间时隧道拱肩、拱腰、拱脚收敛变形最为显著，增幅分别为 12.5%、9.0%、18.75%。

（5）偏压隧道变形监测结果表明，各监测点最大沉降值为 10mm，各个施工步序的沉降值均满足沉降值控制标准，这说明采取的隧道支护措施是安全可靠的，且满足隧道施工稳定性要求。

参考文献

[1] TAKEMIYA H. Simulation of track-ground vibrations due to a high-speed train：the case of X-2000 at Ledsgard [J]. Journal of sound and vibration, 2003, 261：503-526.

[2] YANG Y B, WU Y S. Dynamic stability of trains moving over bridges shaken by earthquakes [J]. Journal of sound and vibration, 2002, 258：65-94.

[3] KWARK J W, CHOI E S, KIM Y J, et al. Dynamic behavior of two-span continuous concrete bridges under moving high-speed train [J]. Computers and Structures, 2004, 82：463-474.

[4] 潘昌实, PANDE G N. 黄土隧道列车动荷载响应有限元初步数定分析研究 [J]. 土木工程学报, 1984, 17 (4)：19-28, 18.

[5] 梁波, 蔡英. 不平顺条件下高速铁路路基的动力分析 [J]. 铁道学报, 1999 (2)：1-10.

[6] 高峰, 关宝树. 列车荷载对长江沉管隧道的影响 [J]. 铁道学报, 2001, 23 (3)：117-120.

[7] 白冰, 李春峰. 地铁列车振动作用下交叠隧道的三维动力响应 [J]. 岩土力学, 2007, 28 (S1)：715-718.

[8] TIMOSHENKO S P. Method of analysis of static and dynamical stresses in rail [A] Proceedings of the second international congress for applied mechanics [C]. Zurich, Switzerland, 1927：407-418.

[9] FRYBA L. Dynamic interaction of vehicles with tracks and roads [J]. Vehicle system dynamics, 1987, 16 (3)：129-138.

[10] SHENG X, JONES C J C, PETYT M. Ground vibration generated by a load moving along a rail way track [J]. Journal of sound and vibration, 1999, 228 (1)：129-156.

[11] HUSSEIN M F M, HUNT H E M. Modeling of floating-slab tracks with continuous slabs under oscillating moving loads [J]. Journal of sound and vibration, 2006 (297)：37-54.

[12] 谢伟平, 左鹏飞, 孙洪刚, 等. 基于 Timoshenko 梁的轨道系统动力响应模拟 [J]. 武汉理工大学学报, 2002, 24 (4)：71-74.

[13] FILIPPOV I G. Method of solving equations of motion of viscoelastic media [J]. Polymer mechanics, 1973, 9 (3)：382-388.

[14] DIETERMAN H A, METRIKINE A V. The equivalent stiffness of a half-space interacting with a beam [J]. European journal of mechanics, A/Solids, 1996, 15 (1)：67-90.

[15] METRIKINE A V, DIETERMAN H A. The equivalent vertical stiffness of all elastic half-space interacting with a beam, including the shear stresses at the beam-half-space in interface [J]. European journal of mechanics, A/Solids, 1997, 16 (3)：515-527.

[16] CHEN Y H, HUANG Y H. Dynamic stiffness of infinite Timoshenko beam on viscoelastic foundation in moving coordinate [J]. International journal for numerical methods in engineering, 2000, 48：1-18.

[17] METRIKINE A V, VROUWENVELDER A C W M. Surface ground vibration due to moving train in a tunnel：two dimensional model [J]. Journal of sound and vibration, 2000, 234 (1)：43-66.

[18] METRIKINE A V, VROUWENVELDER A C W M. Ground vibration induced by a high-speed train in a tunnel：two dimensional model [J]. Wave 2000：wave propagation, moving load, vibration reduction, Chouw&Schmid (eds), A. A. Balkema, Rotterdam, Netherlands 2000：111-120.

[19] 李亮, 张丙强, 杨小礼. 高速列车振动荷载下大断面隧道结构动力响应分析 [J]. 岩石力学与工程学报, 2005, 24 (23)：4259-4265.

[20] 段景川. 列车振动荷载下复杂空间与结构形态盾构隧道的动力特性 [D]. 成都：西南交通大

学，2013.

[21] 丁祖德. 高速铁路隧道基底软岩动力特性及结构安全性研究 [D]. 长沙：中南大学，2012.

[22] 丁祖德，谢洪涛，彭立敏. 高速铁路隧道基底软岩动力响应特性分析 [J]. 昆明理工大学学报（自然科学版），2013，38（3）：36-41，79.

[23] 李德武，高峰，韩文峰. 列车振动下隧道基底合理结构型式的研究 [J]. 岩石力学与工程学报，2004，23（13）：2292-2297.

[24] 刘海林. 高速列车荷载作用下立体交叉隧道结构抗减振措施研究 [D]. 长沙：中南大学，2014.

[25] 黄希，晏启祥，陈诚，等. 列车振动荷载作用下交叉盾构隧道动力响应与损伤分析 [J]. 铁道建筑，2016（8）：60-64.

[26] 汪伟松. 列车荷载作用下立体交叉隧道结构动力响应分析 [D]. 成都：西南交通大学，2009.

[27] 刘强，施成华，彭立敏，等. 高速列车振动荷载下立体交叉隧道结构动力响应分析 [J]. 合肥工业大学学报（自然科学版），2013，36（9）：1082-1087.

[28] 晏启祥，陈诚，黄希，等. 盾构隧道与横通道交叉结构的列车振动响应特性分析 [J]. 土木工程学报，2015，48（S1）：228-235.

[29] 晏启祥，徐亚军，陈诚，等. 近距离空间交叉盾构隧道列车振动响应特性研究 [J]. 铁道标准设计，2016，60（6）：60-65.

[30] 龚伦. 上下交叉隧道近接施工力学原理及对策研究 [D]. 成都：西南交通大学，2007.

[31] 康立鹏. 高速列车荷载作用下交叉隧道动力响应特性及影响分区研究 [D]. 长沙：中南大学，2013.

[32] 王庆浩. 高速列车振动荷载作用下交叠隧道结构动力响应分析 [D]. 合肥：合肥工业大学，2015.

[33] 王秀英，龚增进，刘维宁. 30t 轴重条件下隧道技术标准研究 [J]. 铁道工程学报，2009（5）：54-58.

[34] 王海龙，董捷，武志辉，等. 隧道近接施工对上部既有重载铁路隧道安全稳定性影响研究 [J]. 铁道学报，2020，42（6）：102-111.

[35] 赵勇. 重载铁路隧道内无砟轨道结构振动特性研究 [J]. 铁道建筑，2016（3）：136-141.

[36] 邹文浩，张梅，刘艳青，等. 30t 轴重下重载铁路隧道基底结构的应力分布及动力响应 [J]. 中国铁道科学，2016，37（5）：50-57.

[37] 刘燕鹏. 软弱破碎隧道围岩压力拱动态特性研究 [D]. 西安：长安大学，2013.

[38] 何本国. 构造应力场中的软岩客运专线双线隧道稳定性研究 [J]. 岩土力学，2012，33（5）：1535-1541.

[39] 钟燕辉. 隧道施工中围岩变形的控制方法研究 [J]. 公路，2008，11：226-228.

[40] 赵勇. 隧道围岩动态变形规律及控制技术研究 [J]. 北京交通大学学报，2010，34（4）：1-5.

[41] 晏伟光. 重载铁路拱底结构动力响应及疲劳寿命研究 [D]. 南京：中南大学，2014.

[42] 薛富春. 富水黄土隧道拱底动力特性研究 [硕士学位论文 D]. 重庆：重庆交通大学，2010.

[43] 赵丹. 地铁隧道基底溶蚀风化红层动力特性及长期沉降变形研究 [D]. 长沙：中南大学，2013.

[44] 田燕. 列车振动荷载对地下隧道结构安全性影响分析 [D]. 青岛：青岛理工大学，2013.

[45] 蒋庆. 高速列车动载下岩溶盾构隧道动力响应分析 [J]. 路基工程，2014，3：27-30.

[46] 朱正国. 富水角砾岩岩溶隧道综合加固效应及基底稳定性分析 [J]. 中国铁道科学，2015，36（4）：60-66.

[47] 戴林发宝. 高速列车振动作用下水-土-管片耦合及砂土液化分析 [D]. 重庆：重庆交通大学，2011.

[48] KOCH K W. Comparative values of structure-borne sound levels in track tunnels [J]. Journal of

sound and vibration，1979，66（3）：355-362.

[49]　VOLBERG G. Low frequency airborne noise in the vicinity of railroad tracks [C]. International conference on noise control engineering，1983（1）：167-170.

[50]　DEGRANDEA G，SCHEVENELSA M，CHATTERJEEA P，et al. Vibrations due to a test train at variable speeds in a deep bored tunnel embedded in london clay [J]. Journal of sound and vibration，2006，293（1）：626-644.

[51]　李德武，高峰. 金家岩隧道列车振动现场测试与分析 [J]. 兰州铁道学院学报，1997，16（3）：7-11.

[52]　李德武，高峰. 隧道基底结构列车振动现场测试与分析 [J]. 甘肃科学学报，1999，11（1）：52-54.

[53]　彭立敏，覃长炳，施成华，等. 铁路隧道基底病害整治现场试验研究 [J]. 中国铁道科学，2005，26（2）：39-43.

[54]　施成华，彭立敏，王伟. 铁路隧道基底破坏力学形态的试验研究 [J]. 实验力学，2005，20（1）：57-64.

[55]　黄娟. 基于损伤理论的高速铁路隧道振动响应分析及疲劳寿命研究 [D]. 长沙：中南大学，2009.

[56]　李晓英. 高速铁路动荷载作用下结构动力特性的试验研究 [D]. 长沙：中南大学，2009.

[57]　何卫，谢伟平，刘立胜. 地铁隧道列车振动特性试验研究 [J]. 华中科技大学学报（自然科学版），2016，44（4）：85-89.

[58]　王小龙. 超前管棚支护技术在隧道工程中的应用机理研究 [J]. 黑龙江科技信息，2016（8）：271-271.

[59]　刘天宇. 超前小导管在隧道工程中的应用及数值模拟 [J]. 土工基础，2013，27（2）：67-70.

[60]　段亚刚. 管棚作用机理分析和力学模型建立 [J]. 工程建设与设计，2010（2）：121-123.

[61]　陈小波. 浅谈不良地层的管棚超前支护 [J]. 中国矿山工程，2016，45（4）：30-32，35.

[62]　高健，张义同. 实施超前注浆管棚支护的隧道开挖面稳定分析 [J]. 天津大学学报，2009，42（8）：666-672.

[63]　郭仲敏. 超前管棚预支护在隧洞施工中的应用 [J]. 山西水利科技，2009（4）：20-21.

[64]　杨秋廷. 浅谈超前管棚支护技术在隧道工程中的应用机理 [J]. 中国集体经济，2009（7）：167-168.

[65]　周顺华. 软弱地层浅埋暗挖施工中管棚法的棚架原理 [J]. 岩石力学与工程学报，2005，24（14）：2565-2570.

[66]　李建军，谢应爽. 隧道超前支护管棚工法设计与计算研究 [J]. 公路交通技术，2007（3）：140-142，149.

[67]　孙志杰，申俊敏. 隧道洞口段不同围岩刚度下管棚的支护效果分析 [J]. 华北水利水电学院学报，2013，34（6）：25-28.

[68]　袁海清，傅鹤林，马婷，等. 隧道管棚加预注浆超前支护数值模拟分析 [J]. 铁道科学与工程学报，2012，9（6）：24-29.

[69]　张红卫，任建喜，李振龙，等. 隧道管棚注浆超前支护在特殊条件下的应用 [J]. 西安科技大学学报，2009，29（2）：165-169.

[70]　卢文波. 质点峰值振动速度衰减公式的改进 [J]. 工程爆破，2002（3）：1-4.

[71]　FAVREAU R F. Generation of strain waves in rock by an explosion in a spherical cavity [J]. Journal of geophysical research，1969，74（17）：4267-4280.

[72] STARFIELD A M, PUGLIESE J M. Compression waves generated in rock by cylindrical explosive charges: a comparison between a computer model and field measurements [J]. International journal of rock mechanics and mining sciences & geomechanics abstracts, 1968, 5 (1): 65.

[73] 韩红强. 柱状装药结构下水垫层厚度与爆破作用时间的数理分析和模拟试验 [D]. 太原: 太原理工大学, 2006.

[74] 王海龙, 赵岩, 王永佳, 等. 草帽山隧道爆破振动监测与分析 [J]. 铁道建筑, 2017, 57 (12): 67-70.

[75] 赵春生. 新建隧道上跨既有隧道的爆破振动分析 [J]. 工程爆破, 2017, 23 (3): 52-59.

[76] 李新平, 边兴, 罗忆, 等. 地下洞室边墙爆破振动传播衰减规律研究 [J]. 岩土力学, 2020, 41 (6): 2063-2069.

[77] 王卓, 刘麒梁, 付双双, 等. 基于萨道夫斯基公式分段拟合的烧锅隧道爆破振动预测研究 [J]. 公路, 2017, 62 (8): 311-5.

[78] 冯涵, 张学民, 王立川, 等. 隧道钻爆法水封装药结构爆破引起振动计算分析 [J]. 振动与冲击, 2020, 39 (7): 93-100, 24.

[79] 刘小鸣, 陈士海. 群孔微差爆破的地表振动波形预测及其效应分析 [J]. 岩土工程学报, 2020, 42 (3): 551-60.

[80] 焦永斌. 爆破地震安全评定标准初探 [J]. 爆破, 1995 (3): 45-7.

[81] FOTI S, SAMBUELLI L, COMINA C, et al. The role of surface waves in prediction of ground vibrations from blasting [C]. Proceedings of the Vibrations from Blasting, 2009.

[82] 卢文波, 张乐, 周俊汝, 等. 爆破振动频率衰减机制和衰减规律的理论分析 [C]. 中国力学学会工程爆破专业委员会 2013 年年度工作会议暨学术交流会, 中国贵州贵阳, 2013.

[83] 周俊汝, 卢文波, 张乐, 等. 爆破地震波传播过程的振动频率衰减规律研究 [J]. 岩石力学与工程学报, 2014, 33 (11): 2171-2178.

[84] 毕卫国, 石崇. 爆破地震波引起结构响应的频率因素分析 [J]. 爆破, 2004 (3): 87-89.

[85] 朱浩杰, 蔡奇鹏, 肖朝昀, 等. 隧道下穿民房爆破振动效应监测 [J]. 华侨大学学报 (自然科学版), 2021, 42 (2): 150-157.

[86] 王波, 郭迅, 郭嘉源, 等. 隧道爆破振动对地表建筑的影响——以京张高铁怀来段某隧道为例 [J]. 科学技术与工程, 2020, 20 (25): 10452-10458.

[87] 张遂. 考虑频率影响的隧洞开挖爆破振动效应研究 [J]. 湖南理工学院学报 (自然科学版), 2019, 32 (3): 48-53.

[88] 胡晓冰, 陈志远, 魏格平, 等. 基于 BP 神经网络的爆破振动预测系统 [J]. 矿业研究与开发, 2020, 40 (9): 154-158.

[89] 岳中文, 吴羽霄, 魏正, 等. 基于 PSO-LSSVM 模型的露天矿爆破振动效应预测 [J]. 工程爆破, 2020, 26 (6): 1-8.

[90] 姜忻良, 贾勇, 赵保建, 等. 地铁隧道施工对邻近建筑物影响的研究 [J]. 岩土力学, 2008 (11): 3047-3052.

[91] 樊浩博, 邱军领, 谢永利, 等. 下穿村庄隧道爆破振动对地表建筑的影响 [J]. 解放军理工大学学报 (自然科学版), 2016, 17 (3): 209-214.

[92] 张在晨, 林从谋, 黄志波, 等. 隧道爆破近区振动的预测方法 [J]. 爆炸与冲击, 2014, 34 (3): 367-72.

[93] 高宇璠, 傅洪贤, 季相臣, 等. 小净距隧道钻爆施工中夹岩振动规律研究及应用 [J]. 岩石力学与

工程学报，2020，39（S2）：3440-3449.

[94] PARK S, KIM J S, KWON S. Investigation of the development of an excavation damaged zone and its influence on the mechanical behaviors of a blasted tunnel [J]. Geosystem engineering, 2018, 21 (3): 165-181.

[95] ZHANG J, YE L, YAN C, et al. Study on construction influence of shield tunnel of urban rail transit on large-section mining tunnel [J]. Advances in Civil Engineering, 2020, 2020: 1-20.

[96] ZHOU Z, GAO W, LIU Z, et al. Influence zone division and risk assessment of underwater tunnel adjacent constructions [J]. Mathematical problems in engineering, 2019, 2019 (PT. 1): 1-10.

[97] ALIPOUR A, ASHTIANI M. Fuzzy modeling approaches for the prediction of maximum charge per delay in surface mining [J]. International journal of rock mechanics & mining sciences, 2011, 48 (2): 305-310.

[98] KHANDELWAL M, SINGH T N. Prediction of blast-induced ground vibration using artificial neural network [J]. International journal of rock mechanics & mining sciences, 2009, 46 (7): 1214-1222.

[99] KHANDELWAL M, KANKAR P K. Evaluation and prediction of blast induced ground vibration using support vector machine [J]. Mining science and technology (China), 2010, 20 (1): 64-70.

[100] NGUYEN H, BUI X N, MOAYEDI H. A comparison of advanced computational models and experimental techniques in predicting blast-induced ground vibration in open-pit coal mine [J]. Acta geophysica, 2019, 67 (4): 1025-1037.

[101] JIANG J, BAIRD G, BLAIR D. Polarization and amplitude attributes of reflected plane and spherical waves [J]. Geophysical journal of the royal astronomical society, 2010, 132 (3): 577-583.

[102] 袁竹，陈勇，王柱. 山区单线铁路隧道下穿高速公路隧道影响分区研究 [J]. 隧道建设，2016，36 (2): 164-169.

[103] 张自光，仇文革，等. 地铁区间隧道近接建筑施工工程影响分区研究 [J]. 现代隧道技术，2016，53 (1): 75-82.

[104] SHIN J H, MOON H G, CHAE S E. Effect of blast-induced vibration on existing tunnels in soft rocks [J]. Tunnelling and underground space technology, 2011, 26 (1): 51-61.

[105] 徐海清，傅志峰，梁立刚，等. 列车荷载作用下紧邻垂直多孔隧道环境振动分析 [J]. 岩土力学，2011 (6): 1869-1873, 1897.

[106] 杜明庆，张顶立，张素磊，等. 铁路隧道仰拱结构振动特性实测分析 [J]. 振动与冲击，2017，36 (8): 237-243.

[107] 李亮，张丙强，杨小礼. 高速列车振动荷载下大断面隧道结构动力响应分析 [J]. 岩石力学与工程学报，2005 (23): 4259-4265.

[108] 林志鹏. 列车荷载作用下重叠隧道结构动力响应分析 [J]. 铁道科学与工程学报，2016 (9): 1789-1795.

[109] 张玉娥，白宝鸿. 地铁列车振动对隧道结构激振荷载的模拟 [J]. 振动与冲击，2000 (3): 68-71.

[110] SHARPE J A. The production of elastic waves by explosion pressures. I. theory and empirical field observations [J]. Geophysics, 2002, 7 (2): 144.

[111] SCHENK V. Source function of stress waves of a spherical explosive source [J]. Pure and applied geophysics, 1973, 109 (1): 1743-1751.

[112] PENG Y, LIU G, WU L, et al. Comparative study on tunnel blast-induced vibration for the

underground cavern group [J]. Environmental earth sciences, 2021, 80 (2): 1-13.

[113] 卢文波, HUSTRULID W. 质点峰值振动速度衰减公式的改进 [J]. 工程爆破, 2002, 8 (3): 1-4.

[114] LIU D, LU W B, CHEN M, et al. Attenuation formula of the dominate frequency of blasting vibration during tunnel excavation [J]. Chinese journal of rock mechanics and engineering, 2018, 37 (9): 2015-2026.

[115] 林大超, 白春华. 爆炸地震效应 [M]. 北京: 地质出版社, 2007.

[116] PAN E. Green's functions in layered poroelastic half-spaces [J]. International journal for numerical and analytical methods in geomechanics, 1999, 23 (13): 1631-1653.

[117] 刘小鸣, 陈士海. 隧道掘进中掏槽孔爆破引起的地表振动波形预测 [J]. 岩土工程学报, 2019, 41 (9): 1731-1737.

[118] PUSHPENDRA S, DUTT J S, KUMAR P R, et al. The fourier decomposition method for nonlinear and non-stationary time series analysis [J]. Proceedings of the royal society. Mathematical, physical and engineering sciences, 2017, 473 (2199).

[119] 刘毅, 张彩明, 赵玉华, 等. 基于多尺度小波包分析的肺音特征提取与分类 [J]. 计算机学报, 2006, 29 (5): 769-777.

[120] 费鸿禄, 刘梦, 曲广建, 等. 基于集合经验模态分解-小波阈值方法的爆破振动信号降噪方法 [J]. 爆炸与冲击, 2018, 38 (1): 112-118.

[121] 张亮, 孙新建, 孟佳. 基于 CEEMD-HHT 方法确定隧洞爆破网路实际延迟时间 [J]. 爆破, 2017, 34 (1): 27-32.

[122] 董晓芬, 陈国光, 田晓丽, 等. 基于 CEEMDAN 阈值滤波的磁场信号去噪模型 [J]. 传感技术学报, 2021, 34 (7): 919-925.

[123] 王盟, 翁顺, 余兴胜, 等. 基于时变模态振型小波变换的结构损伤识别方法 [J]. 振动与冲击, 2021, 40 (16): 10-19.

[124] 黄俊, 魏丽君. 基于同步压缩-交叉小波变换算法的齿轮故障诊断研究 [J]. 计算机测量与控制, 2020, 28 (11): 41-44, 49.

[125] KLAR A, VORSTER T E B, SOGA K, et al. Soil-pipe interaction due to tunnelling: comparison between winkler and elastic continuum solutions [J]. Géotechnique, 2005, 55 (6): 461-466.

[126] YU J, ZHANG C R, HUANG M S. Soil-pipe interaction due to tunnelling: assessment of winkler modulus for underground pipelines [J]. Computers and geotechnics, 2013, 50 (5): 17-28.

[127] KLAR A, VORSTER T E B, SOGA K, et al. Elastoplastic solution for soil-pipe-tunnel interaction [J]. Journal of geotechnical and geoenvironmental engineering, 2007, 133 (7): 782-792.

[128] 高峰, 郭剑勇. 列车荷载作用下地铁区间双层隧道模型试验研究 [J]. 铁道学报, 2011, 33 (12): 93-100.

[129] 陈喆, 陈国平. 相似理论和模型试验的结构动响应分析运用 [J]. 振动、测试与诊断, 2014, 34 (6): 995-1000.

[130] 康立鹏. 高速列车荷载作用下交叉隧道动力响应特性及影响分区研究 [D]. 长沙: 中南大学, 2013.

[131] 王庆浩. 高速列车振动荷载作用下交叠隧道结构动力响应分析 [D]. 合肥: 合肥工业大学, 2015.

[132] 何卫, 谢伟平, 刘立胜. 地铁隧道列车振动特性试验研究 [J]. 华中科技大学学报 (自然科学版), 2016, 44 (4): 85-89.

[133] 陈行, 晏启祥, 黄希. 列车振动荷载作用下高速铁路近距地铁平行隧道的动力响应特性分析 [J]. 铁道标准设计, 2017, 61 (6): 116-119.

[134] KRYLOV V V. Focusing of ground vibrations generated by high-speed trains travelling at transrayleigh speeds [J]. Soil dynamics and earthquake engineering, 2017, 100 (9): 389-395.

[135] FENG S J, ZHANG X L, WANG L, et al. In situ experimental study on high speed train induced ground vibrations with the ballast-less track [J]. Soil dynamics and earthquake engineering, 2017, 102 (11): 195-214.

[136] 张璞. 列车振动荷载作用下上下近距离地铁区间交叠隧道的动力响应分析 [D]. 上海: 同济大学, 2001.

[137] 汪伟松. 列车荷载作用下立体交叉隧道结构动力响应分析 [D]. 成都: 西南交通大学, 2009.

[138] 邹文浩, 张梅, 刘艳青, 等. 30t 轴重下重载铁路隧道基底结构的应力分布及动力响应 [J]. 中国铁道科学, 2016, 37 (5): 50-57.

[139] 董风荣, 柴文礼. 重载铁路隧道基床病害整治初探 [C]. 中国铁道学会 2010 年高速重载与普通铁路桥梁运营管理与检测修理技术研讨会论文集, 西安, 2010: 1-10.

[140] 牛亚彬, 张千里, 马伟斌, 等. 重载铁路隧道病害产生机理及治理措施 [J]. 铁道建筑, 2012 (7): 34-37.

[141] 李春峰. 地铁列车作用下近距离交叠隧道的动力响应 [D]. 北京: 北京交通大学, 2006.

[142] 刘强, 施成华, 彭立敏, 等. 高速列车振动荷载下立体交叉隧道结构动力响应分析 [J]. 合肥工业大学学报 (自然科学版), 2013, 36 (9): 1082-1087.

[143] 田葆栓. 世界铁路重载运输技术的运用与发展 [J]. 铁道车辆, 2015, 53 (12): 10-19.

[144] 卓卉. 国外重载铁路运输进展与我国重载铁路运输分析 [J]. 中国煤炭, 2014, 40 (S1): 331-334.

[145] 杨德修. 重载铁路轨道技术发展方向研究 [J]. 铁道工程学报, 2012 (2): 41-44.

[146] 葛宝金, 王连俊, 李丹枫, 等. 大秦重载铁路路基基床表层静力学性能及状态 [J]. 北京交通大学学报, 2014, 38 (4): 143-147.

[147] 胡鹏基, 栾晓文, 霍玉淼, 等. 基于余弦窗 FFT 算法的智能轮胎实时不平衡量振动信号处理系统研究 [J]. 交通节能与环保, 2019, 15 (5): 30-32.

[148] 徐晶, 于向军. 基于 FFT 算法的振动信号分析 [J]. 工业控制计算机, 2005 (12): 8-9.

[149] 吴顺喜, 黄文晋. FT、ZT、DFS、DFT 和 FFT 变换的特点及相互关系 [J]. 电子制作, 2015 (10): 121.

[150] 夏胜利, 杨浩, 张进川, 等. 我国重载铁路发展模式研究 [J]. 铁道运输与经济, 2011, 33 (9): 9-13.

[151] 赵汝康. 美国运输试验中心进行的大轴重试验 [J]. 铁道建筑, 1990 (12): 8-11.

[152] 梁晨, 徐玉坡, 李伟, 等. 大秦重载铁路轮轨垂直动荷载谱的研究 [J]. 铁道建筑, 2015 (1): 119-122.

[153] 王建强, 杨毅, 李全旺, 等. 客货混跑线路重载运输条件下道岔设备病害分析及整改对策 [J]. 中国铁道, 2011 (12): 49-51.

[154] 何卫, 谢伟平, 刘立胜. 地铁隧道列车振动特性试验研究 [J]. 华中科技大学学报 (自然科学版), 2016, 44 (4): 85-89.

[155] 陈行, 晏启祥, 黄希. 列车振动荷载作用下高速铁路近距地铁平行隧道的动力响应特性分析 [J]. 铁道标准设计, 2017, 61 (6): 116-119.

[156] KRYLOV V V. Focusing of ground vibrations generated by high-speed trains travelling at trans-rayleigh speeds [J]. Soil dynamics and earthquake engineering, 2017, 100 (9): 389-395.

[157] FENG S J, ZHANG X L, WANG L, et al. In situ experimental study on high speed train induced ground vibrations with the ballast-less track [J]. Soil dynamics and earthquake engineering, 2017, 102 (11): 195-214.

[158] 陈卫军, 张璞. 列车动载作用下交叠隧道动力响应数值模拟 [J]. 岩土力学, 2002, 23 (6): 770-774.

[159] 张璞. 列车振动荷载作用下上下近距离地铁区间交叠隧道的动力响应分析 [D]. 上海: 同济大学, 2001.

[160] 李春峰. 地铁列车作用下近距离交叠隧道的动力响应 [D]. 北京: 北京交通大学, 2006.

[161] MEHDI P, HAMID K, MOHAMMAD A, et al. Stability analysis of shallow tunnels subjected to eccentric loads by a boundary element method [J]. Journal of rock mechanics and geotechnical engineering, 2016, 8 (4): 480-488.

[162] 陈育民, 徐鼎平. FLAC/FLAC3D 基础与工程实例 [M]. 北京: 中国水利水电出版社, 2013.

[163] 王涛, 韩煊, 赵先宇, 等. FLAC3D 数值模拟方法及工程应用—深入剖析 FLAC3D5.0 [M]. 北京: 中国建筑工业出版社, 2015.

[164] 康立鹏. 高速列车荷载作用下交叉隧道动力响应特性及影响分区研究 [D]. 长沙: 中南大学, 2013.

[165] 张玉娥, 白宝鸿. 高速铁路隧道列车振动响应数值分析方法 [J]. 振动与冲击, 2001, 20 (3): 91-93.

[166] LIU K, CHEN S L. Finite element implementation of strain-hardening Drucker-Prager plasticity model with application to tunnel excavation [J]. Underground space, 2017, 2 (3): 168-174.

[167] 刘海林. 高速列车荷载作用下立体交叉隧道结构抗减振措施研究 [D]. 长沙: 中南大学, 2014.

[168] 黄希, 晏启祥, 陈诚, 等. 列车振动荷载作用下交叉盾构隧道动力响应与损伤分析 [J]. 铁道建筑, 2016 (8): 60-64.

[169] 高峰, 关宝树, 仇文革, 等. 列车荷载作用下地铁重叠隧道的响应分析 [J]. 西南交通大学学报, 2003, 38 (1): 38-42.

[170] 吴再海, 安龙, 齐兆军, 等. 基于 LS-DYNA 与 PFC 联合的岩体爆破数值模拟方法分析 [J]. 采矿与安全工程学报, 2021, 38 (3): 609-614.

[171] 许红涛. 岩石高边坡爆破动力稳定性研究 [D]. 武汉: 武汉大学, 2006.

[172] 陈燚. 武汉市农村民居的抗震性能研究与倒塌模拟 [D]. 武汉: 武汉理工大学, 2011.

[173] KONG D, XU Y, SONG C. Dynamic response of composite steel lining structure under blast loading [J]. Shock and vibration, 2020 (12): 1-12.

[174] 陈传进, 夏方顺, 徐家俊. 基于数值模拟的炸药 JWL 方程参数可靠性研究 [J]. 华北科技学院学报, 2018, 15 (2): 75-80.

[175] 娄建武, 龙源, 徐全军, 等. 工程爆破中的建筑物振动监测 [J]. 解放军理工大学学报 (自然科学版), 2000 (5): 58-62.

[176] HE R, JIANG N, LI D W, et al. Dynamic response characteristic of building structure under blasting vibration of underneath tunnel [J]. Shock and vibration, 2022: 13.

[177] 朱正国, 杨利海, 王道远, 等. 立体交叉隧道爆破动力响应和安全范围研究 [J]. 铁道工程学报, 2019, 36 (1): 59-64.

[178] 赵丰，薛亚东，李硕标，等. 新建铁路隧道上跨既有公路隧道控制爆破安全距离研究 [J]. 铁道科学与工程学报，2016，13（7）：1365-1371.

[179] LIANG Q G, LI J, LI D W, et al. Effect of blast-induced vibration from new railway tunnel on existing adjacent railway tunnel in Xinjiang, China [J]. Rock mechanics and rock engineering, 2013, 46 (1): 19-39.

[180] 苏建遥. 小净距交叉隧道开挖爆破振动监测及控制技术研究 [D]. 张家口：河北建筑工程学院，2018.

[181] 王祥秋，周岳峰，周治国. 爆破冲击荷载下隧道振动特性与安全性评价研究 [J]. 中国安全科学学报，2010，20（11）：134-138.

[182] 阳生权，张家辉，吕中玉，等. 较大高程差迎波坡面爆破地震地形效应分析 [J]. 工程爆破，2021，27（1）：22-28.

[183] 宋光明，陈寿如，史秀志，等. 露天矿边坡爆破振动监测与评价方法的研究 [J]. 有色金属（矿山部分），2000（4）：24-27.

[184] 唐海，李海波. 反映高程放大效应的爆破振动公式研究 [J]. 岩土力学，2011，32（3）：820-824.

[185] 管晓明，聂庆科，李华伟，等. 隧道爆破振动下既有建筑结构动力响应及损伤研究综述 [J]. 土木工程学报，2019，52（S1）：151-158.

[186] 冯小冬. 地铁钻爆法施工对邻近建筑物的振动响应预测 [J]. 地下空间与工程学报，2021，17（2）：580-589.

[187] 单仁亮，赵岩，王海龙，等. 下穿铁路隧道爆破振动衰减规律研究 [J]. 爆炸与冲击，2022，42（8）：143-157.

[188] 赵岩. 交叉铁路隧道围岩安全性评估及施工方案优化研究 [D]. 张家口：河北建筑工程学院，2018.

[189] 国家安全生产监督管理总局. 爆破安全规程：GB 6722—2014 [S]. 北京：中国标准出版社，2015.

[190] 李洪涛. 基于能量原理的爆破地震效应研究 [D]. 武汉：武汉大学，2007.

[191] JIANG W, ARSLAN C A, SOLTANI TEHRANI M, et al. Simulating the peak particle velocity in rock blasting projects using a neuro-fuzzy inference system [J]. Engineering with computers, 2018, 35 (4): 1203-1211.

[192] ZHAO Y, SHAN R L, WANG H L. Research on vibration effect of tunnel blasting based on an improved Hilbert-Huang transform [J]. Environmental earth sciences, 2021, 80 (5): 1-16.

[193] LI Y H, WANG H L, ZHAO Y, et al. Prediction of the vibration waveform of surface particles under the action of tunnel cutting blast [J]. Arabian journal of geosciences, 2022, 15 (1): 1-10.

[194] 周文海. 边坡抛掷爆破峰值质点振动速度的无量纲分析 [J]. 爆炸与冲击，2019，39（5）：76-83.

[195] ZHOU W H, LIANG R, YU J P, et al. Dimensionless analysis of the peak particle vibration velocity of slope throwing blasting [J]. Explosion and shock, 2019, 39 (5): 76-83.

[196] 王海龙，赵岩，王海军，等. 基于CEEMDAN-小波包分析的隧道爆破信号去噪方法 [J]. 爆炸与冲击，2021，41（5）：125-137.

[197] WANG H L, ZHAO Y, WANG H J, et al. De-noising method of tunnel blasting signal based on CEEMDAN decomposition-wavelet packet analysis [J]. Explosion and shock waves, 2021, 41 (5): 125-137.

[198] ZHANG Z, ZHOU C, REMENNIKOV A, et al. Dynamic response and safety control of civil air

defense tunnel under excavation blasting of subway tunnel [J]. Tunnelling and underground space technology, 2021, 112 (6): 1-11.

[199] ZHAO Y, SHAN R, WANG H, et al. Regression analysis of the blasting vibration effect in cross tunnels [J]. Arabian journal of geosciences, 2021, 14 (18): 1-9.

[200] 单仁亮, 白瑶, 宋立伟, 等. 冻结岩壁爆破振动及损伤特性试验研究 [J]. 岩石力学与工程学报, 2015, 34 (S2): 3732-3741.

[201] 郭东明, 刘康, 张伟, 等. 不同间距邻近爆破载荷下隧道破坏规律及动态响应研究 [J]. 北京理工大学学报, 2018, 38 (10): 1000-1005.

[202] 仇文革, 凌昊, 龚伦, 等. 引水隧洞下穿既有铁路隧道爆破施工振动影响及对策 [J]. 中国铁道科学, 2009, 30 (6): 46-53.

[203] HOSSEINI S A, TAVANA A, ABDOLAHI S M, et al. Prediction of blast-induced ground vibrations in quarry sites: a comparison of GP, RSM and MARS. Soil dynamics and earthquake engineering, 2019, 119 (4): 118-129.

[204] 王海军, 王晟华, 赵岩, 等. 京张高铁草帽山隧道爆破振动效应分析 [J]. 工程爆破, 2021, 27 (5): 107-112.

[205] 李章珍, 苏建遥, 董捷, 等. 浅埋隧道开挖爆破监测及振动效应 [J]. 筑路机械与施工机械化, 2017, 34 (7): 115-118.

[206] 刘家明, 张俊儒, 王智勇, 等. 硬质地层下近接隧道爆破振动影响分区及动力响应研究 [J]. 现代隧道技术, 2023, 60 (2): 125-137.

[207] 唐春海, 于亚伦, 王建宙. 爆破地震动安全判据的初步探讨 [J]. 有色金属, 2001 (1): 1-4.

[208] 樊浩博, 邱军领, 谢永利, 等. 下穿村庄隧道爆破振动对地表建筑的影响 [J]. 解放军理工大学学报 (自然科学版), 2016, 17 (3): 209-214.

[209] 匡树钧, 魏海河. 隧道光面爆破施工工法 [J]. 四川建材, 2012, 38 (3): 111-113.

[210] 李云赫, 董捷, 王晟华, 等. 下穿隧道掘进爆破振动传播规律研究 [J]. 河北建筑工程学院学报, 2021, 39 (2): 11-17.

[211] 李清, 马润东, 周睿, 等. 大断面高铁隧道掘进爆破振动传播规律研究 [J]. 中国安全生产科学技术, 2020, 16 (10): 27-33.

[212] 梁瑞, 王树江, 周文海, 等. 基于回归分析的边坡爆破振速高程效应研究 [J]. 有色金属工程, 2020, 10 (2): 107-115.

[213] ZHOU J R, LU W B, ZHONG D W, et al. Prediction of frequency-dependent attenuation of blast-induced vibration in underground excavation [J]. European journal of environmental and civil engineering, 2019 (1): 1-18.

[214] 王建群, 朱权洁, 张尔辉. 矿山微震震源能量表达方法与应用研究 [J]. 煤炭工程, 2020, 52 (10): 86-91.

[215] 樊祥喜, 曹保山, 单仁亮, 等. 隧道爆破引起路基边坡振动信号的规律研究 [J]. 现代隧道技术, 2020, 57 (4): 127-135.

[216] TIAN X X, SONG Z P. Study on the propagation law of tunnel blasting vibration in stratum and blasting vibration reduction technology [J]. Soil dynamics and earthquake engineering, 126 (1): 1-12.

[217] YAN W M, THAM L G, YUEN K V. Reliability of empirical relation on the attenuation of blast-induced vibrations [J]. International journal of rock mechanics & mining sciences, 2013,

59：160-165.

[218] LI J C, LI H B, MA G W, et al. Assessment of underground tunnel stability to adjacent tunnel explosion [J]. Tunnelling and underground space technology, 2013, 35（Apr.）: 227-234.

[219] GOU Y, SHI X, ZHOU J, et al. Attenuation assessment of blast-induced vibrations derived from an underground mine-ScienceDirect [J]. International journal of rock mechanics and mining sciences, 2020, 127: 1-13.

[220] 张立国, 龚敏, 于亚伦. 爆破振动频率预测及其回归分析 [J]. 辽宁工程技术大学学报, 2005 (2)：187-189.

[221] 吕国仁, 隋斌, 王永进, 等. 浅埋偏压隧道开挖数值模拟及稳定性研究 [J]. 山东大学学报 (工学版), 2013, 43 (4)：68-73.

[222] 干啸洪, 陈立平, 张素磊, 等. 浅埋偏压隧道地表沉降规律及其预测方法 [J]. 现代隧道技术, 2019 (2)：7.

[223] 刘小军, 张永兴. 地形因素及围岩类别对偏压隧道的影响效应分析 [J]. 西安建筑科技大学学报 (自然科学版), 2010, 42 (2)：205-210.

[224] 段海澎, 徐干成, 刘保国. 富溪偏压连拱隧道围岩与支护结构变形和受力特征分析 [J]. 岩石力学与工程学报, 2006 (S2)：3763-3768.

[225] 国家铁路局. 铁路隧道设计规范：TB 10003-2016 [S]. 北京：中国铁道出版社, 2016.

[226] 中国铁路总公司. 铁路隧道监控量测技术规程：Q/CR 9218-2015 [S]. 北京：中国铁道出版社, 2015.

[227] 中华人民共和国铁道部. 高速铁路工程测量规范：TB 10601-2009 [S]. 北京：中国铁道出版社, 2009.

[228] 国家铁路局. 铁路隧道工程施工安全技术规程：TB 10304-2020 [S]. 北京：中国铁道出版社, 2020.

[229] 李乾坤, 吴勇. 浅埋偏压山岭隧道进口段监测分析与数值模拟 [J]. 山西建筑, 2019, 45 (3)：159-161.

[230] 密士文, 龚书林. 隧道监控量测的数据处理及分析 [J]. 中国西部科技, 2010, 9 (1)：32-33, 50.

[231] 唐沅. 城市浅埋偏压隧道洞口段边仰坡稳定性及支护措施研究 [D]. 重庆：重庆交通大学, 2018.

[232] OWEN D, HINTON E. Finite elements in plasticity: theory and practice [M]. Pineridge Press, 1980.

[233] 祁寒, 高波, 王帅帅, 等. 不同地质条件浅埋偏压小净距隧道施工力学效应研究 [J]. 现代隧道技术, 2014, 51 (4)：108-112.

[234] 陈红军, 刘新荣, 杜立兵, 等. 浅埋层状岩体偏压隧道滑移破坏机理及判定方法 [J]. 地下空间与工程学报, 2021, 17 (6)：1733-1741.

[235] 潘文韬, 吴枋胤, 何川, 等. 浅埋偏压隧道施工工法研究与非对称设计优化 [J]. 隧道建设 (中英文), 2021, 41 (S01)：10.

[236] 杨晓辉. 地质顺层偏压隧道锚杆支护参数优化及施工技术研究 [J]. 铁道建筑技术, 2020 (9)：65-69, 79.

[237] 李军. 软岩偏压隧道中夹岩施工扰动效应及控制技术研究 [J]. 中外公路, 2020, 40 (2)：174-179.

[238] 李昊, 佴磊, 徐燕, 等. 浅埋偏压隧道初期支护参数影响分析及优化设计建议 [J]. 路基工程, 2017 (1)：73-77.

［239］ 凌同华，谢伟华，周凯，等. 基于敏感性分析的浅埋偏压隧道支护参数优化［J］. 交通科学与工程，2016，32（3）：68-73.

［240］ 肖锋，全浩. 七里坪隧道浅埋偏压段支护措施优化研究［J］. 现代隧道技术，2012，49（1）：96-99.

［241］ 周云. 浅埋偏压小净距隧道开挖力学效应及不对称支护研究［D］. 重庆：重庆大学，2014.

［242］ 杨超，张永兴，黄达，等. 地形偏压隧道开挖变形特征及预加固措施［J］. 公路交通科技，2012，29（7）：97-103.

［243］ 晏鄂川，周瑜，毛伟，等. 多因素引发的公路隧道偏压效应分析［J］. 地下空间与工程学报，2012，8（5）：1041-1047.

［244］ 李桂江，瞿瑶，卢国胜，等. 复杂偏压小净距隧道围岩压力计算及参数影响性研究［J］. 长江科学院院报，2020，37（12）：133-138.

［245］ 卢伟，王薇，陶豪杰. 基于双强度折减法的浅埋偏压隧道安全性与破坏模式研究［J］. 安全与环境学报，2020，20（2）：447-456.

［246］ 李思，卢锋，史错然. 浅埋隧道偏压角度对背后空洞衬砌安全性的影响研究［J］. 公路，2019，64（3）：310-314.

［247］ 罗晶，彭立敏，施成华，等. 不同埋深及偏压角度条件下隧道力学特性［J］. 铁道科学与工程学报，2012，9（4）：75-78.

［248］ 郭一凡. 不同埋深及偏压角度条件下的隧道力学特性分析［J］. 交通世界，2019（18）：94-95，123.

［249］ 刘家均. 偏压角度变化对小净距隧道围岩稳定性影响研究［J］. 湖南交通科技，2021，47（1）：95-98.

［250］ 曹世伟. 浅埋偏压隧道围岩破坏模式及规律研究［J］. 铁道标准设计，2022，66（4）：143-148.

［251］ 赖慧丰. 浅埋偏压双线隧道围岩压力计算及监测分析［J］. 南昌工程学院学报，2021，40（6）：32-38，68.